LE MONDE
EST MON MÉTIER

DES MÊMES AUTEURS

Jean Lacouture :

L'ÉGYPTE EN MOUVEMENT, *avec Simonne Lacouture*, Seuil, 1956.
LE MAROC À L'ÉPREUVE, *avec Simonne Lacouture*, Seuil, 1958.
CINQ HOMMES ET LA FRANCE, Seuil, 1961.
QUATRES HOMMES ET LEURS PEUPLES, Seuil, 1969.
VIETNAM : DE LA GUERRE FRANÇAISE À LA GUERRE AMÉRICAINE, *avec Philippe Devillers*, Seuil, 1969.
DE GAULLE, Seuil, 1969.
L'INDOCHINE VUE DE PÉKIN, *avec Norodom Sihanouk*, Seuil, 1972.
MALRAUX : UNE VIE DANS LE SIÈCLE, Seuil, 1973, et « Points », n° P251, 1976. Prix Aujourd'hui, 1973.
LES ÉMIRATS MIRAGES, *avec Gabriel Dardaud et Simonne Lacouture*, Seuil, 1976.
VIETNAM : VOYAGE À TRAVERS UNE VICTOIRE, *avec Simonne Lacouture*, Seuil, 1976.
LÉON BLUM, Seuil, 1977.
SURVIVE LE PEUPLE CAMBODGIEN, Seuil, 1978.
SIGNES DU TAUREAU : CHRONIQUES 1965-1978, Julliard, 1979.
LE RUGBY, C'EST UN MONDE, Seuil, 1979.
JULIE DE LESPINASSE : MOURIR D'AMOUR, *avec Marie-Christine d'Aragon*, Ramsay, 1980.
FRANÇOIS MAURIAC : 1. *Le Sondeur d'abîmes (1885-1933)*. 2. *Un citoyen du siècle (1933-1970)*, Seuil, 1980, et « Points Essais », n° 206 et 207, 1990. Bourse Goncourt de la biographie.
PIERRE MENDÈS FRANCE, Seuil, 1981.
EN PASSANT PAR LA FRANCE, *avec Simonne Lacouture*, Seuil, 1982.
PROFILS PERDUS, A.-M. Métailié, 1983.
1962. ALGÉRIE, LA GUERRE EST FINIE, Complexe, 1985.
DE GAULLE : 1. *Le Rebelle*, Seuil, 1984. 2. *Le Politique*, 1954-1959, Seuil, 1985. 3. *Le Souverain*, 1959-1970, Seuil, 1986.
DE GAULLE OU L'ÉTERNEL DÉFI, *avec Roland Mehl*, Seuil, 1988.
CHAMPOLLION, *une vie de lumières*, Grasset, 1988.
ENQUÊTE SUR L'AUTEUR, Seuil, 1991.
JÉSUITES, Seuil, 1992.
LE CITOYEN MENDÈS FRANCE, *en collaboration avec Jean Daniel*, Seuil, 1992.
VOYOUS ET GENTLEMEN. *Une histoire du rugby*, Gallimard, 1993.
UNE ADOLESCENCE DU SIÈCLE : JACQUES RIVIÈRE ET LA NRF, Seuil, 1994, et Gallimard, « Folio », 1998.
MON HÉROS ET NOS MONSTRES, Seuil, 1995.
L'HISTOIRE DE FRANCE EN 100 TABLEAUX, Hazan, 1996.
MONTAIGNE À CHEVAL, Seuil, 1998, et « Points », n° P500, 1998.
MITTERRAND, UNE HISTOIRE DE FRANÇAIS, Seuil, 1998.
GRETA GARBO. *La dame aux caméras*, Liana Levi, 1999.
L'INVENTION DU GRAND LOUVRE, *avec I.M. Pei et Emile Biasini*, Odile Jacob, 2001.
LA RAISON DE L'AUTRE. *Montaigne, Montesquieu, Mauriac*, Confluences, 2002.
MONTESQUIEU. *Les vendanges de la liberté*, Seuil, 2003, et « Points », n° P1348, 2005.
STENDHAL. *Le bonheur vagabond*, Seuil, 2004, et « Points », n° P1349, 2005.
ALEXANDRE DUMAS À LA CONQUÊTE DE PARIS, Complexe, 2005.
MOLIÈRE ET LE ROI : L'AFFAIRE TARTUFFE, *avec François Rey*, Seuil, 2007.

Bernard Guetta :

PATRON, MAIS…, *avec Claude Neuschwander*, Seuil, 1975.
POLOGNE, *avec Bruno Barbey*, Arthaud, 1982.
ELOGE DE LA TORTUE : L'URSS DE GORBATCHEV, Le Monde Editions, 1991.
GÉOPOLITIQUE, Editions de l'Olivier, 1995.
L'EUROPE FÉDÉRALE, *avec Philippe Labarde*, Grasset, 2002.

JEAN LACOUTURE
et BERNARD GUETTA

LE MONDE EST MON MÉTIER

Le journaliste, les pouvoirs et la vérité

BERNARD GRASSET
PARIS

ISBN 978-2-246-72901-3

Tous droits de traduction, de reproduction
et d'adaptation réservés pour tous pays.

© *Éditions Grasset & Fasquelle*, 2007.

A Jean Daniel, notre ami.

I
Une certaine confiture

Jean LACOUTURE : Lorsque je vous écoute, le matin, sur France Inter, je crois reconnaître dans votre journalisme celui qui a été le mien : un journalisme de prospective, dont l'ambition fondamentale est d'associer un projet à un constat. Nous sommes voués au constat mais nous sommes, vous comme moi, Bernard, mus par un projet vers lequel nous tendons et qui transparaît irrésistiblement dans ce que nous faisons.

J'aurai fait tout mon parcours en pensant que l'objectivité est une balançoire, que rien n'est moins objectif qu'un être humain et que, devant toute situation, journaliste ou pas, notre subjectivité est essentielle. Elle est nous-même quand vous parlez, sur Inter, de l'Europe ou du Proche-Orient, quand nous couvrions, hier, pour *Le Monde*, vous la fin du communisme, moi la décolonisation. Nous n'enregistrons rien qui ne passe par le filtre de la subjectivité. Nous sommes devant l'arbre et notre cueillette tend vers une certaine dégustation, une certaine confiture. Dans la cueillette du fruit, notre geste n'est pas innocent. Il tend vers un horizon que nous essayons d'atteindre, portés par une espérance ou un projet. Je crois que notre journalisme, celui que j'ai vécu, que vous vivez en pleine force, ne se veut pas seulement d'enregistrement et de transmission.

Bernard GUETTA : Si notre journalisme, disons le mot, est engagé, encore faut-il savoir ce qui nous « fait courir ». Pour ma part, c'est la peur qui me fait écrire.
J'ai une telle peur du chaos et de la barbarie qu'il porte en lui, une telle détestation de la furie révolutionnaire, de ces chocs sanglants dont l'injustice accouche immanquablement, que je ne peux ni ne veux dissocier le journalisme d'une volonté d'éclairer la route vers plus d'harmonie, vers la perception des raisons de l'autre et ces permanentes concessions réciproques qui, seules, préviennent les guerres.
« Il a trop lu Tintin », diront les plus gentils, et c'est vrai : je l'ai beaucoup lu. « Il aurait dû se faire Casque bleu, pas journaliste », diront d'autres mais j'assume ce volontarisme qui aura, de toute manière, imprégné tous mes papiers.
Je n'ai pas été neutre entre le communisme et la liberté. J'ai délibérément, passionnément soutenu, vingt ans durant, l'héroïsme des dissidents puis l'entreprise de démocratisation de Mikhaïl Gorbatchev, voulu faire voir l'espoir qu'ils portaient, leurs forces, leurs faiblesses et la nécessité de les accompagner.
Je ne suis pas non plus neutre sur la construction européenne dont je défends, bec et ongles, la poursuite, l'approfondissement et la marche vers une

Une certaine confiture

union fédérale, aussi indispensables à l'affirmation des valeurs et du poids de l'Europe qu'à l'équilibre international.

Je ne prends pas seulement parti, dans les conflits du Proche-Orient, contre la régression islamiste et pour tous ceux qui tentent, en Israël, en Palestine et dans le monde arabe, d'œuvrer à un compromis, si boiteux soit-il. Je m'y engage aussi – ce qui est beaucoup moins consensuel – pour l'entrée de la Turquie en Europe ou contre l'idée, tellement absurde, qu'il y aurait incompatibilité entre l'islam et la démocratie.

Je me réclame, oui, d'un parti pris de la conciliation, d'un journalisme engagé qui ne peut que s'appuyer sur les faits, qui ne doit pas les cuisiner pour servir une cause mais doit les dire, au contraire, pour montrer qu'il y a, là-bas, tout au bout de ce noir tunnel, une petite lumière, vacillante, incertaine, presque imperceptible mais vers laquelle marcher.

C'est cette lueur d'espoir qui m'intéresse et non pas les seuls faits, leur seule description objective, froide et toujours si accablante qu'elle n'incite qu'à s'asseoir, pleurer et oublier. Cela ne se dit pas mais, en eux-mêmes, les faits ne m'intéressent pas...

J.L. : ... Bernard ! Je n'aurais pas osé le dire, bien que...

B.G. : ... Bien que vous ne soyez pas loin de vous le dire aussi... Je n'ai de passion, disais-je, à traquer les faits, à aller voir, interroger, gratter les apparences, lire, réfléchir, croiser les sources, je n'ai le feu sacré de l'enquête que si je crois pouvoir contribuer, au bout du compte, à éclairer les voies d'une sortie de crise, à défricher les chemins du compromis précaire qui en préparera d'autres.

A mes yeux, le journalisme n'est pas qu'un pilier de la démocratie, l'indispensable contre-pouvoir, indépendant de l'argent, des partis et des Etats. Quand il parvient à l'être, c'est déjà beaucoup. C'est fondamental mais, tel que je le vis, tel que je l'aime, le journalisme est une bataille contre le chaos.

Un matin, mon portable sonne, à la sortie du studio. C'est Yves Lacoste, le géographe dont le *Dictionnaire de géopolitique* est ma bible. Je viens de parler de l'exécution de Saddam Hussein, du ressentiment avec lequel ses bourreaux, des chiites, ont interrompu les dernières prières de ce sunnite et du redoublement de tension qui s'ensuit entre les deux branches de l'islam.

Je n'avais pas trouvé de lumière à montrer au bout de ce tunnel-là. J'en suis exagérément sombre mais Lacoste, lui, est en état de jubilation intellectuelle : « Bernard, je vous ai écouté... Oui... Non... Quelle histoire ! Avez-vous remarqué que... » Il est si passionné, passionnant, que je me prends au bonheur de l'échange mais retombe, bientôt, dans mon catastrophisme, lui disant que je ne sais plus comment ce siècle trouvera ses équilibres sans passer par des conflits majeurs, que mes réserves d'optimisme sont épuisées, que j'en viens à douter de l'intérêt du journalisme...

Silence au bout de la ligne et Lacoste me répond : « Soyez cynique ! — Cynique ? — Mais oui ! Plus une situation est complexe et inextricable, plus elle est intellectuellement fascinante. » Il avait raison.

J'ai tort de trop attendre et exiger de ce métier mais quand j'en suis réduit à décrire l'incendie sans pou-

Une certaine confiture

voir passer un seul seau à jeter sur les flammes, j'en perds le goût du papier.

J.L. : Je n'ai pas, non plus, fait ce métier pour constater que le monde va mal, qu'il est mal fait, qu'il y a beaucoup plus de souffrance que de bonheur... Notre journalisme est une certaine forme de pilotage, pas seulement un constat. Je n'ai pas, non plus, été journaliste pour décrire l'incendie, quitte à avoir affronté de cruelles désillusions sur ce qui aura été la cause de ma vie : la décolonisation.

B.G. : Si cruelles que vous en avez abandonné le métier ? C'est cette déception qui vous a conduit à délaisser le journalisme pour l'Histoire et la biographie ?

« Le cul de plomb »

J.L. : C'est une des raisons mais la principale a été que j'allais atteindre la soixantaine. Le journalisme est un métier de jeune homme, ou de jeune femme. Ensuite, on peut prendre la direction d'un journal, des responsabilités collectives, mais le pilotage des autres n'était ni dans mes ambitions ni dans mes capacités. Mon journalisme est direct, de confrontation avec le réel, et j'ai pris conscience d'avoir atteint la limite d'âge du métier tel que je le pratiquais, le jour où le directeur et fondateur du *Monde*, Hubert Beuve-Méry, m'a fait venir pour me dire, au début des années 70 : « Il se passe des choses intéressantes en Afghanistan.

Les Soviétiques, les Américains, c'est un beau et grand sujet. Allez, Lacouture, vous nous faites ça, vous partez ! »

Je me suis entendu répondre : « Non, Monsieur, je ne partirai pas. Je n'ai pas les connaissances de base sur l'Afghanistan. Je peux vous faire une jolie page, du sous-Kessel. Je ferai de mon mieux, ce sera agréable à lire, mais ce ne sera pas vraiment compétent. J'irai à l'ambassade de France, des Etats-Unis, de l'Union soviétique. J'irai voir tel ou tel intellectuel mais... Non, sur l'Afghanistan, je serais un journaliste parmi d'autres, sans la valeur propre que j'ai sur l'Egypte ou l'Indochine, l'Afrique du Nord ou l'Afrique noire... »

Beuve était choqué : « Dites-moi, Lacouture, vous n'auriez pas le cul de plomb ? Il me semble que vous avez atteint une frontière... — Oui, monsieur, j'ai peut-être le "cul de plomb" mais je ne le ferai pas. Je préfère aller mesurer mes erreurs ou mes intuitions dans un pays que je crois connaître. Envoyez un homme plus jeune, plus ardent. Je n'irai pas faire l'ébahi dans les montagnes afghanes. »

C'est alors que je me suis aperçu que je n'avais plus peur de refuser les défis que j'avais toujours relevés jusque-là. Je ne brûlais plus d'ajouter une entaille sur mon pistolet. J'avais, en vérité, peur de ne plus être capable de me renouveler et voulais rester fidèle à ce journalisme d'apport, tendant à une certaine espérance que des esprits religieux traduiraient...

B.G. : ... Par la foi ? C'est ce que vous alliez dire ? Une foi en la possibilité d'améliorer le cours des choses ?

Une certaine confiture

J.L. : On pourrait le dire comme ça, une foi laïque.

B.G. : Laïque ? Oui... C'est ce que je dirais aussi puisque je suis encore moins croyant que vous mais ce n'est peut-être pas si clair, pas si simple en tout cas. Alors qu'il n'était pas encore chef du premier gouvernement de la Pologne démocratique, Tadeusz Mazowiecki avait cru découvrir en moi une « *anima naturaliter christiana* ». C'était pendant l'épopée de Solidarité. « Non seulement je ne suis pas chrétien, lui avais-je dit, mais je suis juif, athée et l'idée que vous vous faites de Dieu m'est totalement étrangère. Elle a, pour moi, quelque chose d'exotique, et d'idolâtre... » Il n'en avait pas démordu : « Naturellement chrétien ».

J.L. : ... C'est une citation de saint Augustin et Mauriac a écrit la même chose en marge d'un article de Camus. Vous n'êtes pas en mauvaise compagnie !

B.G. : Mauriac m'aide alors à dire qu'il y a, oui, quelque chose de religieux dans cette position du journaliste qui, comme le confesseur ou le rabbin des *shtetels*, écoute, s'efforce de ne pas entrer dans les passions du moment, de rester au-dessus de la mêlée pour pouvoir mieux tenter de rappeler à des exigences supérieures.
Il y a, dans ce refus d'un « journalisme de constat », une volonté d'amener le lecteur à tendre vers quelque chose d'autre qu'un *statu quo* pernicieux, à transfigurer un réel qui n'est que l'instant. Nous ne faisons, là, que suivre l'appel de cette exigence intérieure qui est le Dieu des incroyants – d'un besoin de transcender et

de se transcender, de progresser vers quelque chose de constamment plus fort et plus solide.

J'avais dit à Tadeusz que Dieu n'était, pour moi, que cette exigence qu'on s'impose à soi-même mais je dois bien admettre, chacun ses contradictions, que ce mot si catholique d'«harmonie» me vient naturellement aux lèvres et que les hommes de foi, chrétiens, juifs ou musulmans, finissent toujours par me dire que je suis un croyant qui s'ignore. Je crois qu'il y a quelque chose de spécifiquement religieux, et d'assez catholique, dans cette idée de «tension» qui nous est commune.

J.L. : Franchement, je ne le crois pas. C'est un mot que je ne retrouve pas dans ma jeunesse, que je ne tiens pas pour spécifique de l'éducation catholique que j'ai reçue. C'est un mot qui a un fort parfum laïc. Il me semble qu'il me vient plutôt de ma seconde éducation, de Gide, de Malraux, des auteurs que j'ai lus à vingt ans... En tout cas j'ai employé ce mot sans m'en rendre compte. «Tension vers» et «tension contre» sont les clefs de ce que j'ai essayé de faire dans ce métier. C'est, en moi, une chose vivante, naturelle.

B.G. : Ça l'est tout autant chez moi mais, dans «enquête», j'entends bien «quête», mot qui évoque un absolu que beaucoup appellent «Dieu»... D'un côté, je ne peux pas ne pas m'interroger sur la multiplicité des connotations religieuses quand je parle du journalisme. Il est encore plus vrai, de l'autre, que ceux qui cherchent n'ont par définition pas de vérité préconçue. Ils supportent mal qu'on leur dise quoi penser, veulent vérifier par eux-mêmes, aller voir, et le fait est que je ne crois pas du tout à *la* vérité, singulière

Une certaine confiture

et majuscule, mais à l'approche de vérités multiples, complémentaires et contradictoires, à l'absolue nécessité d'aller sur place, les sentir et les cerner.

J'ai toujours été mauvais élève, ne croyant pas plus à l'école que je ne crois en Dieu, incapable de rester assis à écouter, toujours désireux de m'échapper pour aller apprendre de mes oreilles et de mes yeux et pas de la bouche d'un autre. Il y avait un journaliste dans le cancre que j'étais, dans cette volonté de d'aller toujours y voir par moi-même...

Le chercheur d'or

J.L. : Vous dites qu'il y a vraiment, en soi, une vertu à « y être allé » ?

B.G. : Bien sûr, Jean, qu'il y en a une, et même cardinale ! Je ne vous dis pas qu'on ne puisse rien apprendre de Paris. Il y a les dépêches d'agence, la presse étrangère sur internet, les sources universitaires et diplomatiques dont une capitale fourmille mais, de son bureau, on n'apprend que passivement, par d'autres, comme en classe, à travers trop de filtres.

On ne sait vraiment, ou mieux du moins, qu'après avoir été voir, sur place, car une situation a un parfum que l'on perçoit dès la descente de la passerelle, parfois même dès la cabine de l'avion, et qui se précise à une vitesse incroyable, au contrôle de police, autour des tapis à bagages, dans le premier taxi naturellement. Avant même d'être entré en ville, avant tout rendez-vous, on commence à ressentir ce qu'on vérifiera bientôt. Comment ?

Je ne sais pas. Une situation vous imprègne, comme une pluie si fine qu'on ne la remarque pas mais, pour vraiment comprendre, il faut avoir observé la rue, lu les visages, vu ce qu'il y a, ou n'y a pas, dans les vitrines, cherché le contact sous prétexte de demander sa direction.

Les embouteillages de la Budapest des années 70 ou du Téhéran d'aujourd'hui m'en ont appris plus sur la Hongrie communiste et l'Iran d'Ahmadinejad, sur l'ampleur de leurs bouleversements souterrains, que bien des rencontres avec les meilleurs des interlocuteurs. De Paris, au téléphone, on peut interroger mais ce n'est pas la possibilité de renifler un pays – ce qui est un métier, par parenthèse, le premier métier du journalisme.

Pour déchiffrer une rue, il faut non seulement un minimum de connaissances historiques mais aussi ces points de comparaison qui m'avaient permis, par exemple, de noter qu'on ne lisait pas, sur les visages des Polonais des années 70, la peur qui fermait, alors, ceux des Roumains et qu'on sentait, en revanche, dans la Lituanie de 1988, la même fébrilité que dans la Pologne de 1980.

Il ne faut pas seulement au journaliste l'œil du photographe.

Il lui faut aussi une expérience accumulée, une bouteille et, également, un don, celui d'inspirer confiance, d'amener des gens très éloignés de vous, qui ne vous connaissent pas, à vous parler sans plus de fard que ces voisins d'avion qui vous balancent leur vie après s'être enquis de l'heure d'atterrissage.

Une certaine confiture

Un journaliste qui n'inspire pas cette envie de confidence, cette confiance, est un coureur unijambiste. Ça ne colle pas. Si vous n'êtes pas capable de faire parler un patron de madrasa ou un jeune fasciste rouge, n'allez ni au Pakistan ni en Russie. Si vous n'êtes pas capable d'écoute, de candeur et d'empathie, alors que la nausée vous monte à la gorge, ne soyez pas journaliste. Il faut toujours «y aller», bien sûr.

J.L. : Vous décrivez là cette partie de notre métier qui est l'acquisition des morceaux de vérité accessibles. Mais le journalisme, c'est aussi la transmission : la réfraction. Vous venez de dire ce que doit être l'honnête homme qu'on a envoyé rechercher le plus de vérité possible en une certaine partie du monde mais après ?

Le chercheur d'or a déterré ses pépites mais, à partir de là, quelle va être la transmission de ces trésors au journal qui l'emploie et, par-delà, au public ? Comment va se faire la réfraction ? Il y a mille façons... Rapporter le propos du directeur de madrasa des environs d'Islamabad peut vouloir dire : «Le mal est là», ou bien : «Toute la richesse du monde est dans l'échange, malgré tout possible avec lui.»

Les douze phrases qu'il vous aura dites – mettons que vous les avez comprises ou qu'on vous les aura traduites honnêtement – peuvent être reçues, par le lecteur de New York ou de Bruxelles comme une déclaration de guerre à l'Occident ou, au contraire, comme une lueur d'espoir. Y a-t-il une façon de transmettre la vérité pour le banquier de Cincinnati et une autre pour le vendangeur de Toscane ? Après l'acquisition et la transmission, il y a la réception. L'or en main, qu'en fait-on ? A tous moments, à tout instant, il y a des aiguillages possibles et des écoutes contraires. Ce sont des questions que je me pose, ou plutôt des réflexions que je me fais, depuis plus de cinquante ans.

B.G. : Il n'y a pas de réponses à cela, ou aussi multiples et contradictoires que les vérités d'une situation. La complexité du fait crée la complexité de la réception. Un lecteur sur-réagit à un aspect des choses que l'autre sous-estime ou ne voit même pas. On reçoit un événement en fonction de ses propres attentes, de ses options politiques, de son âge ou de sa situation sociale.

Quoi qu'on écrive, l'article ne sera pas lu de la même façon par le banquier et le vendangeur, même quand ils achètent le même journal. Pour reprendre votre mot, nous touchons, là, aux limites de notre « apport » mais, outre, que c'est inévitable, le problème s'est beaucoup compliqué depuis la chute du Mur de Berlin.

A mes débuts, quand j'écrivais pour *L'Observateur* des années 70, je savais à qui je m'adressais. Je savais *grosso modo* quels étaient la culture et les réflexes, les préjugés et les systèmes de référence du lecteur qui allait me lire et, sachant qui il était, je pouvais m'adresser à lui de manière à ce qu'il puisse recevoir l'essentiel au moins de ce que je souhaitais faire passer.

Je parlais sa « langue » qui était aussi la mienne et, quand *Le Monde* m'a recruté, en 1979, comme correspondant pour l'Europe centrale, je pouvais continuer à parler cette langue car les lectorats des deux journaux étaient très semblables, classes moyennes, bon niveau culturel et cœur à gauche.

Une certaine confiture

Je suppose qu'il en allait de même, à droite, pour un journaliste du *Figaro* mais, en vingt ans, les chocs provoqués par la fin des idéologies, l'irruption du libéralisme et la mondialisation de l'économie ont considérablement brouillé les frontières culturelles et politiques des lectorats. Un même lecteur, ou auditeur, a des comportements d'électeur qui auraient été jugés aberrants il y a peu. Les chassés-croisés politiques sont constants. Il n'y a plus, *a priori*, de langue commune car chacun, à gauche comme à droite, en parle plusieurs à la fois, une sorte de maltais politique fait d'influences diverses et loin d'être encore stabilisé. Je ne sais plus aujourd'hui pour qui j'écris et l'exercice est devenu d'autant plus difficile...

J.L. : ... Sans parler de votre actuel mode de communication, la radio, qui est profondément différent et dont le public est, pour le coup, indéterminé. Vous aviez deux publics déterminés, *L'Observateur* et *Le Monde*, un peu différents mais proches. Là, le public est incertain.

B.G. : Sur Inter, il est rarement de droite, plutôt de gauche, mais beaucoup plus divers, en effet, que le lectorat d'un journal. Sociologique, politique, générationnelle, la diversité est autrement plus grande à la radio et la voix, de surcroît, ce n'est pas la même chose que l'écriture. L'oreille qui écoute, ce n'est pas du tout la même chose que l'œil qui lit...

J.L. : ... L'attention d'un public incertain est incertaine...

Le monde est mon métier

B.G. : ... Il y a l'inattention de beaucoup d'auditeurs, parce qu'il est 8 h 17 et qu'on a autre chose à faire qu'écouter ce pingouin qui parle des chiites. Les enfants sont en retard pour l'école. Les parents les houspillent. Les célibataires sont mal réveillés. C'est normal, c'est la vie mais, en plus du brouillage des frontières politiques et de l'agitation du petit déjeuner familial, il y a un contact direct, aussi, presque physique, qui fausse beaucoup de choses.

L'encre et le papier journal ne laissent voir que ce qui est écrit alors que l'indiscrétion de la voix, tout ce qu'elle dit de votre caractère, de vos faiblesses et de vos forces, de votre état d'esprit et de vos émotions du jour, comptent autant que la cravate du présentateur à la télévision.

On entend l'inflexion de la voix bien avant d'entendre ce qu'elle dit. On ne peut rien contre cela si ce n'est tenter d'intriguer par une accroche inattendue et un ton différent, rompant la continuité de la matinale. C'est pour cela que j'écris pour le micro de la même façon que pour le papier.

Outre que je reste un homme de l'écrit, paralysé par les approximations de l'improvisation, j'essaie de forcer l'attention par un style qui n'est pas celui de la radio mais on s'adresse à des personnes si différentes que les mêmes mots sont très différemment reçus et que l'auditeur a tendance à entendre non pas ce qu'on a dit mais ce qu'il craignait, ou voulait, qu'on dise.

Les réactions le montrent, chaque matin, dans les mails qui tombent aussitôt. C'est une source de malentendus permanents, récurrents, bien que je m'efforce de ne pas asséner l'idée que je me suis fait d'une situation mais de faire participer au cheminement intellectuel qui m'y a conduit.

Une certaine confiture

Ma fonction est de proposer une lecture qui est évidemment la mienne, assumée comme telle, mais j'essaie de faire revivre les progressions de l'analyse à laquelle je me suis livré, ses étapes et ses fausses pistes, ses clairières et ses sous-bois.

J'expose la situation dans ses lignes essentielles, le point de départ, puis j'avance, alternant questions, réponses et hypothèses, avec des chevilles qui me feraient aisément pasticher : « Mais alors pourquoi...? », « La certitude est que... », « Reste une question... », « Première possibilité... », « Deuxième possibilité... », « C'est, en tout cas, l'espoir ».

Je le fais tout naturellement car il est rare que je commence à écrire raisonnement achevé. La plupart du temps, le raisonnement progresse au fil de l'écriture, porté par elle. Je me parle en écrivant et couche un dialogue entre l'optimiste et le pessimiste – le pessimiste de raison et l'optimiste de volonté ou, plutôt, ce pessimiste de la blague des temps communistes qui se lamentait : « Aïe, aïe, aïe ! Quelle catastrophe ! Ça ne pourrait pas être pire » et cet optimiste qui lui répond : « Mais si... Mais si... ».

Et puis il arrive que la transmission ne soit pas difficile mais impossible – ce que j'ai vécu pendant le référendum européen durant lequel...

J.L. : ... Vous en étiez tout secoué.

B.G. : On peut le dire ! Sentant que le « non » partait pour l'emporter, je m'étais lancé dans une longue série de chroniques – une hérésie radiophonique – retraçant l'histoire du processus d'unification européen. Je voulais faire entendre que, si la construction européenne avait commencé par l'économie, c'était à cause du refus français de la Communauté européenne de défense. Je voulais faire voir qu'il ne s'agissait pas de refaire la même erreur mais je n'avais pas ouvert la bouche que *Le Monde diplomatique* m'avait désigné comme l'adversaire à abattre, faisant de moi la tête de Turc des *nonistes* de gauche – de ceux qui rejetaient le projet constitutionnel par refus du libéralisme et ne pouvaient pas même concevoir que l'on puisse défendre le « oui » sans être libéral.

Je le suis donc devenu à leurs yeux, alors même que je défendais ce projet au nom de l'Europe sociale, martelant qu'il permettrait de progresser vers une démocratie européenne dans laquelle les citoyens de l'Union pourraient envoyer à Strasbourg une majorité mandatée pour affirmer une puissance publique continentale – la force qui manque au Travail pour contrebalancer la toute-puissance d'un Capital qui, lui, ne connaît plus de frontières depuis longtemps.

Le propos était clair mais les mots, le raisonnement, les arguments n'avaient plus la moindre importance car on était dans une logique d'« eux » et « nous », des « élites » contre le « peuple », des élites libérales contre le peuple de gauche.

Une connivence perdue

J.L. : C'est venu de là plutôt que des souverainistes ?

B.G. : C'est le basculement de cette partie de la gauche qui a fait la victoire du « non » et j'en suis sorti

Une certaine confiture

sonné, me demandant comment des auditeurs qui m'entendaient prôner la régulation depuis plus de douze ans pouvaient me considérer comme un partisan du laisser-faire. Le moment fut rude et la presse écrite a connu le même problème, *L'Observateur* et *Libération* en première ligne car c'était une bataille entre deux gauches, avec toute la violence des guerres civiles, fussent-elles verbales.

Dans un moment de passion politique, il n'y a plus de transmission.

J.L. : Vous parlez des réactions du public. Elles sont facilitées aujourd'hui par les moyens que sont les mails et les blogs dont il est plus facile d'user que de se mettre à son bureau pour écrire une lettre au journal *Le Monde*. Comme auteur, j'ai reçu beaucoup de courrier mais pas en tant que journaliste, alors même que la couverture des guerres d'Indochine et d'Algérie mettait le couteau dans la plaie à tout instant.

Je ne tiens pas de dossiers mais, si je l'avais fait, un historien serait surpris de ne pratiquement rien trouver dans mon courrier. En soixante ans de journalisme, j'ai peut-être reçu deux cents lettres, un nombre dérisoire compte tenu de la pâte que je triturais, des blessures que je provoquais et du journal dans lequel j'écrivais. Même au téléphone – j'ai toujours tenu à figurer dans l'annuaire – je ne me souviens pas d'une vraie protestation. Quelques insultes... J'ai certainement reçu plus de lettres de dénonciation, sinon d'injures, à propos de la corrida qu'à propos de l'Algérie.

B.G. : Ça ne me surprend pas. Quand un Lacouture écrit dans *Le Monde* sur la décolonisation de l'Indochine ou du Maghreb, non seulement la majorité de ses lecteurs est en connivence avec ce qu'il écrit mais il est un grand prêtre aux yeux des fidèles de cette Eglise qu'est le quotidien du soir, gothique et majestueux. Certains ne sont pas d'accord avec vous mais, outre que vous êtes une autorité, qu'on ne s'attaque pas à vous comme ça, ils se sont fait une raison : vous êtes acquis, pensent-ils, à la cause des indépendantistes. Pourquoi perdre son temps à vous écrire ?

Aujourd'hui, le bouleversement des catégories sociopolitiques ne fait pas que brouiller la transmission. Pour les journaux, sa conséquence majeure est qu'ils ne sont plus des institutions dont les lecteurs seraient des fidèles. Parce qu'on ne s'y reconnaît plus en politique, qu'on se cherche soi-même dans le sentiment, justifié, qu'il n'y a plus de repères et que la confusion domine, on se méfie des journalistes, au moins autant que des hommes politiques.

On leur reproche, à la fois, de prétendre savoir – une évidente preuve de mensonge... – et de ne plus savoir éclairer la route car il est vrai, mêmes causes mêmes effets pour tous, qu'ils sont dans la même confusion politique que leurs lecteurs.

On ne leur fait plus, *a priori*, crédit d'une bonne foi et on leur en veut, en même temps, de ne plus sembler crédibles. On les soupçonne de ne plus constituer un contre-pouvoir mais d'être, au contraire, de mèche avec les pouvoirs économiques et politiques car il n'est que trop vrai que les groupes industriels ont fait leur retour dans les groupes de presse.

Pire que tout, n'importe quel crétin, animateur d'une émission de télévision conçue pour être la plus vulgaire possible, est appelé «journaliste» et cela n'ar-

Une certaine confiture

range pas notre image. Entre le journaliste et ses lecteurs ou auditeurs, il n'y a plus la connivence que vous avez vécue et que j'ai connue. Il y a comme l'usure d'un couple qui s'est beaucoup aimé et dont l'un des conjoints découvre qu'il n'aime plus l'autre tout en lui reprochant d'avoir laissé s'éroder tant d'amour. Il y a beaucoup de dépit amoureux dans ces bordées d'injures et d'accusations qu'un journaliste peut recevoir aujourd'hui et internet n'a rien arrangé.

Vous le disiez : il est plus facile de se jeter sur son clavier et de cliquer sa rage que de prendre un joli papier, tourner sa plume et aller jusqu'au bureau de poste envoyer une lettre à *Messieurs Lacouture et Beuve-Méry*.

L'instantanéité de la réaction dispense du recul, de la politesse et de la réflexion mais, cela dit, le lien n'est pas rompu. Pour peu que vous en trouviez le temps, une réponse à la bordée d'injures provoque aussitôt un retour de mail : « Ah bon ? Vous n'êtes pas le salaud (ou le vendu, ou l'arrogant élitiste) que je pensais... » et des dialogues s'instaurent, sur un tout autre ton. Il y a, en fait, une énorme attente vis-à-vis de la presse.

Le succès d'un journal aussi nouveau que *Marianne* le montre. On reçoit aussi de magnifiques lettres de personnes qui vous remercient de faire votre travail, qui prolongent ou discutent un raisonnement avec la plus parfaite courtoisie, une connaissance des dossiers qui vous laisse pâle et une élégance de style que nous n'avons pas toujours.

Ce qui me bouleverse particulièrement, ce sont les auditeurs qui perçoivent mes doutes, même ceux que je n'exprime pas, et comprennent comme de l'intérieur ce que j'ai voulu montrer et pourquoi. Ils ne sont pas rares, bien au contraire. Le tableau général n'est pas fameux mais, avec toutes ses difficultés, les anciennes comme les nouvelles, ce métier reste le plus beau du monde.

Il nous a permis d'apprendre chaque jour, d'être les témoins, jusqu'à en devenir des acteurs, des deux grandes fractures historiques d'où naît ce nouveau siècle. Nous ne l'avons pas choisi par hasard...

J.L. : ... Détrompez-vous. Pour moi, ce fut le cas.

II

Un journaliste par hasard...

Jean LACOUTURE : Le journalisme a été un accident dans ma vie. A la fin de mes études secondaires chez les jésuites, le directeur m'encourage à préparer le professorat de lettres. C'était à la diplomatie que je rêvais. Je fais deux ans de Sciences Po à Paris, la guerre, la Wehrmacht... Retour à Bordeaux, retraite à la campagne pour échapper au STO, au Service du travail obligatoire en Allemagne.

Peu après la libération de Paris par la 2e DB, je quitte le maquis du Limousin que j'avais rejoint trois mois plus tôt et pars pour la capitale, à pied – quelques dizaines de kilomètres avant d'être pris en stop... La 2e DB campait à Saint-Germain-en-Laye. Je m'engage, on m'envoie faire de l'entraînement à Maisons-Laffitte, puis à Fontainebleau. Leclerc est désigné pour l'Indochine et demande des volontaires. C'était « mon » héros. Je lève la main. Trois jours plus tard, on demande des candidats pour son service de presse. Service de presse ?

Le monde est mon métier

L'occasion de le voir, de le rencontrer, de lui parler ! Je lève encore la main et me voilà chargé, avec trois autres types, de faire une petite revue pour les troupes, sous la supervision d'un certain capitaine Buis, qui allait devenir mon gourou, l'ami par excellence.

A Saigon, je suis entré dans ce métier par l'armée – comme journaliste militaire qui, comme la musique du même genre, n'est franchement pas le meilleur.

Bernard GUETTA : Vous savez qu'il s'agit de mater une insurrection naissante ? Il s'agissait bien de cela...

J.L. : Oui et non. Le 2 septembre 1945, Hô Chi Minh, leader du « Front Vietminh », organisation noyautée par le PC indochinois dont il était le fondateur, proclame l'indépendance d'un Vietnam dans lequel le Japon s'était substitué à la France, avant d'être écarté par les Anglo-Américains.

De Gaulle ne prétend pas y rétablir l'ordre colonial mais refuse de reconnaître le fait accompli. Il n'était pas passionnément attaché aux colonies mais furieusement à la présence française à travers le monde.

Afin de la ressusciter en Indochine et de protéger une population de 30 000 Européens, c'est avec l'aval d'un gouvernement où siègent cinq communistes qu'il décide de cette expédition dont le chef sera son très fidèle Leclerc, chapeauté par un haut-commissaire, l'amiral d'Argenlieu, qui est l'un des proches du Général. Les deux hommes incarnent deux politiques : l'un d'ouverture, Leclerc ; l'autre d'autorité, d'Argenlieu. Il y avait bien des façons d'aménager ce « balcon » indochinois...

Que l'expédition fût malencontreuse ou pas, il était

Un journaliste par hasard...

clair que deux chefs, c'était un de trop. On sait, depuis Jules César, qu'il vaut mieux un mauvais général que deux bons. Leclerc était très bon. Très fidèle gaulliste pendant la guerre, d'Argenlieu était un esprit étroit : si on y va, c'est pour reconquérir... C'est probablement ce que Leclerc pensait au départ mais, arrivé là-bas, en grand homme de guerre, il voit que la reconquête n'était pas jouable, ne serait-ce que stratégiquement, car les colonies, surtout lointaines, c'est d'abord une flotte. Or il n'y avait plus de flotte française. Les Anglais l'avaient envoyée par le fond à Mers el-Kébir et ce qui en restait s'était sabordé à Toulon. Nous étions partis pour l'Indochine sur un bateau, l'*Orontes*, loué aux Anglais par le gouvernement français.

B.G. : Ambiguïtés gaulliennes ou pas, le Lacouture qui deviendra le champion de l'anticolonialisme s'est donc engagé, en 1945, pour aller récupérer l'Indochine. Paradoxal... Qu'aviez-vous en tête en vous portant volontaire ?

J.L. : Leclerc. Etre avec Leclerc, côtoyer un héros. Ma vie, c'est pour beaucoup la recherche du héros, ce qui peut entraîner quelques déboires...
Pendant la guerre, je n'avais pas pris beaucoup de risques. J'avais médiocrement participé à la Libération, en vue du rétablissement d'une France digne de ce nom à travers le monde. C'était là l'occasion de compenser, faiblement... Je n'ai pas analysé la situation. On a beaucoup discuté sur le bateau : qu'est-ce que le Vietminh, qui est ce Hô Chi Minh ? A cette époque, je n'avais pas d'idées politiques bien précises.
Je venais d'une famille de la bourgeoisie coloniale

bordelaise. Dans la famille de mon père, il y a cinq enfants, dont trois garçons : l'aîné, Roland, général et commandant supérieur à Madagascar ; le deuxième, Charles, magistrat colonial, va faire l'essentiel de sa carrière à Saigon, aux côtés du gouverneur Albert Sarraut, radical-socialiste de l'époque où les radicaux étaient les avocats de « gauche » de la colonisation. Il était notoire chez nous que Charles, homme séduisant, brillant et drôle, avait laissé une petite famille là-bas.

Il y avait une certaine propension en moi à aller voir ce qu'était ce pays où je pouvais retrouver des petits cousins aux yeux bridés et dont j'entendais parler par mon oncle, à la table familiale, en termes idylliques : les femmes y sont exquises, on y chasse le tigre... Une fascination indochinoise a joué, mais moins que le prestige de Leclerc.

Caravelle, le journal dont mes copains Dessinges, Mullender (dit Devillers) et moi-même étions chargés, devait distraire les troupes, avec quelques historiettes et un peu d'actualité... Après la sortie du deuxième numéro, Devillers et moi avons été convoqués par Leclerc. Il avait lu un petit éditorial que nous avions écrit à quatre mains pour dire que notre expédition était une « rencontre avec un peuple ». Ce n'était pas antipathique, vaguement humaniste. Il nous a félicités. Se faire dire en un quart d'heure par Leclerc que ce qu'on avait fait était bien – je n'en aurais jamais rêvé !

B.G. : C'était l'onction du héros...

J.L. : Attendez le changement de cap. Nous avions débarqué le 1ᵉʳ décembre 1945. Moins de six semaines plus tard, après trois numéros de *Caravelle*, nous rece-

Un journaliste par hasard...

vons la visite de trois types dans notre petit local, au sous-sol du cinéma Majestic. L'un, nommé Planchon, un planteur de caoutchouc, avait de l'argent à placer. L'autre, Pierre About était journaliste et petit-fils du romancier Edmond About. Sa famille avait des biens en Indochine, il se retrouvait mobilisé là et connaissait bien son métier. Le troisième s'appelait Bernard Dranber, un type très cordial à la fois journaliste sportif et communiste, engagé, avec une vague mission : prendre contact avec ses camarades du Parti. Ce trio vient nous dire : on a vu vos numéros, c'est bien torché. La presse coloniale est minable. Pourquoi ne feriez-vous pas un journal avec nous ?

B.G. : Un journal qui n'aurait plus rien à voir avec l'armée ?

J.L. : Non seulement *Paris-Saigon* n'avait rien à voir avec l'armée, mais il devient vite l'organe de la négociation avec le Vietminh, sans même que « notre » communiste, Dranber, y ait beaucoup contribué. About était plutôt de droite, mais il jugeait l'expédition folle, pensant, comme Planchon, qu'il fallait trouver un compromis avec les Annamites.

Double jeu

B.G. : Vous aviez, donc, quitté l'armée ?

J.L. : Pas du tout ! Nous étions en uniforme, portant deux casquettes. Le matin, dans le sous-sol d'un cinéma, nous rédigions notre journal, *Caravelle*, qui ne disait pas grand-chose... Pas mal, au demeurant. L'après-midi, nous faisions un hebdomadaire politique, *Paris-Saigon*, avec l'autorisation de nos chefs. Etrange situation, non ?

Nous avons même reçu, à *Paris-Saigon*, la visite d'un général : « Alors, c'est vous, les gars qui faites un journal pour la guerre le matin et un journal pour la paix l'après-midi ? » J'ai commencé le journalisme par un double jeu, un double jeu avéré qui a duré dix mois. Mes copains et moi avions trois ou quatre signatures chacun. J'étais à la fois « Perken » (le héros de Malraux dans *La Voie royale*), « Olivier Servan », et j'avais même un pseudonyme féminin : « Michèle Barat »... Tout cela était plutôt pittoresque. Il y avait de quoi ne pas prendre le journalisme au sérieux mais, pourtant si : nous étions très sérieux...

On me signale, en février 1946, qu'un avion militaire va s'envoler pour Hanoi, la capitale d'Hô Chi Minh, chef du nouveau gouvernement vietnamien qui était flanqué d'une délégation française dont le patron était un homme bien, Jean Sainteny. Je monte dans cet avion. Je me présente à Sainteny et à son adjoint, Pignon, qui est devenu cinq ans plus tard haut-commissaire en Indochine. Ils me proposent de m'arranger des rendez-vous avec les « types d'en face », jugeant d'avance intéressantes les réponses qu'ils feraient aux questions d'un petit gars comme moi.

Sainteny avait rencontré Hô Chi Minh plusieurs fois, Pignon connaissait Giap et l'admirait. J'ai donc eu des rendez-vous avec les deux principales figures du nationalisme vietnamien. M. Hô m'accueille comme un vieil oncle reçoit son petit neveu, puis me dit : « Pour les

Un journaliste par hasard...

questions politiques, allez voir M. Giap, il est très compétent, c'est un autre moi-même. » J'ai passé deux heures avec Giap, dont je peux résumer ainsi le propos : Nous voulons l'indépendance, nous l'aurons, mais si possible en accord avec la France. On peut aménager des étapes...

B.G. : Qu'est-ce que la France contrôle encore en Indochine ?

J.L. : Le sud du Vietnam, où les maquis vietminh sont très actifs, mais qu'elle tient jusqu'au nord de l'Annam, au-dessus de Hué, du 17e parallèle. La France tiendra pendant longtemps ce qui a été le Sud-Vietnam, la partie sud du Laos et le Cambodge.

B.G. : Quel est le degré d'indépendance du Nord ?

J.L. : Giap est ministre de l'Intérieur, mais attention : les forces chinoises nationalistes, celles de Tchang Kaïchek, y sont implantées. Du fait des accords de Potsdam de juillet 1945, le Vietnam a été partagé en deux : le Nord est contrôlé par les Chinois qui appartiennent au camp des vainqueurs de la Seconde Guerre mondiale. Au sud du 16e parallèle, l'Angleterre, chargée de la mission, a ouvert la voie au retour des forces françaises.

Si Hô Chi Minh et Giap tiennent à un accord avec la France, c'est en grande partie pour faire déguerpir les Chinois. D'où l'accord, signé le 6 mars 1946 entre Hô Chi Minh et Jean Sainteny, par lequel la France reconnaît le Vietnam présidé par Hô Chi Minh comme Etat libre au sein de l'Union française. C'était, en fait, une reconnaissance de l'indépendance assortie d'une participation économique et culturelle française et d'une présence militaire pendant cinq ans. Leclerc débarque et, deux semaines plus tard, serre la main d'Hô Chi Minh avant de donner son approbation à cet accord dont il se fera l'intraitable avocat, face à d'Argenlieu, soutenu par de Gaulle et qui supportera mal d'avoir été placé devant le fait accompli.

A mon retour, j'ai publié dans *Paris-Saigon* mon premier grand reportage : « La guerre d'Hanoi n'aura pas lieu ». Les conversations avec Hô Chi Minh et Giap, l'accord donné par Leclerc : nous sommes devenus le journal de l'entente avec les Vietnamiens, la voix des gens qui étaient pour la coopération avec Hanoi et, quand nous allions dans un café de Saigon, il y avait toujours quelques types attablés pour grommeler : « Voilà les petits salauds qui négocient avec Hô Chi Minh. » A Saigon et dans l'armée, le parti de la conservation coloniale restait vigilant – climat que j'ai connu plus tard en Afrique du Nord, en beaucoup plus violent.

B.G. : Quand ce gamin de vingt-trois ans rencontre Hô Chi Minh pour la première fois, a-t-il conscience, dans son double jeu, de se trouver face à un géant de l'histoire ?

J.L. : J'ai conscience de rencontrer un personnage quelque peu fabuleux mais très accessible. Quel métier que celui qui permet de rencontrer un homme par lequel se fait l'histoire des peuples ! Le journalisme que j'ai pratiqué a été largement marqué par cette entrevue. Cet homme-là sourit à l'ennemi que je suis encore. Il me parle de Paris : « Comment est-ce maintenant ? Y a-t-il toujours le Café du Commerce quai de

Un journaliste par hasard...

Jemmapes ? » Il était habillé comme un vieux colonial, avec sa barbiche. On l'appelait « le vieux » mais il avait, à ce moment-là, cinquante-neuf ans...

Etait-ce cela, un « conflit » ? Etait-ce aussi simple de substituer le dialogue à la guerre ? Depuis trois ou quatre mois à Saigon, je m'étais formé une idée de la colonisation. Pour brève qu'elle fût, mon expérience me convainquait que ce système n'était ni convenable ni supportable. Il n'entrait pas dans la vision que je me faisais du monde au lendemain de la libération de la France. Il aurait été intolérable de comparer l'action des nazis en France et la nôtre en Indochine, mais ceux qui s'étaient révoltés contre la condition faite aux Annamites avaient raison, comme les Résistants avaient eu raison de résister. L'ordre colonial devait être aboli.

B.G. : Hô Chi Minh vous a inspiré de la sympathie mais allait-elle jusqu'à la connivence politique ?

J.L. : La sympathie est certaine. J'ai devant moi un homme qui paraît décidé à faire de l'arrachement à la colonisation une opération à l'amiable. Il semble qu'il ne pense qu'à éviter la guerre. Envisageant la fin des colonisations, je me demandais, moi, comment ça allait finir : serons-nous chassés à coups de fusil, comme les occupants l'ont été partout dans l'histoire, les Autrichiens d'Italie, Napoléon d'Allemagne... ? Giap était lui aussi souriant, mais du sourire du fort : Moins il y aura de morts, plus nous serons contents. Nous n'avons pas tellement de cadres pour avoir envie de les envoyer au casse-pipe mais l'indépendance, nous l'aurons, c'est une question de modalités.

B.G. : Fort ou pas, ce sourire vous séduit. Vous ne vous dites pas que ce sont des communistes ?

J.L. : Pour Giap, si, bien sûr. Pour Hô Chi Minh… Ce vieux petit monsieur souriant ? J'avais lu ce qu'on écrivait, qu'il avait été formé à Moscou, avait travaillé en Chine, fondé le PC indochinois… Oui, mais il y avait, en France, cinq ministres communistes dans le gouvernement du général de Gaulle. Le vice-président du Conseil s'appelait Maurice Thorez et disait : Je ne suis pas pour qu'on abaisse le drapeau tricolore, il faut trouver des modalités…

B.G. : En 1946, pour cet enfant de la bourgeoisie bordelaise, formé par les jésuites, venu d'un milieu catholique conservateur, les communistes ne sont pas des diables ?

J.L. : Non.

B.G. : Ils ont résisté, siègent aux côtés du général de Gaulle… Ils sont plutôt des gens bien ?

J.L. : C'est une autre façon de voir le monde. Ce n'était pas la mienne mais, rencontrer un communiste n'était pas plus surprenant pour moi que rencontrer un Mexicain. Certains étaient des copains du maquis ou de la 2ᵉ DB. Les communistes noyautaient un peu partout. On en rencontrait tout le temps. Ils avaient, en l'occurrence, à peu près les mêmes réflexes que nous. Oui : la question était, à l'époque : collabo ou pas collabo…

Un journaliste par hasard...

« *Nos valeurs* »

B.G. : ... Votre frontière passait entre fascistes et antifascistes...

J.L. : ... Le droit des peuples à disposer d'eux-mêmes : voilà ce qui me semblait fondamental. Je suis un petit gars de la France républicaine et je vois dans les rues de Saigon des gens traités en sous-hommes. A cette époque-là, on disait certes « Monsieur » à un homme qui avait un peu de barbiche, mais on ne l'aurait probablement pas dit quinze ans plus tôt.
Il y avait les Blancs et les Jaunes. Les Jaunes n'avaient pas les mêmes droits que les Blancs et il m'a paru qu'ils méritaient d'être compris, que l'on admette leur revendication à l'égalité. J'avais rencontré de jeunes Vietnamiens révoltés dont j'avais adopté d'emblée le point de vue, convaincu qu'il fallait que cessât le système colonial – ce à quoi Leclerc n'était pas opposé.
Autour de D'Argenlieu se regroupaient les vieux coloniaux, qui vomissaient *Paris-Saigon* où nous préconisions le retrait progressif, dans le respect de ce que Leclerc appelait « nos valeurs » – sous condition que les accords tendent à ce que la France maintienne une présence culturelle, technique, voire militaire : qu'il s'agisse non d'une fuite, mais d'un contrat.

B.G. : D'un contrat garantissant une présence française après l'indépendance ? C'était l'objectif de Leclerc ?

J.L. : Je le crois alors, peut-être avec une pointe de naïveté. Leclerc était mon héros de la guerre, il devient mon héros tout court. La rencontre que je fais au bout de deux ou trois mois avec Georges Buis, devenu colonel, chargé de la sécurité dans Saigon et l'un des intimes de Leclerc, est décisive. Il dîne avec lui chaque soir, en compagnie de cinq ou six autres officiers dont le chef du 2e Bureau, le colonel Repiton-Préneuf. Grâce à Buis, je sais que Leclerc continue de penser que l'accord passé au Nord par Sainteny, c'est bien. Il faut se dégager honorablement. Et coopérer avec eux.

B.G. : Affaiblie comme elle était, la France pouvait-elle vraiment retrouver cette influence espérée par Leclerc, Buis, Sainteny ou vous ?

J.L. : Une influence, oui, avec une grande université française au moins ; un respect des points de vue français ; vingt des trente ou quarante mille Européens installés ici qui puissent y demeurer, contribuant à des échanges avec l'ensemble de l'Asie : un phare français en Indochine.

Le régime est communiste, mais, encore une fois, comme le quart de nos ministres. Et comment le communisme va-t-il tourner ? Nous ne sommes qu'en 1946, le coup de Prague n'a pas encore eu lieu, l'URSS n'a pas déjà aboli toute démocratie en Europe centrale.

Nous avons pu manquer de vigilance, ne pas subodorer que ces gens étaient plus ou moins manipulés par Moscou, peut-être demain par Pékin mais, pour nous, c'était une honorable porte de sortie à une affaire franco-vietnamienne. Leclerc, le patriote par excellence, avait considéré que c'était ce qu'il fallait faire.

Un journaliste par hasard...

B.G. : Avec la crise cubaine, le Vietnam sera l'un des moments les plus chauds de la Guerre froide mais vous ne raisonniez alors pas en termes d'affrontement entre les démocraties et le bloc communiste, entre le totalitarisme et le monde libre. Comme vous, j'aurais soutenu Leclerc contre d'Argenlieu. J'ai beaucoup manifesté, autour de mes dix-huit ans, contre l'intervention américaine au Vietnam mais la différence est absolue avec le moment où s'est engagée la bataille pour la fin du système communiste, ma bataille à moi. Deux décennies plus tard, le regard sur le communisme était radicalement différent...

J.L. : Cette confrontation de deux époques et de la manière dont nous les avons couvertes est au cœur de ce livre. C'est tout l'objet de nos échanges mais n'oubliez pas que, du point de vue Est-Ouest, de Yalta, le Vietminh avait été encouragé et, en partie, armé par les Américains. A cette époque, dans l'esprit de De Gaulle, le risque était moins communiste qu'américain. Le Général voyait le rooseveltisme installant un peu partout, au titre des Nations unies, des bases supplantant la France. A cette époque, on est assez loin de la bataille entre communisme et anticommunisme. Au Vietnam, elle ne commencera que quelques mois plus tard, avec la rupture de l'accord de mars, due aussi bien aux manigances des colonels français qu'à celles de Giap et des communistes. Le combat global a été déclenché par Giap à Hanoi, mais la tentative d'accord avec le Vietminh que le général Leclerc a couverte était la meilleure option possible.

B.G. : Mais de Gaulle ne l'avait pas approuvée...

Le monde est mon métier

J.L. : Non. « Informé » par d'Argenlieu, de Gaulle a été aveugle sur l'Indochine.

B.G. : Cet état d'esprit qui est le vôtre en 1946, cette volonté de compromis pour préserver « nos valeurs », restera-t-il le substrat politico-culturel du Lacouture chargé de couvrir la décolonisation pour *Combat* puis *Le Monde*?

J.L. : Oui. On peut dire que tous les venins sont là.

B.G. : Pourquoi dites-vous « venins » ?

J.L. : Je le dis avec un demi-sourire, bien sûr. Dès ce moment-là, je suis d'abord un citoyen qui a fait un certain choix, celui que vous venez de dire. Je l'ai fait avant même d'être devenu vrai journaliste car, le jour où éclate la guerre du Vietnam, le 19 décembre 1946, je prends l'avion pour rentrer en France. Le vrai journaliste serait resté, aurait trouvé une correspondance pour un journal parisien. Moi, l'accord anéanti, je suis parti. Ce n'était plus mon affaire. C'était celle des guerriers qui, pour les journalistes, sont au moins aussi intéressants que les diplomates mais ce qui m'intéressait alors, moi, comme citoyen, c'était l'accord entre Français et Vietnamiens. Que la guerre n'ait pas lieu, car nous avions bien senti qu'elle serait une sale histoire.

B.G. : Vous étiez engagé, un militaire... Comment pouviez-vous « partir » ?

Un journaliste par hasard...

Amoureux

J.L. : J'étais démobilisé depuis un mois et me voilà, donc, sur le sable, à Paris, aux premiers jours de 1947. Un entretien à *Paris-Presse*, un autre à *Franc-Tireur*... Rien de solide. A quelques contacts et articles près, ce métier qui m'a si merveilleusement attiré au Vietnam se refuse à moi quand je reçois, de Rabat, un télégramme de Georges Buis, devenu colonel et patron de l'information aux côtés d'un résident général impatient de décoloniser, Eirik-Labonne.

Je n'hésite pas mais, dès mon arrivée, j'apprends que cet homme éminent vient d'être remplacé par le général Juin, qui n'est pas un sot, mais moins encore un libéral... Tant pis ! J'y suis, j'y reste.

Le pays est tellement beau, mon ami Buis tellement convaincant. Et je rencontre très vite, surtout, une journaliste blonde, correspondante de l'AFP, qui s'appelle Simonne et qu'on ne quitte pas. S'ensuivent dix-huit mois au Maroc, passés à visiter un univers neuf, à rédiger quelques chroniques pour la radio, à inventer des amitiés mais à esquiver, aussi, ce que je pourrais appeler la « question marocaine » qui, pour être moins envenimée que la vietnamienne, se pose gravement. Je ne m'en mêle pas.

B.G. : Vous aviez pris parti en Indochine mais, au Maroc, vous vous laissez vivre, en jeune homme amoureux, en fonctionnaire, qui plus est, du protectorat ?

J.L. : Les observations que je fais là me serviront quand j'entrerai à *Combat*, après mon retour à Paris, en 1949, mais oui : c'est un fait. Au Maroc qui deviendra l'un de mes champs de bataille, je découvre d'abord l'injustice sans réagir. Je vis, je suis heureux d'y vivre, d'y rencontrer la femme qui est devenue la mienne. Je découvre un admirable pays, je jouis en profondeur de l'amitié de Georges Buis, l'homme qui aura peut-être le plus compté dans ma vie. Bref, je passe à travers le Maroc, comme un poisson dans l'eau, sans regarder de quelle couleur est l'eau, ni si elle est trop ou pas assez salée.

Si peu sonore qu'elle fût, ma piteuse réserve est pourtant assez perceptible pour qu'un collaborateur de Juin finisse par me signifier que mon silence ressemblait trop à de la désapprobation et me prie de déguerpir de la Résidence. Chaque fois que je pense à cette période, je suis stupéfait de ma passivité.

J'étais là, j'étais heureux... J'étais associé à la Résidence pour laquelle, plus ou moins attaché de presse, j'écrivais des articles, des morceaux de discours. J'avais ma part minuscule du pouvoir colonial, ce qui a été rappelé un jour par le roi Hassan II lors d'une conférence de presse, à l'époque où je l'assaillais volontiers, dès avant l'affaire Ben Barka. Il a lancé : « Mais qu'a-t-il à nous dire, ce Lacouture qui a été un complice du colonialisme, à la Résidence de France ? » Ce en quoi, à cet instant, il avait raison contre moi.

Je suis un homme qui prend parti facilement, aussi bien pour une grande cause que pour une plus petite, pour une équipe de rugby contre une autre, pour une joueuse de tennis contre une autre mais, au Maroc, non...

B.G. : C'est, peut-être que vous aviez été, en Indochine, face un conflit déjà ouvert, à une situation de guerre où la neutralité n'était pas possible, alors que la bataille n'est pas déjà engagée au Maroc. Il y a l'injustice de la colonisation mais pas de révolte qui puisse susciter chez vous une sympathie active...

J.L. : Je ne suis, en effet, pas de ceux qui lèvent l'étendard de la révolte. Je prends plus souvent parti pour elle mais, si elle n'était pas incarnée au Maroc, le mécontentement était notoire. Quand le Résident général se rendait au palais royal, la rencontre était d'une extraordinaire éloquence. Il faisait face, poliment, à Sidi Mohammed Ben Youssef, le futur Mohammed V qu'on appelait le Sultan à l'époque, et qui, ce jour-là, mettait des lunettes noires et ne se rasait pas. Il « était » un refus, muet, mais éloquent.

J'étais dans la cohorte qui suivait le Résident, au côté de Georges Buis. En rentrant du palais, Georges et moi essayions d'imaginer ce qu'annonçait cette révolte silencieuse. Nous savions bien que, derrière tout cela, il y avait quelque chose qui, un jour ou l'autre, pourrait tourner « à la vietnamienne » ou autrement. Mais j'ai été celui qui, sentant bien qu'il participait du joug pesant sur le Maroc, n'a d'abord rien fait pour l'alléger.

L'hédoniste a fait taire le citoyen responsable. Cette dissociation est étrange mais, né dans la bourgeoisie, je savais ce que c'est que de vivre parmi les injustes, comme l'a dit Mauriac à son propos. J'avais traversé le Front populaire, à quinze ans, sans passer du côté du peuple. J'avais vécu l'Occupation de la France en sachant où étaient le bien et le mal sans réagir. C'était très clair, ma famille écoutait passionnément la radio de Londres, mais je n'ai pris le chemin des maquis que trois mois avant le Débarquement.

Je dois bien m'avouer que je suis un être double, qui sait où est le bien mais qui ne sait pas toujours le rejoindre...

B.G. : ... Je ne sais pas s'il y a tant de gens qui le sachent « toujours ». Quoi qu'il en soit, vous renouez avec l'anticolonialisme à *Combat* après que la Résidence vous a chassé...

J.L. : En Indochine, j'avais découvert que j'avais dans la main de quoi être journaliste, une certaine vivacité d'écriture et un certain sens du pittoresque. J'avais trouvé ma voie professionnelle et ma voix idéologique. A *Combat*, où j'écris d'abord sur des choses diverses – les Nations unies, les spectacles, le sport –, je prends vite en main la rubrique du Maghreb et commence à houspiller le système colonial, d'abord sur un mode mineur puis fermement, dès la seconde partie du proconsulat marocain du général Juin que je larderai de flèches.

L'année où j'entre au journal, 1950-1951, est celle où Juin essaie d'« avoir la peau » du Sultan. Des alliés s'offraient à lui. Le pacha de Marrakech et les caïds du Moyen et du Haut Atlas demandaient qu'on leur donne les moyens d'aller détrôner le « Sultan de l'Istiqlal », de l'indépendance, dont certains allaient jusqu'à dire qu'il était l'ami des communistes parce qu'il avait trois ou quatre dirigeants nationalistes dans son entourage.

Cette année-là, le représentant du protectorat français, l'homme chargé de protéger la couronne chérifienne et accessoirement l'ensemble du peuple marocain, n'a de cesse que le Sultan ait été détrôné

Un journaliste par hasard...

par ce soulèvement des tribus, qui était à la fois spontané et téléguidé. La spontanéité est vraiment très encouragée par la Résidence générale d'où émanent les trucages et les tracts contre le Sultan. Comment n'a-t-il pas été détrôné dans cette phase-là ? Pourquoi faudra-t-il attendre plus de deux ans pour que l'opération soit reconduite ?

Cela reste assez mystérieux pour moi mais les Etats-Unis regardaient le Maroc de très près et ne voulaient pas d'une telle opération. On n'a pas vu M. Dean Acheson, secrétaire d'Etat américain, se présenter au Quai d'Orsay pour faire connaître un veto mais il était patent, à Paris comme à Rabat, que cette opération provoquerait l'ire des Américains. Etant donné la part qu'ils prenaient au budget de la France, notamment à l'occasion de la guerre d'Indochine, la sanction aurait été très désagréable pour ceux qui s'occupaient du Trésor français.

Ecrire, c'est crier

B.G. : Les Américains sont historiquement hostiles au colonialisme contre lequel ils ont eux-mêmes conquis leur indépendance mais pourquoi étaient-ils opposés à la déportation du Sultan ?

J.L. : En 1942, à la conférence d'Anfa, Roosevelt lui avait quasiment promis l'indépendance du Maroc. Il l'avait, en tout cas, encouragé à la demander à la France sous une forme non violente. Le Maroc est une côte atlantique – pas vraiment « Atlantique Nord », mais atlantique tout de même. Ce n'était pas un pays indifférent aux Américains qui avaient un puissant consul général, très actif à Casablanca et à Tanger. Ils ne voulaient pas d'aventures qui puissent déboucher sur l'inconnu alors que la monarchie marocaine leur convenait parfaitement.

Quoi qu'il en soit, cela ne s'est pas fait, et, au contraire, jusqu'à l'inconcevable déportation du Sultan à Madagascar en 1953, jusqu'à ce scandale de l'enlèvement d'un souverain qui était, par traité, notre « protégé », il y a un conflit à peu près incessant entre la Résidence et le Palais, sous Juin comme sous son successeur, l'indigent général Guillaume, qui était un imbécile – je peux en témoigner, je l'ai rencontré deux fois.

B.G. : C'est donc en dénonçant, à *Combat*, ces manœuvres dont le seul souvenir vous enflamme que vous êtes devenu journaliste engagé...

J.L. : En Indochine, l'exercice du journalisme m'engage *de facto*. En marge du journalisme, au Maroc, je vis passivement la colonisation. Quand j'entre à *Combat*, où pouvaient s'exprimer toutes les opinions, je reprends la lutte... Oui : le seul fait de jeter des mots sur la page blanche prend une valeur entraînante. Ecrire, c'est s'affirmer, voire protester, ce qui n'est pas une propension si naturelle chez moi. Il m'est arrivé d'être conformiste à telle ou telle époque, par rapport à tel ou tel pouvoir, mais le retour au journalisme a presque toujours signifié le retour à la protestation. Il y a là une combinaison quelque peu magique.

Je sais bien que les défenseurs des systèmes établis –

Un journaliste par hasard...

de Bossuet à tel orateur de la IIIe République – ne sont pas toujours médiocres, mais l'écriture a une valeur protestataire. On peut vivre dans l'acceptation, mais il est difficile d'écrire dans la soumission...

B.G. : ... D'écrire ou de décrire...

J.L. : En continuant à jouer sur les mots, on pourrait observer qu'écrire et crier sont l'anagramme l'un de l'autre, ce sont les mêmes lettres assemblées différemment. Ecrire, ce n'est pas parler. C'est crier. Il y a, dans l'écriture, une densité qui devient vite accusatoire.

B.G. : Comment étiez-vous entré à *Combat*?

J.L. : A mon retour du Maroc, j'apprends que le journal est en proie à une crise violente. Claude Bourdet, grand pourfendeur du colonialisme, que j'admire entre tous, a claqué la porte au nez du propriétaire, Henry Smadja, grand propriétaire tunisien, libéral... mais pas trop. Smadja est épouvanté par les audaces de Bourdet et le lui fait savoir. Bourdet rompt, emmenant une équipe – les meilleurs! – avec laquelle il va créer *France Observateur,* la préfiguration du *Nouvel Observateur.*
Voilà donc une dizaine d'emplois disponibles. Je me porte candidat. Bourdet m'en a longtemps voulu d'avoir ainsi joué les «jaunes» mais je me suis retrouvé au service étranger, entre un personnage mystérieux, Marcel Pauthe, dit Gimont, qui était possédé d'une américanophobie récurrente, le brillant Marc Paillet, ancien trotskiste animé, lui, par détestation de Mos-

cou, d'une américanophilie foncière et Jacques Nobécourt, futur homme du *Monde*, qui est devenu mon ami.

Combat était une machine multiface. Deux rédacteurs en chef s'y affrontaient, Louis Pauwels, déjà plus ou moins acquis à la droite militante, et Jean Fabiani, bon Méridional de gauche. Il n'y avait pas de ligne dominante et il régnait, à *Combat*, une incomparable liberté que ne pouvait disqualifier la modicité des salaires. En quel journal retrouver cette disponibilité merveilleuse : « Tu as un bon sujet, une idée ? Un reportage sur la lèpre ? Une enquête sur les ambidextres mongols ? Un pamphlet contre sainte Thérèse. Vas-y ! On te paie le billet de train, mais pas l'hôtel... Pour la bouffe, fais-toi inviter... » On se débrouillait, écrivant un jour sur la retraite de Charles Trenet, un autre sur la corrida. J'ai aimé...

B.G. : ... Pas au point d'y rester. Vous en êtes vite parti pour *Le Monde*.

J.L. : Un jeune journaliste qui a de l'ambition rêve nécessairement, en 1950, d'entrer au *Monde* qui est, pour ce métier, ce qu'est Normale Sup pour un jeune professeur. L'équipe du *Monde* domine le journalisme français. Dans le domaine de la décolonisation, celui qui m'intéresse le plus, elle prend des positions audacieuses. Jacques Guérif les y exprime sur un ton très mesuré, très contenu, mais très anticolonialiste. Or il quittait le journal. Je l'apprends par Jean Schwebel qui suivait pour *Le Monde* la conférence de presse quotidienne du Quai d'Orsay où je représentais, moi, *Combat*. Schwebel m'incite à postuler.

Un journaliste par hasard...

Je me présente, donc, devant le rédacteur en chef adjoint, Robert Gauthier, la dynamo du journal. C'était un homme de rapports difficiles, qui faisait marcher la maison dans une atmosphère massacrante, mais nous nous sommes bien entendus. Il m'a dit : « Beuve-Méry va peut-être être obligé de partir. Vous êtes imprudent de venir. *Le Monde* risque de tomber aux mains des banquiers mais nous allons faire un essai... Votre enthousiasme me plaît. »

B.G. : ... J'ai vécu la même chose. J'étais à *L'Observateur* depuis près de huit ans quand *Le Monde* m'a fait signe, mais l'un de ses rédacteurs en chef voulait aussi que je fasse, d'abord, un « essai »...

J.L. : C'est un journal qui se méritait... Gauthier m'a proposé de venir y travailler, mais sans quitter *Combat* : « Ce ne sera pas clandestin, M. Smadja en sera informé. Si vous arrivez à faire, pendant quelque temps, six heures pour *Le Monde* en plus des six heures que vous devez à *Combat,* nous verrons... »

Pendant les six premiers mois de l'année 1951, j'ai travaillé de cinq heures à onze heures du soir à *Combat*, et de sept heures à treize heures au *Monde*. Cela faisait des journées un peu rudes, mais j'étais exalté.

La Compagnie du Monde

B.G. : Est-ce que *Le Monde* était aussi anticolonialiste que Jacques Guérif, l'homme auquel vous succédez ?

Le monde est mon métier

J.L. : Beuve-Méry et Gauthier étaient sur des positions modérément critiques. Ils pensaient qu'il fallait mettre un terme, le plus tôt possible, à la guerre en Indochine, et, s'agissant de l'Afrique du Nord, ils considéraient que les régimes qui lui étaient imposés étaient inégalement injustes, qu'il faudrait au moins les amender, mais ils le manifestaient de manière moins audacieuse que Guérif. Pour eux, il fallait d'abord améliorer ces régimes car la société politique française n'était pas encore prête à les supprimer. Nos dirigeants, estimaient-ils, ne faisaient que des sottises en Afrique du Nord mais, de là à parler d'indépendance à brève échéance, non ! Je dirais que *Le Monde* se plaçait dans une perspective de cinq ans pour les protectorats marocain et tunisien et de dix pour l'Algérie.

B.G. : Vous partagiez cette prudence ?

J.L. : J'avais, si je puis dire, enfilé la chasuble de la Compagnie, non pas de Jésus, mais du *Monde*. Je me suis imprégné de l'esprit d'obéissance et je m'y suis senti bien, un peu brimé, mais peut-être heureux de cette brimade. J'ai voulu être plus « mondiste » que les gens du *Monde* dont la tonalité était un réformisme énergique mais patient. J'ai voulu m'intégrer à ce réformisme. J'ai fait un petit pas en arrière par rapport à ma tonalité de *Combat*, pour m'aligner sur celle du *Monde* et, dans cet alignement, je me suis senti étrangement à l'aise.

B.G. : Parce que cette modération correspondait à votre être profond ?

Un journaliste par hasard...

J.L. : Oui et non. J'avais là un censeur, Claude Julien, le numéro deux du service étranger. Il passait, de temps en temps, un regard réprobateur sur ce que j'écrivais mais je ne dépendais pas directement de lui car j'appartenais au service « Outre-mer » où l'on traitait des affaires de l'Indochine et des protectorats d'Afrique du Nord. J'étais assez d'accord avec la ligne d'André Fontaine et Jacques Fauvet, deux futurs successeurs de Beuve qui comptaient déjà beaucoup, alors que Julien, impitoyable critique du système colonial, me trouvait trop modéré.

Il considérait, lui, qu'il fallait sans tarder mettre un terme à la colonisation, ce qui partait d'un bon sentiment mais ne tenait pas compte des réalités, non seulement à Alger ou Rabat, mais aussi à Paris. Je pensais, moi, que les choses devraient se faire sous une forme évolutive.

B.G. : Rétrospectivement, qui avait raison ?

J.L. : La vérité peut avoir deux faces. Porter, dès ce moment-là, le fer rouge dans Alger, c'était prendre le risque de susciter une Afrique du Sud. Les colons algériens auraient créé un Pretoria à Alger. On serait passé de la discrimination politique à la discrimination raciale. Mais ai-je vraiment intégré ce raisonnement en moi, à cette époque-là ?

Je ne le crois pas. J'avais plus ou moins dissocié la question algérienne de celle des protectorats et du reste des colonies, ne serait-ce que du fait que *Le Monde* épousait le système institutionnel français et que l'Algérie dépendait, donc, du service de politique intérieure de Jacques Fauvet.

Si les choses s'aggravaient à Alger, j'avais voix au chapitre. Pour ce qui est du quotidien, les frémissements de Tunis et de Rabat dépendaient de moi alors que ceux qu'on pressentait à Alger dépendaient de Fauvet. L'Algérie bascule dans la crise, le 1er novembre 1954. Elle revient alors au service Outre-mer que j'avais quitté, pour un temps.

J'avais pris le large, j'avais quitté *Le Monde* pour l'Egypte et c'est du Caire que j'ai suivi le début de l'insurrection algérienne. J'avais réalisé un rêve. J'étais au *Monde* et, ce rêve atteint, je le brise au bout de quelques mois... Quand j'y repense, je n'y vois qu'extravagance.

B.G. : Qu'est-ce qui vous avait pris ?...

J.L. : La vie à deux, à Paris, avec mon seul salaire du *Monde* était quasiment impossible. Simonne était totalement sous-employée, quelques critiques de théâtre seulement. Je l'accompagnais souvent à ses spectacles. Nous avons découvert ensemble Ionesco, Adamov, Schéhadé. Tout cela était passionnant, mais elle faisait ces piges à titre quasiment gracieux. Pour une femme de son talent, c'était une situation humiliante et voilà qu'on me propose quelque chose au Caire : un autre rêve de ma vie, le Proche-Orient, la civilisation égyptienne.

C'était une petite agence, l'Agence parisienne d'information, qui venait de se créer et voulait s'imposer, en même temps, au Caire et à Tel-Aviv, ce qui s'avéra vite incompatible, du fait des Egyptiens. J'ai failli me retrouver sans travail mais *France-Soir* m'a offert de

Un journaliste par hasard...

devenir son correspondant. Simonne avait de son côté la correspondance des *Echos* et, en fait, la découverte de l'Egypte a été pour nous illuminante. Nous avons écrit notre premier livre ensemble. Simonne ne dépendait plus de moi, nous faisions équipe, nous découvrions un pays admirable, redevenions égaux, ce qui est important.

Si Beuve-Méry s'était vraiment opposé à ma désertion, s'il m'avait seulement dit : « Vous faites une folie ! », cela m'aurait peut-être fait renoncer. Mais quand je suis allé le trouver pour lui dire que je ne revendiquais rien, que je savais que tout le monde se serrait la ceinture dans ce journal mais que je ne pouvais pas vivre de ce qu'il me donnait, à deux, avec un enfant, Beuve a seulement bougonné quelque chose à propos de la maigreur de mon salaire... Bref, je suis parti.

Me suis-je vendu pour un plat de fèves ? Le fait est que c'est au Caire, dans la ville où était installé son état-major extérieur, que nous avons vécu le début de l'insurrection algérienne. J'allais presque tous les matins débattre avec M'Hamed Yazid, Hocine Aït Ahmed ou tel autre dirigeant de cette révolution que toutes les polices françaises recherchaient. J'ai vu mûrir là, au Bureau du Maghreb, le parti de l'indépendance algérienne, qui était, il faut bien le dire, assez impressionnant. Ceux qui ont vécu, à Alger, le début de l'insurrection, ont vu quelque chose d'hirsute, de violent, où perçait déjà le terrorisme. Moi, j'en ai vu l'aspect intellectuel, rationalisé : les têtes pensantes.

B.G. : Ces hommes vous inspiraient une sympathie ? Une empathie ? Ou seulement un intérêt professionnel ?

Le monde est mon métier

J.L. : Les trois se combinaient. J'étais tout à fait conscient de la cruauté de la lutte qu'ils menaient de là-bas, en liaison avec le Comité de coordination et d'exécution d'Alger, dont le patron était Abane Ramdane, organisateur de sanglants attentats.

Cette révolution algérienne, je trouvais ses méthodes effrayantes. Je souffrais, bien sûr, de l'égorgement de mes compatriotes en Algérie, quel que fût le comportement de certains d'entre eux, mais j'avais connu la naissance du mouvement d'indépendance marocain et j'avais suivi les manifestations violentes du mouvement d'indépendance tunisien, sur place, à plusieurs reprises. J'avais rencontré Habib Bourguiba à Paris en 1951. Il était clair que la question tunisienne était promise à un dénouement relativement rapide ; la marocaine à une solution plus tardive car la position de la France y était mieux établie et que la question algérienne, enfin, serait porteuse de toutes les tragédies.

J'ai les souffrances des Européens à l'esprit mais, au-delà même de l'agrément que je donne à la décolonisation du Maghreb dans un délai, à mes yeux, raisonnable, il ne me paraît pas que l'opération soit tellement négative pour mon pays. Je pense que seront trouvés des arrangements qui feront que, d'une façon plus ou moins séparée, ces pays « joueront » avec la France. Dans aucun des trois cas, je ne crois à une rupture.

B.G. : Vous imaginez, comme pour le Vietnam quand vous étiez à Saigon, une « indépendance dans l'interdépendance » ?

Un journaliste par hasard...

J.L. : Sitôt énoncée, cette formule d'Edgar Faure m'avait paru pertinente. On en a ricané à l'époque, mais je la trouvais parfaitement judicieuse, comme le personnage lui-même. Cette interdépendance, j'y croyais, tout en prévoyant les souffrances des communautés européennes, en Tunisie, au Maroc et surtout en Algérie. Je n'arrivais pas à évaluer ce qui resterait de chacune d'entre elles. Bon connaisseur de l'Afrique du Nord, mon ami Alain Savary était assez optimiste. Il était persuadé qu'il resterait quelque 100 000 personnes en Tunisie, 200 000 au Maroc, 300 000 en Algérie.

J'avais confiance en son jugement et me ralliais en gros à ses prévisions...

Quel âge avez-vous à l'époque, Bernard ?

B.G. : Je n'ai pas trois ans. Mes parents vous lisent et ces fracas du monde résonnent autour de moi, rue Gay-Lussac, à Paris.

III

Un berceau de papier

Bernard GUETTA : Pour moi, pas de hasards ni de général Leclerc. Non seulement ce métier fut un choix délibéré, une ambition d'adolescent, mais j'ai le sentiment que tout m'y prédestinait, ou m'y préparait en tout cas.

Je n'avais pas cinq ans que ma mère me racontait son enfance de petite fille traquée, la manière dont la barbarie pouvait soudain triompher au cœur de l'Europe, l'héroïsme des uns et la tranquille lâcheté des autres. C'est comme si j'avais vécu la guerre, les faux papiers, les rafles, « Ici Londres » et l'attente désespérée de ces cousins, de ces oncles, de ces tantes qui ne sont jamais revenus. J'en suis marqué.

Je sais d'où me vient cette peur du chaos dont je vous ai parlé d'emblée, cette hantise des dangers montants et ce permanent désir de conciliation qui sont, chez moi, des ressorts professionnels si profonds. Cela aurait pu suffire à faire de moi le journaliste que je suis mais j'étais, de surcroît, né dans la politique.

Le monde est mon métier

A la Libération, mes parents ont été trotskistes. Après le nazisme et la Collaboration, ils ne pouvaient qu'être d'extrême gauche mais il se trouve qu'ils étaient assez avertis de la réalité soviétique pour ne pas devenir communistes. J'ai donc grandi dans un minuscule milieu, internationaliste par définition et en marge de tous les courants dominants, à gauche comme à droite. J'ai sauté sur les genoux de gens passés par des histoires pas possibles, combattant le capitalisme et fuyant le communisme, d'hommes venus de tous les continents, dont j'entendais les vies et qui ne pensaient que dans la dimension monde, mais ce n'est pas encore tout.

Ma famille maternelle venait de Salonique. Ma famille paternelle était d'Afrique du Nord, des juifs tunisiens installés au Maroc après la crise de 1929. Je naviguais, enfant, dans les souvenirs de l'Empire ottoman et les déchirements de l'Empire français et j'ai passé toutes mes vacances scolaires, près de quatre mois par an, chez mes grands-parents casablancais, des bourgeois excentriques qui parlaient aussi couramment l'arabe que le français.

Dans ma vie parisienne, on rêvait de la révolution mondiale. Dans ma vie marocaine, le soir, autour de la boutargue et du whisky, mon grand-père me faisait partager ses soucis d'industriel en butte aux revendications syndicales et aux réglementations gouvernementales. J'en ai beaucoup su, très tôt, sur la manière dont on préparait une grève comme sur les moyens d'acheter un délégué syndical. J'ai connu la dèche à Paris, l'opulence à Casa et n'ai pas besoin de beaucoup d'introspection pour savoir, aussi, d'où me vient cette aptitude à chercher et comprendre la « raison de

Un berceau de papier

l'autre », l'autre de mes grandes obsessions professionnelles.

C'est cette enfance qui a fait le journaliste que je suis devenu, radicalement modéré, conciliateur jusqu'à l'excès, sans milieu social à force de venir de milieux si différents, dans le monde plus qu'en France et frotté à trop de logiques opposées pour ne pas toujours tendre, question de survie, vers leur point d'équilibre.

A douze ans, je lisais *Le Monde* et *L'Observateur* comme d'autres jouaient au foot. J'étais imbattable sur les scissions de la Quatrième Internationale et les courants du PSU que mon père avait bientôt rejoint. Je ne comptais plus les manifs où mes parents m'avaient régulièrement emmené pendant la guerre d'Algérie et il me fallait donc trouver – ardente obligation que je me reprochais d'avoir trop différée... – un parti politique auquel adhérer, à gauche bien sûr.

Les communistes ? Non : c'était « les stals ». Les socialistes ? Je suis allé voir leur mouvement de jeunesse mais on m'y a regardé comme un Ovni et réciproquement. Je n'ai pas détesté les radicaux mais ils ne savaient pas quoi faire de moi. L'extrême gauche et le PSU, je connaissais : non merci. Restait la Ligue des droits de l'homme.

Je sonne rue Jean-Dolent. Ma tête dépassait à peine du comptoir d'accueil. J'explique à une permanente éberluée qu'il est temps que je me rende utile à mon âge avancé et elle appelle Daniel Mayer : « Président, il y a un petit garç..., un jeune homme... » et je me retrouve à l'étage, dans le minuscule bureau de cet immense personnage qui avait été le patron de la Résistance socialiste.

De taille, il n'était guère plus grand que moi et nous

entamons un long débat sur la gauche, Léon Blum et le Congrès de Tours, les Lumières et le bolchevisme. « Les militants de la Ligue sont trop vieux pour vous, finit-il par me dire, mais un membre de notre Comité central, Françoise Seligman, anime un journal, *Après-demain*, qui devrait vous intéresser. »

Françoise et son mari étaient d'anciens Résistants, très proches de Mendès France. Ils n'avaient pas d'enfants. Je suis un peu devenu le leur, toujours fourré chez eux, béat d'admiration pour toutes ces figures de la Mendésie, hauts fonctionnaires et intellectuels de la gauche non communiste auprès desquels je me suis formé. J'avais mes cours du soir et lesquels ! Je séchais de plus en plus le lycée...

J.L. : Vous étiez en philo ?

B.G. : Non, probablement en troisième...

J.L. : Vous aviez quatorze ans ?

B.G. : Quinze, et je vais vous dire comment je m'en souviens. *Après-demain* était un mensuel à thème, la décentralisation, la construction européenne, l'inflation... Je le distribuais, en Solex, dans les quelques librairies qui le diffusaient. Je m'occupais des abonnements, triais le courrier. Françoise m'avait montré comment on relit la copie et bâtit un article. Je participais aux conférences de rédaction...

J.L. : Comment les autres vous appelaient-ils ? Le loupiot ? Le gringalet ? Gavroche ?

Un berceau de papier

B.G. : Pas du tout ! Ils me traitaient comme l'un des leurs, sur un pied d'égalité, et cela me semblait tout naturel puisque Françoise avait publié mes premiers papiers. Un jour, donc, pour un numéro sur la gauche – on se demandait déjà comment la redéfinir... – elle me commande un témoignage : « Etre de gauche à 15 ans ».

J'avais des tas d'idées. Je trouve mon accroche : « J'ai quinze ans et j'ai toujours été de gauche... » et, quand Françoise lit ça devant l'équipe, naturellement, ces quinquagénaires s'écroulent de rire. J'étais mortifié mais Françoise continue à lire. Je définissais la gauche comme le refus du *statu quo* et l'exigence de justice, le parti de la réforme et du progrès. Elle a publié, accroche comprise.

J.L. : La définition n'était pas mauvaise.

B.G. : J'étais réformiste, très anticommuniste...

J.L. : ... Vous dites anticommuniste, pas antistalinien ?

B.G. : La droite m'était une planète inconnue. Je ne pouvais même pas concevoir qu'on fût de droite mais j'étais résolument anticommuniste, pas seulement à cause des camps mais aussi du léninisme, du parti unique et de cet Etat tentaculaire, de ce patron unique qui ne vous laissait même pas choisir votre exploiteur. J'étais très à gauche, très anticommuniste et un peu gaulliste en même temps car la solitude, la superbe et la complexité de l'homme du 18 Juin, de ce bourgeois rebelle, ne pouvaient que me fasciner.

Le monde est mon métier

Je savais que, sans Churchill et lui, je n'aurais pas existé. L'antigaullisme de la Mendésie me semblait excessif et plus tard, en 68, je n'ai jamais pu scander « Dix ans, ça suffit ! », ou « CRS : SS ! » Je savais trop ce qu'étaient les SS et ce qu'avait été de Gaulle. J'ai joué un rôle en Mai. Je suis devenu une figure du mouvement lycéen après avoir mis en grève Henri-IV, mon lycée. Je suis devenu gauchiste par besoin d'un milieu mais, même quand j'ai rejoint la Ligue communiste à la rentrée de septembre, même quand j'ai très brièvement siégé à son Comité central, je suis resté anticommuniste, pas seulement antistalinien.

Comme beaucoup des gens passés par le trotskisme, c'est le menchevik que j'aimais et continue d'admirer chez Trotski, l'intellectuel, l'écrivain, l'historien, la victime des bolcheviks qui meurt en disant « Natacha, je t'aime » et pas le chef de l'Armée rouge. Quand j'ai quitté mes camarades trotskistes, moins de deux ans plus tard, je leur ai expliqué qu'il valait mieux que nous n'arrivions pas au pouvoir car nous ferions la même chose que les communistes. Entre-temps, j'étais passé par leur journal.

Ma première Ligue m'avait conduit à *Après-demain*, la seconde à *Rouge*. Je crois, Jean, qu'on sait ce qu'on cherche et, avant même d'avoir rompu avec le Grand Soir, j'étais entré au Centre de formation des journalistes, fondé et dirigé par un autre grand Résistant, Philippe Vianney, qui m'aura autant marqué que Daniel Mayer et Françoise Seligman.

J'ai mis le CFJ en grève. C'était ma manie de l'époque. Philippe m'a jeté un lourd cendrier à la tête en hurlant : « Je ne serai pas Kerenski ! » Ce fut plutôt sportif mais j'ai adoré cet homme, exalté, courageux,

Un berceau de papier

rayonnant, gaullo-mendésiste et vaguement mystique, grâce auquel j'ai eu pour profs Jacques Julliard, François Furet et Jacques Ozouf.

« *On pédale et ça roule* »

Leurs cours ont été les seuls que j'aie jamais aimés. J'étais encore leur élève que j'étais déjà leur ami, pas encore sorti de la radicalité gauchiste mais, déjà, en pleine connivence intellectuelle avec la deuxième gauche, et tout cela me menait à *L'Observateur*, comme sur un rail. Philippe en avait été l'un des fondateurs. Julliard et Furet m'y ont recommandé. J'y avais un parrain dans la place, Olivier Todd, qui venait de prendre la tête du service Société et je m'y retrouve, donc, à l'été 1971, parmi une demi-douzaine de stagiaires.

Ami de mon père qu'il avait connu au PSU, Olivier était un oncle d'adoption. J'ai grandi avec son fils, Emmanuel, qui est resté une sorte de frère auquel m'unit une permanente dispute sur à peu près tout. Olivier ne pouvait pas ignorer que le sport n'était pas mon domaine d'excellence mais, à ma première conférence de service, il me lance : « Toi, le nouveau, tu nous fais le Tour de France. »

Je ne savais pas ce que c'était.

Je savais que c'était une épreuve sportive mais de quoi... ? Pas la moindre idée. J'accepte comme si le sujet me ravissait. J'appelle des copains de classe, des types étranges qui lisaient *L'Equipe* et qui m'expliquent, pliés de rire : « Le vélo, tu sais ? On pédale et ça roule... » Je ne me souviens plus comment j'ai fait mais j'ai rapporté un papier qu'Olivier a passé après me l'avoir fait refaire quatorze fois.

Il était absolument fantastique. Il ne changeait pas une virgule, ne réécrivait rien lui-même, mais faisait des petites croix dans la marge, ligne après ligne : « Ça ne veut rien dire... », « Vérifie ! », « Ampoulé... », « Développe ! », « Ce n'est pas une chute »...

J.L. : ... Jamais personne ne m'a traité comme ça.

B.G. : C'était la meilleure des écoles. C'est Olivier qui m'a donné les vraies bases du métier et je me souviens jusqu'aujourd'hui de la colère qui l'a saisi quand il a lu, dans l'un de mes papiers : « Selon les spécialistes... » De rage, il en a jeté son stylo sur le bureau : « Bernard, n'oublie jamais ça : le spécialiste, c'est toi ! » Evidemment.

Même en culottes courtes, un journaliste est supposé spécialiste de son sujet. Il doit le devenir grâce à son enquête mais, comme j'étais échaudé par le Tour de France, j'ai pris les devants à la conférence suivante en proposant un portrait de Zino Davidoff.

Il venait de publier son *Livre du connaisseur de cigare* que j'avais lu dans la nuit. Je pressentais la belle histoire, famille de mencheviks, liens commerciaux avec le régime castriste et contournement de l'embargo américain. De la Révolution russe à Che Guevara, les trois quarts du siècle défilaient derrière ses recommandations à l'amateur de havane et me voilà dans son magasin de la rue de Rive, à Genève, mon premier reportage.

J'avais un blouson d'aviateur, un jean élimé, des cheveux à la Angela Davis. Les clients me regardaient

Un berceau de papier

comme si j'allais jeter une bombe mais, après m'avoir fait tâter la souplesse de ses havanes les plus rares, Davidoff m'a emmené manger un sandwich caoutchouteux. Ce roi du cigare était un prince...

J.L. : ... A quoi ressemblait-il ?

B.G. : Plutôt petit, très droit, le teint cuivré par ses incessants séjours à Cuba, les cheveux argentés et l'élégance naturelle d'un homme qui savait aussi bien séduire son fournisseur que ses clients, Castro que le gotha. C'était un conteur, ironique et délicieux, et j'aurais eu du mal à ne pas faire un papier convenable d'une telle rencontre. Ça allait. Todd me l'a fait refaire jusqu'aux larmes mais ça allait et, grâce à un menchevik, *L'Observateur* m'a proposé de rester, comme pigiste. J'avais vingt ans.

Je venais de décrocher la lune mais je n'avais que vingt ans, j'étais tétanisé par l'ampleur du défi, regardé de haut par une rédaction pas beaucoup plus vieille que moi mais la plus talentueuse de Paris et, pire que tout, Jean Daniel venait de faire entrer l'un de mes parents, Charles Guetta, au capital du journal.

Ils avaient fait la guerre ensemble, dans la 2ᵉ DB. A Bizerte, en 1961, Charles lui avait sauvé la vie en allant le chercher, sous les balles, après qu'il eut été blessé dans les incidents entre les armées française et tunisienne. Self made man, Charles était riche. L'équipe était persuadée que ce capitaliste venait de placer son fils, ou son neveu, au nom des droits de l'argent. J'avais trop d'orgueil pour me justifier. Je ne me voyais pas expliquer que je ne devais rien à ce cousin de mon grand-père que j'aimais bien mais qui, lui, n'aimait guère mes parents, trop « communistes » à son goût.

J'ai laissé dire mais, l'été suivant, Charles a été tué à Skhirat, dans le premier des attentats contre Hassan II. Il était l'un des quelques milliers d'invités du roi car il avait des intérêts au Maroc. Il avait refusé d'obéir à un ordre des mutins qui l'ont criblé de balles et le lendemain matin, quand j'arrive au journal après avoir passé la nuit au téléphone avec Casa, on me croit orphelin.

Les mêmes qui me tiraient la gueule comme fils à papa me serrent dans leurs bras et, le malentendu levé (« Non, ce n'était pas mon père. Non, ce n'était pas mon oncle... »), j'ai été définitivement adopté dans la *catharsis* du moment.

Si aptes à décortiquer les événements du monde, si brillantes et généreuses qu'elles soient, les rédactions ont souvent d'étranges comportements internes. Elles ont la fragilité psychologique des acteurs qui s'épient, se mesurent constamment à l'autre, ont le cœur aussi tendre que la dent dure et croient jouer leur carrière à chaque représentation, comme les journalistes à chaque papier. Je n'ai jamais été bien à l'aise dans les rédactions. Ce n'était pas la dernière fois que je m'en rendrais compte mais, pour l'heure, le pigiste avait à se faire embaucher.

Je souffrais, suais, doutais. Cela se sentait dans ces articles de société que je faisais sans passion quand, un jour de l'été 1972, mon téléphone sonne. C'était Claude Angeli qui venait de quitter *L'Obs* pour le *Canard enchaîné* : « Ça te dit d'interviewer Trepper ? »

C'était comme s'il m'avait proposé une rencontre avec... Je ne sais pas : Louis XIV, Churchill ou Henri IV. J'avais dévoré *L'Orchestre rouge*, le livre de

Un berceau de papier

Gilles Perrault sur le réseau d'espionnage soviétique que Léopold Trepper avait animé dans toute l'Europe nazie, jusqu'au cœur même de Berlin. Le « Grand Chef », comme on l'appelait, avait tout pour me fasciner...

J.L. : ... Pour fasciner un trotskiste ?...

B.G. : Jean !... Oubliez mon trotskisme. Il n'a été qu'un bref instant de ma vie mais, si vous y tenez, d'accord ! Fascinant, surtout pour un trotskiste...

J.L. : ... Trepper travaillait, quand même, pour le père Staline.

B.G. : Staline ou pas, il travaillait contre le nazisme et, dès le moment, à la Libération, où Trepper rentre en URSS, il est jeté dans une cellule de la Loubianka, la prison du KGB. Trepper appartenait à l'espèce que Staline haïssait le plus : les communistes convaincus, ceux d'avant guerre, et il lui aura fallu attendre le dégel, dix ans plus tard, pour pouvoir rejoindre sa Pologne natale. Durant toute la guerre, il avait renseigné la Russie, jour après jour, sur les mouvements des troupes allemandes, leurs besoins d'armements et l'état d'esprit de la Wehrmacht. C'était un héros de la taille de Moulin ou de Sorge, un héros porteur d'une histoire inouïe, et Angeli m'offrait d'aller jusqu'à lui : « Tu veux ça pour *Le Canard* ? — Non, tu le fais pour *L'Obs* », me répond-il car...

Par où commencer ? Rentré en Pologne, Trepper y était devenu un petit retraité, quasiment anonyme et président de la communauté juive. Il voulait qu'on l'oublie

Le monde est mon métier

mais la Pologne communiste s'était lancée, en 1968, dans une campagne antisémite d'une rare violence. Dénoncés comme une « cinquième colonne sioniste », les juifs étaient exclus de leur travail et, naturellement, du Parti. On faisait tout pour leur faire quitter le pays car, profitant de la rupture entre l'URSS et Israël après la guerre des Six-Jours, un courant nationaliste du Parti polonais avait décidé d'en prendre le contrôle en jouant du vieil antisémitisme polonais et du ressentiment contre le rôle des juifs communistes dans l'installation du régime.

« Ghetto pour un homme seul »

C'était une tourmente à laquelle n'avait pas même échappé la mère d'Henri Krasucki, du patron de la CGT française. C'était un incroyable degré d'hystérie et une ex-star de la télévision polonaise, juif lui-même et réfugié en Suède, avait demandé à Angeli de trouver un journaliste de *L'Obs*, du grand hebdo de la gauche française, pour aller faire cette interview.

« Tu prends un visa de touriste et tu y vas », me dit Angeli. J'annonce donc au journal que je prends une semaine de vacances. C'est ce que je fais toujours lorsque je pars sur un coup hasardeux...

J.L. : ... Plus maintenant quand même, Bernard...

B.G. : ... Je suis superstitieux. Les coups foireux, je ne les annonce que s'ils réussissent. Je n'aime pas me ridiculiser...

Un berceau de papier

J.L. : ... Moi, j'en suis à croire que j'ai droit à un coup foireux de temps en temps.

B.G. : Moi, non. Je ne suis pas assez solide, ou sûr de moi, pour l'échec. Toujours est-il que je vide mon compte, emprunte à des copains et pars, d'abord, pour Copenhague où Liouba, Mme Trepper, était hospitalisée. Les enfants et elle étaient partis mais, lui, on lui refusait son passeport. Il était le seul juif à ne pas pouvoir quitter la Pologne...

J.L. : ... Il savait beaucoup de choses...

B.G. : Ce n'était plus le problème. Le temps était passé. Perrault avait si bien travaillé que Trepper n'avait plus de révélations à faire et, de toute manière, les anciens du Komintern ne déballaient pas le passé. La plupart d'entre eux sont morts en emportant leurs derniers secrets mais l'arrivée à l'Ouest d'un tel héros de la lutte antinazie, chassé par une campagne antisémite, aurait fait tache. L'appareil s'en rendait compte. C'est pour cela qu'il était bloqué, seul à Varsovie.

De l'aéroport de Copenhague, je file directement à l'hôpital de Liouba et là... Elle avait bien soixante ans, sans doute plus, mais ce fut le coup de foudre. Elle était incroyablement belle, princière et, disons-le, lascive. Elle roulait les « r » avec un accent slave qui me fait toujours un effet certain et, plus elle voyait que son charme opérait sur ce jeune Parisien, plus elle en rajoutait. J'avais de curieuses pensées. Elle parlait français mais je mobilisais tout ce que j'avais de russe pour

me rendre intéressant : « Liouba, cela veut bien dire "aimée" en russe ? — Oui, chérrri. »
Ce « chérrri » n'était que le « dear » des Anglais. C'est absolument courant en russe mais dit en français... Enfin... Elle me raconte sa vie en URSS pendant que son mari espionnait Hitler, comment elle était devenue photographe ambulante pour échapper aux arrestations et soudain, balayant sa chambre d'hôpital d'un geste de diva, elle me jette : « Tu vois, chérrri, c'est de ça que nous avions rêvé — De ça, quoi ? — Mais regarde ! Je suis une étrangère, une vieille femme, malade, sans le sou et on me soigne, gratuitement, dans ce palace, avec une chambre pour moi toute seule. Tu la vois cette chambre ? Eh bien c'est cela le socialisme dont nous rêvions : la générosité, la solidarité du genre humain... »
J'entends cela, sortant de la bouche de cette femme qui avait combattu toute sa vie pour le communisme, et je me dis : « Voilà. C'est elle, la femme du Grand Chef, la communiste, qui m'explique que la social-démocratie scandinave est l'aboutissement du rêve socialiste. » Non, Jean ! Silence !
Pas un mot ! Je n'étais plus trotskiste mais, comme toute la gauche française, comme une bonne part de la rédaction de *L'Observateur*, je trouvais un petit parfum de soufre à la social-démocratie scandinave...

J.L. : ... des possibilistes, sans idéologie...

B.G. : Quelque chose comme ça : des gens sans colonne vertébrale, qui faisaient de drôles d'alliances... Mais là, j'en suis définitivement revenu à mon être profond : radicalement centriste. En plein

Un berceau de papier

délire érotique, le soixante-huitard est mort d'une phrase, dans le « palace » de Liouba...

J.L. : ... Bernard... Définitivement ?

B.G. : Définitivement. Je fais un crochet par Stockholm pour voir la star de télé qui avait déjà envoyé un cameraman et un preneur de son à Varsovie. Il voulait que nous filmions l'interview pour la revendre à toutes les télés du monde. Le type était jeune, battant, plus social-démocrate que toute la Scandinavie alors qu'il occupait, dix mois plus tôt, les écrans de la Pologne communiste. Il m'a ouvert ma première fenêtre sur ce qu'était la schizophrénie de tant de figures de ces régimes. C'est sans doute grâce à lui que je n'ai jamais perdu de temps à me demander, plus tard, à Varsovie puis à Moscou, qui était communiste et qui ne l'était pas. Personne ne l'était plus et mon ferry, bourré de Suédois ivres morts, me dépose à Gdansk – déjà Gdansk...

Ce ne s'invente pas mais, à Varsovie, Trepper habitait avenue de Jérusalem. Je la remonte, avec des lourdeurs pas possibles d'apprenti espion jouant les touristes, mais bien m'en avait pris. Toutes portes ouvertes, une voiture banalisée stationnait juste devant son immeuble et deux civils rougeauds y descendaient bière sur bière. La Pologne a un climat continental. Il faisait horriblement chaud et, trois pâtés de maisons plus tard, ils ronflaient, cuits dans leurs fauteuils. Je monte. Je sonne à la porte indiquée. Trepper ouvre : Dieu le père. Il parlait français comme vous et moi. Je me présente en murmurant : « Bonjour, Bernard Guetta, *L'Observateur*. » Il me regarde de la tête aux pieds, outré, dégoûté, et lance : « C'est tout ce qu'ils ont trouvé à m'envoyer ? »

J.L. : Magnifique !

B.G. : C'est vous qui le dites ! Je lui aurais bien balancé un pain dans la gueule : « Si vous voulez, je peux repartir... — Non... Puisque vous êtes là... » Il ne faisait pas le moindre effort pour se rattraper. Il ne pouvait pas comprendre que *L'Observateur* lui ait envoyé, à lui, un tel gamin. Je me gardais bien de lui dire que, précisément, *L'Observateur* n'y était pour rien. Le démarrage fut pénible mais il a fini par comprendre que je savais vaguement qui était Staline et quand il a lâché un « Voï... » résigné avant de m'offrir une cigarette russe, les moins chères, celles que fumaient les prisonniers, j'étais accepté.

Dans un âcre nuage gris, le Grand Chef m'a raconté comment des bataillons entiers de jeunes juifs polonais étaient devenus communistes avant guerre, l'horizon radieux de l'égalité et, bientôt, Hitler, l'Orchestre rouge, les geôles du KGB et tout ça pour en arriver à la « cinquième colonne ». Il reprenait sa respiration d'un « Voï, voï... ». Tout défilait. J'étais suspendu à ses lèvres mais, quand il me dit : « J'étais hier au Comité central... », là, je ne comprends plus.

Dans ma représentation, forcément livresque, du monde communiste, dans aucun des innombrables témoignages que j'avais lus, personne « n'allait au Comité central » et surtout pas un paria. Plus tard, à Moscou comme à Varsovie, ça m'arrivera plus souvent qu'à mon tour, mais Trepper... Hier, au Comité central ?

Un berceau de papier

Non, ça n'entrait pas dans mes catégories car cette énorme bâtisse blanche qui est, aujourd'hui, devenue la Bourse de Varsovie était un mythe, le château de Dracula. Le Comité central n'était pas seulement la chambre d'enregistrement des décisions du Bureau politique et de la direction soviétique. C'est là, dans tous les pays communistes, que tout se décidait. C'était le haut appareil, les directions qui coiffaient les appareils du Parti et de l'Etat, l'état-major de la dictature, l'essence et le cœur même de ces régimes.

« Trepper a été l'un des leurs... », me suis-je dit dans ma tête. Mais non ! Justement. Puisqu'il avait été l'un des leurs et qu'il était désormais en délicatesse avec eux, c'était pire que tout. Tous mes livres en témoignaient. Toute l'histoire du mouvement communiste était là pour le dire et, pourtant, il était la veille au Comité central, « pour se plaindre »...

Je n'entends plus les phrases que nous avons échangées mais c'est grâce à lui que j'ai commencé à voir, l'été 1972, que l'histoire ne s'était pas arrêtée dans les pays communistes, que chacun d'entre eux avait eu ses évolutions propres et que la terreur des temps staliniens n'avait plus, nulle part, la même intensité.

C'était toujours des Etats policiers, répressifs, brutaux, dans lesquels tout dépendait de l'appareil – des régimes de parti unique qui vous jetaient en prison pour pas grand-chose mais, depuis Khrouchtchev et le dégel, malgré le regel, il y avait plus que des fissures dans le totalitarisme, et particulièrement en Pologne. Vingt ans plus tôt, Trepper aurait été liquidé mais, en 1972, il pouvait demander un rendez-vous au CC, l'obtenir et en ressortir vivant après y avoir amorcé une négociation.

Le monde est mon métier

Un lien s'était noué, mais restait à le convaincre de venir rejouer l'interview devant la caméra qui l'attendait «juste à l'extérieur de la ville, sur le camping, c'est direct par le tram...». Il a ri. Il n'en était évidemment pas question et, à vrai dire, je n'en ressentais pas une peine excessive.

Gdansk, Stockholm, Paris, j'apporte ça à *L'Observateur* et, là, ils ont commencé à se dire que...

J.L. : ... le petit avait grandi.

B.G. : Si vous voulez. J'ai eu droit aux honneurs du « Document », un très long espace en fin de journal dont s'occupait alors Pierre Bénichou. Plus il lisait, plus il était enthousiaste et il a trouvé un titre dont il avait toutes raisons d'être fier : « Ghetto pour un homme seul », écrit-il en haut de la copie avant d'ajouter, comme on adoube chevalier, « par Bernard Guetta ».

J.L. : Bravo, Bénichou !

B.G. : A l'automne, j'avais une lettre d'embauche. J'étais devenu journaliste grâce à la Pologne, grâce au pays qui allait sonner le glas du communisme huit ans plus tard et jouer un tel rôle dans ma vie.

«*Du côté des opprimés*»

J.L. : Trepper a joué dans votre vie un rôle assez semblable à celui d'Hô Chi Minh dans la mienne, un déclic décisif, à ceci près que je n'ai pas rapporté d'interview

Un berceau de papier

de lui. Chez vous, la rencontre avec l'homme d'exception provoque un déclic professionnel. Chez moi, le fait de rencontrer Hô Chi Minh me donne tout d'un coup la certitude que je serai mêlé à l'histoire et que j'en ferai quelque chose.

B.G. : Je dirais que votre rencontre avec Hô Chi Minh va faire de vous un adulte qui deviendra journaliste peu d'années après alors que moi, la rencontre avec Trepper me fait immédiatement entrer dans le métier sans que je sois devenu adulte, ni alors ni...

J.L. : Très bon résumé. A ce moment-là, vous avez vingt et un ans, moi j'en avais vingt-quatre...

B.G. : Et comme vous à *Combat* puis au *Monde*, je suis chichement payé : mille huit cents francs par mois. On s'imagine souvent que les journalistes roulent sur l'or mais, même quand j'ai été directeur, de *L'Observateur* ou de *L'Expansion*, je n'ai pas connu de salaires faramineux. J'aurais été ravi de mener grand train... Si, si, Jean : j'aime beaucoup plus le luxe que vous – souvenirs casablancais, sans doute – mais notre métier est un privilège absolu, un truc stressant, rongeant, un truc de fou, sans le moindre horaire, qui vous bouffe tout cru mais un bonheur sans égal car on ne cesse pas de découvrir et d'aimer. J'ai furieusement aimé la Pologne, l'Amérique, la Russie. J'ai maintenant une passion pour l'Iran, autre pays schizophrène où se jouent tant de choses, et chaque moment de cette vie est une occasion de rencontre avec des gens qui, toujours, vous transforment.

Les ouvriers de Lip, dont j'ai couvert toute la grève,

m'ont fait découvrir le syndicalisme chrétien, si éloigné du marxisme et de la révolution mais tellement exigeant, et radical, en même temps. Ils avaient une telle curiosité du monde et une telle ouverture d'esprit qu'ils touchaient à l'universel et nos longs échanges m'ont considérablement aidé, plus tard, à entrer de plain-pied, comme chez moi, dans le monde, catholique et ouvrier, des usines polonaises.

Dans ce métier, on se réveille, chaque matin, sans savoir dans quelle aventure on sera plongé le soir. Un jour, Jean Daniel me fait venir dans son bureau. « Laurent Schwartz, me dit-il, lance une campagne pour la libération d'un mathématicien soviétique. Occupez-vous-en. » Schwartz était un génie des maths, prof à Polytechnique, un immense bonhomme, dévoré de tics, extrêmement doux et mêlé, tout au long de sa vie, aux plus nobles des combats politiques...

J.L. : ... Je l'ai très bien connu et beaucoup admiré.

B.G. : Je vais le voir. Il m'explique le cas de Leonid Pliouchtch, un prof de maths ukrainien enfermé dans un hôpital psychiatrique pour cause de dissidence. Pliouchtch était victime de cette nouvelle forme de répression inventée par Youri Andropov, le patron du KGB, et Schwartz voulait dénoncer, à travers lui, la généralisation de la prison chimique en URSS.

Avec son Comité de mathématiciens il s'est si bien démené, mobilisant les syndicats d'enseignants, la presse, les socialistes, chaque réunion de matheux où qu'elle se tienne de par le monde, que cet inconnu est devenu une cause célèbre, si célèbre que le tout-puissant Andropov a fini par le faire expulser vers l'Au-

Un berceau de papier

triche où il est arrivé, hagard et poignant, accueilli en héros de la liberté.

Le timide Laurent Schwartz avait mis le KGB en échec et cette bataille m'a intégré au petit lobby parisien, une douzaine de personnes, qui s'était mis en tête de faire connaître et défendre les dissidents. Un peu de volonté, beaucoup d'obstination, quelques grands noms et l'on peut se mesurer à une superpuissance. Je ne l'ai pas oublié et garde, jusqu'aujourd'hui, une totale admiration pour une femme d'exception, Tania Mathon, sans laquelle rien de tout cela n'aurait été possible.

Tania avait quitté le PC en 1956, après la Hongrie, lorsqu'elle avait réalisé, dit-elle, que « croyant être du côté des opprimés, elle était de celui des oppresseurs ». Cette erreur lui pesait. Elle voulait comme expier une faute et était devenue le relais parisien des Sakharov auxquels elle s'était liée durant un voyage à Moscou. Russophone, germanophone, anglophone, aussi à l'aise dans toutes ces langues qu'en français, elle était au cœur d'une internationale de soutien aux opposants du monde soviétique, lisait tout, savait tout et passait des nuits entières à appeler l'URSS, dans tous les coins possibles.

Les conversations étaient coupées. Elle rappelait, rappelait encore et décrochait l'info qu'elle répercutait dans ce réseau d'universitaires, d'émigrés des diverses générations, de militants d'Amnesty et de journalistes comme Claudine Canetti, Amber Bousoglou ou moi. Claudine était à l'AFP. Amber, une Turque arménienne à passeport grec qui avait fait la résistance en Tchécoslovaquie avec plusieurs des futurs dirigeants communistes, coiffait l'URSS et l'Europe à l'Est au service étranger du *Monde*.

A nous trois, nous avions fini par imposer des rubriques régulières qui modifiaient le regard sur le bloc soviétique. Comme Amber, je défendais une cause. Nous étions engagés, militants, mais journalistes, avant tout journalistes, sortant et créant l'info, pleinement dans notre rôle d'observateurs et d'anticipateurs qui avaient vu l'importance d'un phénomène – la levée d'une opposition à l'Est – que d'autres regardaient comme sympathique mais marginal.

Nous ne savions pas ce que cela annonçait mais c'était, au moins, un changement d'époque. Je savais si peu où cela mènerait que lorsque Pierre Kende et Krzysztof Pomian ont organisé, en 1976, un colloque sur l'insurrection hongroise et le printemps polonais de 1956, je n'avais rien compris à l'intervention d'un jeune historien de Varsovie. C'était Adam Michnik. Il allait devenir l'une des grandes figures de Solidarité et venait de faire son premier séjour en prison. Les autorités polonaises lui avaient donné un passeport dans l'espoir qu'il ne revienne plus et, quand il a posé le micro, j'étais tellement perplexe que j'ai demandé à François Furet : « Mais de quoi parlait-il ? — Du post-communisme », me répond François.

J'en suis resté bouche bée : « Du quoi... ? ! » J'en étais sans voix car, si passionné que j'aie été par la dissidence, si forte et déterminante qu'elle m'ait paru, l'idée que le communisme puisse avoir une fin prévisible ne m'avait jamais effleuré. Comme Trepper au Comité central, ça n'entrait pas dans mes catégories mais, grâce à ces deux mots de François, un autre déclic s'est fait et je crois être l'auteur du premier article sur l'après-communisme publié dans la grande presse occidentale.

C'est notre privilège : être tous les jours en situation d'appréhender ces invisibles moments de basculement que le présent déguise.

Simone « ne savait pas »

Tenez... Simone de Beauvoir s'était enflammée pour le cas d'un médecin soviétique, le docteur Stern, un provincial sans histoires qui avait eu le tort de demander un passeport pour Israël. Du jour au lendemain, le KGB en avait fait un corrompu qui exigeait des dessous-de-table de ses patients. Procès, prison, retentissement international et, finalement expulsé, le docteur Stern vient remercier ses bienfaiteurs français. Nous nous retrouvons chez Beauvoir, dans l'appartement qui surplombait le cimetière Montparnasse. Il y a là Jean d'Ormesson, la gloire du *Figaro*, et Fatima Salkazanova, une émigrée soviétique qui travaillait au bureau parisien de Free Europe.

D'Ormesson frétille car, à l'époque, pour un écrivain de droite, un thé chez Simone de Beauvoir, c'était mieux que l'Académie. Beauvoir n'est pas ravie de le recevoir. La conversation se meurt vite et Fatima, fonçant dans un silence comme dans une brèche, fixe Simone de Beauvoir : « Savez-vous, Madame, que nous nous sommes déjà rencontrées ? »

Simone de Beauvoir, raide sous son turban : « Je ne me souviens pas... — C'était à Moscou, dit Fatima, quand Monsieur Sartre et vous-même étiez venus faire une conférence dans le grand amphithéâtre de l'Université.» Beauvoir se tend. Un sourire méphistophélique s'esquisse sur les lèvres de D'Ormesson. «J'étais là, poursuit Fatima. Tous les étudiants voulaient y être car c'était pour nous un événement inouï. Sartre! Simone de Beauvoir! Paris! Le courage et l'intelligence de l'intelligentsia française mais quelle n'avait pas été notre surprise, Madame... (sa voix se glace, ses syllabes se détachent) de vous entendre nous dire à quel point nous étions heureux de vivre dans la patrie du socialisme...»

Stern pâlit. Ce monsieur si convenable n'appréciait pas qu'une gamine agresse une si grande dame à laquelle il devait tant. D'Ormesson, lui, rougissait de bonheur contenu et Beauvoir dit ce qu'elle n'aurait pas dû dire : «Mais nous ne savions pas...»

Fatima : «Vous ne saviez pas!...» Simone de Beauvoir : «Nous avions interrogé nos amis soviétiques... Ils ne nous avaient rien dit...» Un blanc, et Fatima, appuyant sur son «Madame», toute dressée d'indignation, porte le coup de grâce : «Nous n'avions pas l'habitude, Madame, de faire nos confidences aux amis du régime.»

Elle avait dit «... aux amis du régime» comme elle aurait tiré à vue, fusillant Beauvoir du regard. D'Ormesson plaque une main sur son visage pour ne pas laisser éclater sa joie. L'intelligentsia de droite triomphait de Saint-Germain-des-Prés. Ce n'était qu'un début et, moi, je me disais : «Tu viens de vivre quelque chose»...

J.L. : ... de presque indicible. Il a fallu trente ans pour que vous le racontiez!

Un berceau de papier

B.G. : Tout n'est pas toujours à raconter. Non seulement ce n'était pas une conférence de presse mais, à l'époque, l'important n'était pas la vérité de ce moment. A l'époque, tous les intellectuels commençaient à converger dans la défense des dissidents et la dénonciation de l'URSS. C'est sur ce terrain que Sartre et Aron allaient se retrouver après quarante ans de rupture. C'était une évolution fondamentale que je n'allais pas m'amuser à contrarier si peu que ce soit pour le plaisir d'un joli papier.

Et puis il y a, Jean, beaucoup de manières de raconter. Nous ne sommes pas ennemis du « off », ni vous ni moi. Une scène comme celle-là, une confidence recueillie sous condition d'anonymat, cela nourrit la réflexion, ajuste nos lunettes, enrichit nos articles. Il y a l'info saignante et la longue durée : affaire de jugement, pas de règles.

D'un reportage à l'autre, j'ai commencé à découvrir les démocraties populaires – « deux mots, deux mensonges », y disait-on. J'ai retrouvé Michnik à Varsovie. Je l'appelle d'une cabine téléphonique, comme chez Hitchcock. Je ne lui avais pas dit mon nom mais seulement « Nous nous étions vus à Paris, au colloque… » et lui de hurler sur la ligne, dans les magnétophones qui tournaient : « Bernard ! Bernard Guetta ! *Le Nouvel Observateur* ! A quel hôtel es-tu ? » Il m'y rejoint et, d'un bout à l'autre du hall, recommence : « Guetta ! *Le Nouvel Observateur* ! Quel plaisir ! » Il m'embrasse. Je lui glisse à l'oreille : « Tu ne devrais pas être un peu plus discret ? » et il me répond, soudain sérieux : « Bernard, il faut vivre libre dans un pays libre. »

Je répète : « Il faut vivre libre dans un pays libre », disait Adam Michnik sous le communisme.

Il m'a fait faire un tour complet de l'intelligentsia varsovienne, des dissidents aux intellectuels du parti par lesquels passaient des messages entre le Comité central et l'opposition. Nous sommes sous Gierek, trois ans avant Solidarité. Je découvre un pays où plusieurs groupes d'opposition ont quasiment pignon sur rue. Ils ne sont pas légaux. Ils sont harcelés. Leurs membres se retrouvent régulièrement en prison pour plusieurs semaines ou plusieurs mois. Ils en sortent, y retournent. Leur vie est tout sauf une sinécure mais ils ont conquis de haute lutte une place sur l'échiquier politique – et quelle place !

J.L. : Vous le constatez mais l'ambassade de France le constate-t-elle aussi ? Est-ce que le regard d'un diplomate occidental peut converger, à cette époque, avec celui du journaliste ?

B.G. : Avant de quitter Varsovie, j'ai rendu une visite de courtoisie à l'ambassadeur de France...

J.L. : ... De courtoisie seulement ?

B.G. : De courtoisie. A cette époque, la France réglait les fins de mois de la Pologne populaire en vue de l'éloigner de l'Union soviétique – ce qui n'a, d'ailleurs, pas si mal réussi. Nous étions au plus fort des amours entre Valéry Giscard d'Estaing et Edward Gierek. Il y avait une relation privilégiée entre les deux hommes. Giscard allait chasser en Pologne. Il y était royalement accueilli et l'ambassadeur ne disait donc

Un berceau de papier

que du bien du Premier Secrétaire. A son plus grand effarement, je commence à lui expliquer, moi...

J.L. : ... Expliquer ?

B.G. : Je dois bien avouer que je lui ai même fait la leçon, lui expliquant que ce pays était à la veille de mouvements sismiques, qu'il fallait prendre au sérieux les groupes oppositionnels et que la France avait tort de tant tabler sur Gierek. Il est embarrassé, horrifié – les micros tournent dans son bureau... Il finit par me contredire : « Mais enfin, cher ami... » Plus il repousse mes arguments, plus j'insiste et plus un sourire de bonheur s'élargit sur le visage du conseiller qui assistait à notre entretien.

N'y tenant plus, ce jeune diplomate finit par dire, avec toute la déférence requise : « Monsieur l'Ambassadeur, je crois que M. Guetta n'a peut-être pas complètement tort... — Voyons, Stéphane ! Vous n'y pensez pas ! » lui rétorque son patron.

Je crains fort que les dépêches envoyées au Quai d'Orsay aient alors plus reflété la ligne de l'ambassadeur que celle de son collaborateur qui « suivait » l'opposition et vibrait pour elle. Les contradictions peuvent être encore plus grandes au sein même du corps diplomatique qu'entre le diplomate et le journaliste. Lorsqu'un nouvel ambassadeur est arrivé, Jacques Dupuy, un mendésiste, protestant et ancien Résistant, la tonalité a d'ailleurs changé du tout au tout. J'étais, avec lui, de plain-pied car à chaque ambassadeur son style, comme à chaque correspondant.

Le monde est mon métier

J.L. : Je dois vous dire que, dans mon cas, les relations avec le corps diplomatique n'ont cessé d'être fructueuses. J'apprenais d'eux, ils apprenaient de moi. Il y avait une telle connivence que je me suis souvent interrogé sur son bien-fondé. Nous ne faisons pas le même métier...

B.G. : ... Une anecdote à ce propos. Trois ou quatre mois après la proclamation de l'état de guerre, la femme du ministre conseiller de l'ambassade de France entre dans le bureau de Jacques Dupuy et écrit sur un bout de papier – par crainte des micros : « J'ai appris que la direction clandestine de Solidarité se réunissait ce soir, à dix-huit heures, à l'église Saint-Machin. » L'ambassadeur lit, lève la tête et lui dit : « Sans vous, j'espère ! »

Si j'avais écrit la même chose à mon directeur, il m'aurait répondu : « Avec vous, j'espère !... » Ce n'est pas du tout le même métier mais, comme vous, j'ai beaucoup d'affinités avec les diplomates.

007

J.L. : On peut converger mais, pour le bien de l'Etat et celui du lecteur, il y a le regard mi-clos du représentant de la République et le regard, disons... hardi du correspondant. On m'a souvent demandé si un journaliste d'un certain prestige ne finissait pas par se prendre pour un substitut de l'ambassadeur. Non, mais le fait est, en revanche, que nous intéressons beaucoup les services secrets qui ne semblent pas

Un berceau de papier

sous-estimer notre œil. Au Caire, j'ai été l'objet de sollicitations très précises auxquelles j'ai fait la réponse que vous imaginez...

B.G. : ... Je ne sais pas. Qu'avez-vous répondu ?

J.L. : J'ai été moins indigné qu'embarrassé, d'autant que le tentateur était sympathique... J'ai décliné mais vous ? Ça a bien dû vous arriver, sur vos marches de l'Est...

B.G. : Une fois, pendant la période Solidarité, et j'en ai été totalement épouvanté. Le téléphone sonne un matin dans ma chambre, à Varsovie. Je dormais. Un monsieur m'explique qu'il vient d'arriver à l'ambassade et voudrait déjeuner avec moi. Bon... Il passe me prendre et sitôt que nous étions montés dans sa voiture, il y va : « Vous avez naturellement compris que j'étais le nouvel homme des services... » Nom de Dieu !

Ça tourne à cent à l'heure dans ma tête. Est-ce un agent provocateur polonais ? Est-ce qu'il peut y avoir des écoutes dans une voiture ? Que faire ?

Comme je n'en savais rien, j'ai décidé de ne parler que de la pluie et du beau temps, de ne répondre à aucune de ses questions, pourtant vraiment insistantes. Le déjeuner s'est résumé à ce dialogue de sourds et, l'après-midi même, j'ai pris l'avion pour Paris afin que le journal tire l'affaire au clair. Je n'ai plus jamais entendu parler de ce 007.

J.L. : Comment aviez-vous transmis à vos lecteurs ce constat de 1977 qui avait épouvanté notre ambassadeur ?

Le monde est mon métier

B.G. : C'est ce reportage qui m'avait persuadé que le « post-communisme » n'était pas qu'une utopie. Le papier que j'ai rapporté commençait par : « Et si c'était possible ? » Et s'il était possible – c'est l'idée que je développais – qu'un pays communiste évolue, lentement mais évolue, vers une démocratisation progressive qui ferait du communisme un souvenir ?

Avec la série que j'ai envoyée de Moscou au printemps 1989, bien avant la chute du Mur, sur « La fin du soviétisme », c'est l'article que je suis le plus fier d'avoir écrit...

J.L. : ... Très bien, Bernard, d'avoir lâché le mot « fier » !

B.G. : Comme vous, j'ai une fierté de notre métier. Je ne suis pas fier de ce papier parce qu'il était particulièrement brillant et enlevé – il ne l'était pas – mais parce qu'il anticipait les choses d'une douzaine d'années avec une absolue conviction, née d'un tropisme initial, d'un long travail et d'une initiation progressive à un monde et une problématique. D'une étape à l'autre, d'une scène à une phrase, tout m'avait préparé à la décennie de l'écroulement communiste et, un jour, de sa voix de gendarme, Amber Bousoglou, ma complice en dissidentologie, m'appelle à *L'Observateur* : « Tu veux entrer au *Monde* ? »

Entrer au *Monde* !... Vous m'avez raconté votre réaction quand on vous l'a proposé : j'ai eu la même...

J.L. : ... Seigneur, je ne suis pas digne d'entrer dans ta maison.

IV

La liberté de l'autre

Bernard GUETTA : Cette Egypte dans laquelle vous arrivez en 1953, vous n'en parlez pas la langue, vous n'en connaissez rien...

Jean LACOUTURE : Peu de chose mais, avant de m'y implanter, je me suis entouré d'avis sérieux. J'ai rendu visite à Simon Malley, un bon spécialiste qui a créé la revue *Afrique-Asie* et qui était correspondant à Paris d'un journal du Proche-Orient. Il savait tout sur cette région. Son fils, Robert, a été le conseiller de Bill Clinton pour les affaires arabes et publie de remarquables études sur la question.

J'ai vu également Louis Massignon, l'homme qui symbolisait la culture arabe dans la société française de cette époque. Il avait été l'interlocuteur du grand T.E. Lawrence, à la fin de la Première Guerre mondiale, à Jérusalem. Le capitaine Massignon face au major Lawrence, l'un pour le 2e Bureau français, l'autre pour l'Intelligence Service anglais ! Lawrence est devenu un personnage fabuleux, mais Massignon était à peine moins prophétique... D'une grande saveur, mystérieux, il était prêtre mais marié car il était melkite, d'un rite proche-oriental qui n'exige pas le célibat.

Alors que Simonne gagnait directement Le Caire, j'ai fait un crochet par le Liban pour y rencontrer Georges Naccache, le grand journaliste de Beyrouth. Neveu du fondateur de l'Etat libanais, il tutoyait tous les chefs d'Etat du Proche-Orient – sauf, peut-être, le roi d'Arabie Saoudite. J'en suis reparti avec le titre de correspondant au Caire de son journal, *L'Orient*. Moi, le petit Français qui ne savait à peu près rien de ce pays !

Au Caire, l'ambassadeur de France était alors Maurice Couve de Murville, le futur ministre des Affaires étrangères du général de Gaulle. Si éminent qu'il fût, il ne s'intéressait pas beaucoup au monde arabe ! Il en parlait pourtant avec une autorité un peu froide. Quand je ne savais pas quelque chose, je pouvais téléphoner à Gabriel Dardaud, qui avait vécu en Egypte pendant quinze ans avant d'y devenir le correspondant de l'AFP. C'était une figure de la société cairote qui parlait, comme Naccache, à l'ensemble des grands personnages du Proche-Orient. Il ne savait pas toujours ce qui allait se passer le lendemain mais c'était tout comme et il savait très bien, en tout cas, ce qui s'était passé depuis vingt-cinq ans, depuis le roi Fouad, les débuts de Farouk, l'évolution de la monarchie, la prise de pouvoir par les officiers, le naissant mouvement palestinien...

Et sitôt après notre arrivée, nous avons fait la connaissance du troisième homme d'exception de notre parcours égyptien, Berto Fahri, qui vient de fêter ses quatre-vingt-dix ans. C'était un enfant de la bour-

La liberté de l'autre

geoisie juive, arabisant raffiné, interlocuteur des grands maîtres d'Al Azhar. Je n'ai vu aucun grand notable du monde arabe avec qui il ne fût parfaitement à l'aise, y compris les militaires. Dès l'origine, j'ai trouvé des repères inespérés...

B.G. : ... Vous ne les avez pas trouvés. Vous êtes allé les chercher, jusqu'à Beyrouth, comme je l'ai fait aussi, avant de partir à Vienne, à Washington, à Moscou. Ces chercheurs, ces universitaires, ces vieux routiers d'une région, diplomates ou journalistes, sont la providence du correspondant. Entre ces grands « sachants » et nous qui débarquons il y a comme un pacte. Ils nous évitent des mois de tâtonnements et ils sont, eux, directement intéressés à ce que nous n'écrivions pas trop d'âneries dans nos journaux, à ce qu'elles ne viennent pas brouiller l'éclairage qu'ils tentent de donner, depuis tant d'années, à des problèmes qui leur tiennent à cœur. Ce sont les meilleurs des professeurs et ils nous donnent toute leur expérience, sans compter leur temps.

J.L. : J'étais fasciné, ébloui par l'audition de ces personnages, mais je suis sûr qu'ils ne l'étaient pas moins de ce qu'ils étaient en train de me raconter. Il n'y a rien de plus passionnant que de communiquer sa science et de s'apercevoir qu'au fond on sait plus de choses que l'on croyait. Devant un type qui est tout oreille, toute soif, ouvrir la fontaine de *sapience* procure un plaisir fou. J'ai connu, plus tard, ce grand plaisir d'apprendre quelque chose à quelqu'un sur des questions que je connaissais bien : la griserie de se sentir écouté.

Le monde est mon métier

B.G. : C'est l'un des bonheurs absolus de ce métier où les deux plaisirs se mêlent : celui d'apprendre à quelqu'un et celui de prendre d'un autre.

J.L. : Dans votre cas comme dans le mien, nos interlocuteurs ont la certitude qu'il y aura un écho : celui-là, il faut que je le « soigne », parce que ça va se multiplier tout de suite par cent, par mille ou cinquante mille. Nos « sachants » m'ont chaque fois « soigné ». Je peux dire que j'ai été gâté, d'autant que ça a rebondi un an et demi ou deux plus tard : Jacques Berque est venu s'installer au Caire, et avec lui on a approfondi.

Massignon était l'arabisant par excellence, et Berque, son prophète si l'on peut dire. On ne peut pas imaginer deux personnes aussi différentes. Massignon était Ariel, il flottait à travers l'air, et Berque était plutôt Caliban, un roc qui pesait sur le sol très lourdement. Massignon était le spiritualisme par excellence, Berque était un pied-noir marxiste – encore vaguement chrétien. Il a voulu faire la révolution, créer des kolkhozes au Maroc. Ce qui n'était pas le rêve de Massignon ! Aussi antinomiques qu'ils aient été, c'était tous deux des mangeurs et cracheurs de vérité. Je les ai vus l'un et l'autre inégalement : Massignon dix fois dans ma vie, Berque, tous les jours pendant deux ou trois ans.

Du côté des bikbachis

B.G. : Quand vous arrivez au Caire, il y a combien de mois que Farouk est détrôné ?

La liberté de l'autre

J.L. : Neuf. Les officiers sont au pouvoir depuis juillet 1952 mais cette Egypte dans laquelle nous débarquons, Simonne et moi, est encore post-faroukienne. Le général Naguib est toujours le numéro un. Le mystérieux colonel Nasser n'est que le numéro deux et une dizaine d'officiers gravitent, autour d'eux, dévoués corps et âme à Nasser qui, lui-même, est encore en relation positive avec Naguib, appelé après le « putsch » pour faire bien, comme dessus de cheminée.

B.G. : Ce jeune correspondant dans l'Egypte... Comment dit-on ? « L'Egypte des colonels » ?

J.L. : Je l'ai appelée – c'est le titre du principal chapitre de notre livre – « La République des *bikbachis* ». *Bikbachi* veut dire lieutenant-colonel en arabe. Plusieurs d'entre eux portaient ce joli grade qui me fait penser à Montesquieu. Nasser lui-même était *bikbachi*.

B.G. : ... Ces *bikbachis*, donc, sont-ils des dictateurs militaires ou les révolutionnaires de 1789 qui viennent de renverser la monarchie décadente qu'incarnait Farouk ?

J.L. : La première vision est positive. Elle est celle de la majorité, famille royale exceptée. Quand nous arrivons en Egypte, la plupart des interlocuteurs dont je vous ai parlé disent : Ouf ! L'Egypte est arrachée au faroukisme, à la décomposition faroukienne car le mot de corruption serait faible. Ces jeunes gens sont des réformateurs en uniforme. Le chef de file, Naguib, est un bon vivant, le seul général à ne pas s'être déconsidéré dans la guerre de Palestine, un honnête homme, un type bien. La plupart sont plutôt sympathiques. Nasser, lui, est compliqué, d'autant plus prestigieux qu'il est mystérieux. Il est président du Conseil de la révolution...

B.G. : ... Le chef ?

J.L. : Pour vous faire frémir, je dirai que c'est un peu ce qu'est le Secrétaire général du « Parti » dans un pays de l'est. Un « parti » est en formation, avec un encadrement militaire, impliquant totalement l'armée dans la politique, pour le malheur de l'Egypte, d'une certaine façon. En la transformant en parti politique, Nasser abolit l'armée égyptienne. Il le paiera en 1967, dans la guerre des Six-Jours. Naguib le leur avait pourtant dit : « Attention, vous faites des réformes très utiles, la réforme agraire c'est très bien ; le procès de l'ancien régime, c'est pas mal, mais si vous substituez l'armée aux partis, il n'y aura plus de structure en Egypte. » Les Egyptiens n'étant pas un peuple militaire, l'évaporation de l'armée s'est faite d'elle-même.

B.G. : Ce parti vous apparaît-il de gauche, socialisant ou simplement modernisateur ?

J.L. : Quelques mois après notre arrivée au Caire, nous recevons un personnage qui nous paraît un peu hurluberlu, que nous présente notre cher ami Gabriel Bounoure, professeur de Lettres françaises à l'université du Caire. C'est un homme curieux, nous dit-il, que j'ai connu pendant la guerre, dans le milieu gaulliste

La liberté de l'autre

à Beyrouth. Il s'appelle Maxime Rodinson. J'ai cru comprendre qu'il était dépêché par le Parti communiste pour enquêter sur la question de savoir si ces types en uniforme étaient de gauche ou de droite, des mussoliniens camouflés ou des castristes en puissance – pour Castro, j'anticipe...

Rodinson est venu me poser ces questions : « Mon cher, m'a-t-il dit, je suis dans une situation délicate : je suis membre du Parti communiste français (qu'il devait quitter quelque temps plus tard) où l'on dit que ce sont des fachos manipulés par les Américains (ce qui n'était pas tout à fait faux pour la seconde partie de la formule : ils étaient manipulés par les Américains...) alors qu'au PC italien on dit que c'est une force progressiste, un peu inquiétante, mais progressiste... » Je ne suis pas sûr que mes réponses aient été très claires mais Maxime est devenu un ami très cher.

B.G. : Ils paraissaient inquiétants parce que militaires ?

J.L. : Bien sûr, et les procédures n'étaient guère démocratiques ! Le premier nassérisme était totalement ambigu. Je me souviens d'avoir écrit alors : « Rouge ou noir ? Kaki ! » C'était kaki. C'était des officiers en uniforme, des réformistes audacieux, sommaires, antimarxistes pour la plupart, hostiles au totalitarisme, au moins les premières années.... Qui sont-ils ? Que veulent-ils ? Ce qui était clair, au départ, c'est que le coup d'Etat avait été manipulé, en tout cas aidé, par les Américains. Pour eux, la corruption du régime de Farouk était en train d'ouvrir la porte au communisme. Nasser a été consciemment l'allié des Américains pendant les premières années du régime.

J'ai rencontré deux des ambassadeurs américains au Caire. Le premier, Jefferson Caffery, était un grand diplomate, ancien ambassadeur des Etats-Unis à Paris au moment de la Libération. Henry Byroade, le second, tout aussi remarquable, m'a dit un jour, parlant de Nasser et de son groupe : « My boys ». Jusqu'à l'affaire de Suez, les quatre premières années, le régime était anti-anglais mais orienté vers les Américains. L'objectif était de libérer l'Egypte de l'occupation anglaise dans la zone du canal, jugée insupportable par ces nationalistes égyptiens. Nasser comptait sur le levier américain pour faire sauter le verrou anglais, ce qui d'ailleurs est arrivé.

B.G. : Quels rapports ce protégé des Américains entretenait-il avec l'Europe et le monde communiste ?

J.L. : Ils voyaient l'Europe, la France et l'Angleterre, comme des puissances coloniales. Nasser ne connaissait pas beaucoup la France. Elève des écoles militaires anglaises, abonné à plusieurs journaux de Londres, il admirait beaucoup l'Angleterre, mais il fallait la chasser du sol égyptien...

B.G. : L'Amérique était-elle, pour lui, un modèle à suivre ?

J.L. : Plutôt qu'un modèle, l'alliée. Les Américains avaient envie de se débarrasser de Farouk, les officiers aussi. Les officiers avaient envie de se débarrasser des Anglais, les Américains leur ont dit : On va convaincre les Anglais de se retirer, à condition, bien entendu,

La liberté de l'autre

que vous entriez dans notre jeu – qu'ils signent une sorte de pacte occidental, mais c'était plus ou moins vague dans les esprits. C'est là où s'est fait le début de rupture : ils n'ont pas voulu aller jusqu'au Pacte de Bagdad en 1955. C'était un pacte antisoviétique, un pacte du Proche-Orient qui avait comme base l'Irak, alors le pays pro-anglais et pro-américain autour duquel il y avait la Turquie et l'Egypte.

B.G. : Mais au début, ces *bikbachis* qui renversent Farouk...

J.L. : ... en le mettant sur son bateau, très gentiment, pour qu'il s'installe en Europe. Je dois dire que ces types qui ne coupent pas la tête du roi, ayant de bonnes raisons de le maltraiter, qui le renvoient sur son yacht en Italie, manger ses raviolis préférés, m'avaient plu...

B.G. : ... Ces *bikbachis*, donc, qui se conduisent si élégamment avec Farouk et qui ont le soutien des Américain, anticipent-ils ce socialisme du tiers-monde qui va se développer avec la décolonisation ?

J.L. : Ils font une bonne réforme agraire, sur un modèle réformiste énergique. C'est du socialisme musclé, très avare de libertés démocratiques. On va très vite voir Nasser, resté pro-américain, regarder du côté de Tito, devenu son grand frère. Je vais vous raconter une histoire assez pittoresque.

A l'automne de 1954, on annonce une réunion importante des officiers à propos du Soudan, à l'hôtel d'Héliopolis. J'y cours. A la sortie, j'avise Nasser. Je l'avais interviewé une première fois. Il me connaissait un peu et se montrait aimable. Je vais vers lui : « Colonel, allez-vous rencontrer Tito lors de son passage par le canal de Suez, ce soir ou demain ? » Des rumeurs avaient couru en ce sens... Nasser me regarde, étonné : « Le maréchal Tito ? Je n'avais pas prévu... Tiens... » Le soir même, je dîne chez l'ambassadeur de Yougoslavie qui me dit : « Savez-vous que Nasser a rencontré Tito ?... »

L'innocent que j'étais a-t-il joué un rôle minuscule dans cette histoire ? Bien sûr que non, mais il m'arrive de le croire... Entre Nasser et Tito, en tout cas, s'est nouée une très forte alliance. Personnage ambigu, entre deux mondes, Nasser trouvait son compte dans ce socialisme marginal, qui ne dépendait pas de la grande maison moscovite...

La question israélienne

B.G. : Il employait le mot de socialisme ?

J.L. : Oui : *Ishtirakiya* en arabe. C'était même le titre du journal du mouvement, dirigé par Anouar el-Sadate. L'idéologie se voulait inspirée d'un socialisme respectueux de la religion. On était pieux. On voyait Nasser et Naguib faire la prière le vendredi, dans une grande mosquée du Caire...

Ils tenaient à montrer leur foi, par rapport aux Frères musulmans... Il y avait d'ailleurs un ministre de la confrérie dans le gouvernement, mais il y a eu très vite conflit avec les *Frères* qui sont allés jusqu'à une tentative d'assassinat de Nasser, en octobre 1954...

La liberté de l'autre

B.G. : Qu'est-ce qui les différenciait de ce régime ?

J.L. : Pour les *Frères*, la seule Constitution valable est la *charia*, le Coran. Le socialisme, c'est du matérialisme. Pour un Frère musulman, ces gens-là sont des païens.

B.G. : L'idéologie des Frères musulmans datait des années 20...

J.L. : ... de 1929 exactement, d'Hassan el-Banna qui a été assassiné par les sbires de Farouk en 1949...

B.G. : ... et qui était le grand-père de Tariq Ramadan...

J.L. : ... qui a revendiqué sa parenté avec Hassan el-Banna, non sans assouplir sa « ligne »...

B.G. : ... Les siècles se mêlent mais, au fond, les *bikbachis* et les Frères musulmans n'ont-ils pas une ambition commune : la réaffirmation d'un grand pays musulman, l'Egypte ?

J.L. : Attention ! Les *Frères* disent « musulman », les *bikbachis* disent « arabe »... C'est très différent.

B.G. : Les moyens le sont, l'objectif est le même. Les uns vont choisir la réaffirmation par le retour aux racines identitaires de l'islam et le rejet de la civilisation occidentale. Les autres, les *bikbachis*, ne rejettent pas la culture occidentale en tant que telle mais ce qui reste du colonialisme. Aujourd'hui c'est l'islamisme qui a pris le relais du nassérisme dans le monde arabe, avec la seule différence que les *bikbachis*, eux, n'avaient pas de Mecque idéologique...

J.L. : ... Pas La Mecque en tout cas. Leur perspective n'est pas de confrontation avec l'Occident mais de concertation égalitaire et c'est seulement parce qu'ils entreront en conflit avec les Etats-Unis qu'ils se rapprocheront du monde soviétique.

B.G. : C'est ce qui va se passer dix ans plus tard avec Castro... Pourquoi tant de ces révolutions nationales des années 50 se jetteront-elles dans les bras du communisme, comme frappées par un destin ?

J.L. : Nasser et ses *bikbachis* sont idéologiquement très loin du camp soviétique. Ce « socialisme » qui vient souvent dans leurs propos, c'est un socialisme « arabe ». Pour des gens comme Nasser, Sadate et les autres, pour ces nationalistes, le socialisme est une donnée opérationnelle ; l'Egypte, une valeur fondatrice ; l'arabisme, une ambition et l'islam une référence.

Pour eux, le socialisme, c'était la justice, que les pauvres soient moins pauvres et mieux encore, les riches moins riches. D'où la réforme agraire... Ils recevaient plutôt l'envoyé de *L'Observateur* que le correspondant du *Figaro*. Ils accueillaient volontiers les députés travaillistes comme Richard Crossmann, que j'ai connu dans l'entourage de Nasser. Ils ont longtemps regardé vers la gauche, c'est un fait mais le groupe des officiers était multiple. Rodinson a dû ren-

La liberté de l'autre

trer à Paris en disant au Bureau politique du Parti communiste : Ce ne sont pas des fachos, ils sont vaguement progressistes.

B.G. : Ils ne l'étaient que « vaguement » car il y a une différence fondamentale entre un Nasser et un Hô Chi Minh...

J.L. : ... Oui ! Hô Chi Minh a quitté son pays en désespoir de cause, comme steward à bord d'un bateau. Quoique d'origine plus ou moins bourgeoise au sein d'une société désarticulée, il a cherché et trouvé en France – après un passage par New York et Londres – un milieu prolétarien dans lequel il s'est immergé. Il a participé à la création du Parti communiste français. Le communisme a été le radeau auquel s'est accroché le naufragé.

Pour Nasser et ses compagnons, il y a à prendre dans le socialisme mais aussi à y laisser : la lutte des classes, par exemple... L'économie est, pour l'essentiel, nationalisée. C'est une économie d'Etat, pas plus heureuse qu'ailleurs, mais les officiers égyptiens ne sont pas des animaux idéologiques. Ce sont des gens qui ont une question nationale à régler, et, au-delà, l'unité arabe en perspective. Nasser et les siens sont profondément inscrits dans leur société, son armée, ses structures.

B.G. : De quel poids pèsera la question israélienne dans leur rapprochement avec l'URSS ?

J.L. : Il y a quelque chose de cruel, en 1952, dans la situation de ces officiers égyptiens. Ils viennent d'être vaincus par l'armée israélienne et les Anglais occupent la zone du canal – deux brûlures.

Nasser et les siens ont besoin d'une réaffirmation face à Israël mais, quand nous sommes arrivés en 1953, je ne pense pas qu'ils aient considéré sa destruction comme un objectif. Cette grande question israélienne viendra en son temps, sous la forme la plus détestable mais, dans les années 1952-1956, on n'en parle pas. Pendant les trois ans et demi que nous avons vécu en Egypte, elle n'est venue que par bouffées.

Après avoir participé au sommet du tiers-monde d'avril 1955, à Bandung, Nasser s'est senti investi d'une mission internationale. Il a voulu donner à l'Egypte le rôle que beaucoup de capitales du tiers-monde l'appelaient à assumer. Ce rôle n'allait pas sans une posture militaire, donc des armes que l'Occident a refusé de lui fournir, les Etats-Unis comme l'Angleterre et la France.

Aussitôt, le Bloc de l'Est en a proposé à Nasser et, dès lors, le processus de rupture avec les Américains était en marche, accentué par le refus de Washington de financer le haut barrage d'Assouan.

Puis vient l'opération lancée conjointement contre l'Egypte par la France, la Grande-Bretagne et Israël après la nationalisation du canal de Suez. Les Etats-Unis couperont court à cette aventure mais elle aura permis à l'Union soviétique de vraiment s'ériger en protecteur du Caire. L'Egypte et Israël sont, dès lors, face à face mais, jusqu'en 1956, on pouvait sans malhonnêteté écrire une histoire du régime des officiers égyptiens en faisant quasiment abstraction d'Israël.

J'ai passé des heures et des heures de discussion en

La liberté de l'autre

Egypte sans que la question ne soit posée. Etait-ce purement tactique ? Est-ce parce que Nasser et les siens étaient alors soutenus par les Etats-Unis qu'ils ne voulaient pas risquer, jusque-là, de remettre en cause leur appui en se dressant contre Israël ? Le fait est que, si on essayait d'en parler, ils disaient : « Ce n'est pas notre affaire, nous avons notre pays à développer. » Que n'ont-ils pas été fidèles à ces bonnes paroles...

Avec un peu plus de patience...

B.G. : Prenons d'autres figures des luttes d'émancipation nationale. Comment situeriez-vous Bourguiba, Ben Bella, Ben Barka ou Mohammed V, ces hommes que vous avez tous personnellement connus... ?

J.L. : Sur bien des points, ils sont des produits de la culture française et attendaient tout de nous. Nasser portait un extrême intérêt à l'Angleterre, à sa presse et à sa culture mais c'est un intérêt encore beaucoup plus développé pour la culture française qui se manifeste chez Bourguiba, Ferhat Abbas, Mohammed V et la plupart de ces dirigeants – y compris Ben Bella, décoré par le général de Gaulle, sur le front des troupes, pendant la campagne d'Italie.

Nous avons manqué de peu la grande alliance. Quelques brutes à Tunis, à Rabat et, surtout, à Alger, nous ont empêchés de construire l'ensemble ouest-méditerranéen, l'indépendance dans l'interdépendance, qui se profilait au lendemain de la guerre.

Le monde est mon métier

B.G. : Cette « attente » était paradoxale. Tous ces hommes voulaient, quand même, que la France plie bagage...

J.L. : Que signifie « la France » ? Les gendarmes ? Les préfets ? Ou des écoles et des échanges ? Cela était traitable, même encore après l'horrible affaire de Sétif, les massacres du 8 mai 1945, c'était réparable.

En 1955, six mois après le début du soulèvement algérien, Robert Barrat, seul journaliste de nous tous à pénétrer dans les maquis kabyles, a obtenu une interview d'Omar Ouamrane, l'un des premiers chefs du FLN. « A quelles conditions pourrait-on négocier ? » Ouamrane lui a répondu : « Il faut qu'il y ait la perspective de l'indépendance, que nous puissions avoir l'espoir de l'indépendance. Mais ça peut passer par des phases intermédiaires. Vous devez cesser la répression, mais ce n'est pas un préalable à la négociation. »

L'indépendance « en perspective »... En dépit de nos sabres et de nos goupillons, de nos canons et de nos injustices, nous avons suscité un peu partout des élans de fraternité inimaginables, que je retrouve encore chaque fois que je revois un ancien responsable des mouvements tunisien, marocain ou algérien, sans parler de l'Afrique noire. Incroyable !

Notre brutalité, notre domination, notre impérialisme n'ont pas suffi à couper court à des attentes et des sympathies qui tiennent à la greffe de culture et que je continue à juger inespérées.

Je ne dis pas que c'est original par rapport aux autres puissances coloniales, que les Congolais n'ont pas goûté la saveur de la Belgique, encore moins que les Ghanéens n'ont pas compris l'Angleterre ou que

La liberté de l'autre

les Angolais n'ont pas aimé le Portugal. Tout ce que je vous dis là pourrait peut-être être dit par le citoyen des autres puissances impériales. Ce que je crois pouvoir dire de la France, ce que je perçois le plus souvent, quand je vois un homme des anciennes possessions d'Afrique, c'est que nous sommes passés à côté de grandes choses.

Nous avons raté des constructions plus cohérentes que ce qui est en place aujourd'hui. Les Algériens, Marocains, Tunisiens ont-ils envie de reprendre langue avec nous pour renouer des relations plus positives ? Je crois que la plupart de ces peuples nous trouvent un peu trop distants. Parce que nous avons été d'abord brutaux, puis maladroits, ou trop déçus. Le mot de De Gaulle aux Guinéens, en 1958 : « Ah, vous ne voulez plus de nous ?... On s'en va ! »...

Je suis persuadé que tout ça a été un peu liquidé, même à Evian, quels que soient les mérites de De Gaulle à propos de l'Algérie. Avec un peu plus de patience, et en dépit de l'OAS, était esquissé ce qu'on peut appeler la coopération – qui était la poursuite de rapports positifs.

Quelques rêveurs comme moi

B.G. : La dernière fois que je suis allé en Algérie, j'ai lié conversation avec deux jeunes Algériennes, à une terrasse. Elles devaient avoir vingt-cinq ans au maximum, de jeunes secrétaires qui faisaient leur pause déjeuner : « Pourquoi les Français sont-ils partis ? m'ont-elles demandé. — Parce qu'il y a eu la décolonisation, parce qu'il y a eu la rupture... — Non, non : vous ne nous avez pas comprises ! La France devait partir, l'Etat devait partir, mais pourquoi les Français ont-ils quitté l'Algérie ? — Vous ne le savez pas ? — Non. — Vous ne savez pas qu'il y a eu des massacres aux lendemains des Accords d'Evian, qu'ils ont donné comme un signal : la valise ou le cercueil... ? »

Non seulement elles l'ignoraient mais elles avaient peine à le croire car l'histoire de la décolonisation est aussi mal enseignée en Algérie qu'en France. Plus je leur en racontais, plus elles répétaient : « Non ? Pas possible ! Quel malheur ! Les Français auraient dû rester ! » – dans l'Algérie indépendante bien sûr. Ça va dans le sens de ce que vous dites mais, en même temps, quand on casse, on casse. Quand un couple casse, même s'il reste en bons termes, chacun construit sa vie de son côté et il y a quelque chose d'inévitable à cela.

J.L. : La rupture était inévitable, mais au-delà des liens rompus, d'autres pouvaient être créés, librement. Comme beaucoup de ceux qui ont été mêlés à cette histoire, je suis persuadé que des génies de la médiation – Albert Camus aurait pu l'être, Germaine Tillion l'a été – auraient pu être, en Tunisie, au Maroc, en Afrique noire, des refondateurs d'un autre ensemble, des hommes de la dimension de Léopold Sédar Senghor.

Je ne veux pas impliquer abusivement Jean Daniel, mais je sais qu'il entre dans ce type de raisonnement. Combien d'attentes ont été négligées, combien d'occasions ont été manquées, combien de nostalgies sont vivantes ? C'est ce qu'exprimaient vos deux jeunes femmes de la terrasse d'Alger. C'est vrai, la cassure ne

La liberté de l'autre

pouvait pas manquer de saigner, mais il y a eu, après saignement, l'abandon désespéré d'autres formules envisagées. Des regrets ont été formulés. Houari Boumediene, homme de la rupture, déclarait en 1965, après sa brutale installation au pouvoir : « Cette guerre terrible nous a coûté deux millions de personnes, un million de morts de notre côté et un million de rapatriés. »

Il considérait, autrement dit, que la guerre avait coûté à l'Algérie un million de Français, des « colons » qui étaient nécessaires à l'Algérie ! Pour un ultra de la rupture, considérer comme une perte nationale l'exode des colons, regretter ces « maudits Français » qu'on avait si rageusement contribué à faire fuir, c'est assez fort... De la part du combattant, de l'anticolonialiste par excellence, dire à quel point ce million eût été utile à l'Algérie, à quel point ils étaient indispensables à la construction d'une Algérie moderne, créatrice, quel témoignage !

L'Algérie avait été trop piétinée, trop courbée pour ne pas se redresser d'un coup de tête violent, accompagné de pas mal de coups de feu, mais ce qu'on ignore trop, c'est le nombre de contacts qui ont eu lieu, en pleine guerre, avec ce FLN, apparemment intransigeant depuis le début de 1955. Des contacts à peu près incessants...

B.G. : ... des contacts avec des francs-tireurs comme Germaine Tillion, des intellectuels...

J.L. : Non, non, non, avec des hommes très responsables du côté français et du côté algérien. Le même Guy Mollet qui a tant contribué à l'aggravation, à l'enveni-

Le monde est mon métier

mement de la guerre, envoyait au contact avec le FLN des dirigeants de son cher Parti socialiste, comme Pierre Commin et plusieurs autres de ses compagnons. Georges Gorse, homme politique français de premier plan, à la fois socialiste et gaulliste, a négocié constamment pendant la guerre d'Algérie. Il ne s'est pas passé trois mois sans qu'il y ait un contact avec des dirigeants élevés du FLN comme Mohammed Khider par exemple, qui en était le personnage le plus important avec Ben Bella et Boudiaf. Des heures, des jours, des mois de discussions à propos des étapes vers l'indépendance...

B.G. : Si je vous objecte que, de même qu'on n'est pas à moitié enceinte on n'est pas à moitié indépendant, vous vous insurgez ?

J.L. : Pour ce qui est de l'obstétrique, je suis très peu compétent. Pour ce qui est de la politique, je suis un peu mieux informé. Bourguiba réclamait depuis 1934 l'indépendance de la Tunisie mais il a accepté la formule imaginée par Pierre Mendès France à Carthage, la réalisation de l'autonomie interne, qui n'est pas l'indépendance.

Ça n'a duré que dix-huit mois, mais c'était une formule de transition et la guerre a été évitée. Au Maroc, Edgar Faure a trouvé l'indépendance dans l'interdépendance, formule suprême, si l'on peut dire. Je crois qu'on a manqué cela en Algérie, qui aurait pu passer par ces étapes grâce à ce personnage quelque peu miraculeux qu'était Ferhat Abbas, qui était encore, dans les années 30, le champion de l'assimilation des Algériens à la France, à condition qu'elle soit accompagnée du droit de vote.

La liberté de l'autre

Depuis 1912, on exigeait des Algériens qu'ils combattent dans l'armée française, mais on ne leur reconnaissait pas le droit de vote ! Ferhat Abbas a traversé toutes les strates de la condition algérienne, jusqu'à être président du GPRA de 1958, le premier gouvernement qui réclamait l'indépendance. Les hommes du FLN avaient fait de cet ancien assimilationniste leur premier président, pour négocier face au général de Gaulle...

Si j'avais été pied-noir, aurais-je été heureux de la perspective d'un gouvernement Ferhat Abbas, Président d'une République algérienne associée à la République française ? J'aurais peut-être été aussi aveugle que beaucoup d'autres...

B.G. : Vous pensez qu'on aurait pu faire l'économie de la guerre ?

J.L. : Pas l'économie de la violence. Il n'y a pas de peuple dont la libération ne passe par une forme de violence. En Tunisie il y a eu aussi une période de combats. Au Maroc, les campagnes de l'armée de libération du sud du docteur Khatib... Il n'y a pas de libération sans ce type de spasme.

Une période belliqueuse était inévitable. L'épreuve du feu était nécessaire aux Algériens pour s'arracher à l'humiliante condition de sous-hommes que leur imposait notre système. Je crois que passer de cette condition de sous-hommes à celle d'hommes exigeait une période de combat, d'affirmation, dans les Aurès ou en Kabylie. C'était inévitable et le dénouement ne pouvait être opéré que par un personnage hors du commun comme de Gaulle. Seul le grand homme pouvait assurer la sortie par le haut...

B.G. : Vous êtes contradictoire...

J.L. : Parce que je suis sincère, et relativement informé... Parce que la situation était contradictoire. Je dis que la France et l'Algérie avaient en main les cartes qui pouvaient abréger la tragédie... Fallait-il faire appel au général de Gaulle plus tôt ? Le FLN pouvait-il affirmer la stature de l'homme algérien de façon moins cruelle ? L'enchaînement torture-terrorisme était-il inéluctable ? Il s'est peut-être passé à Alger, en 1956, des choses qui rendaient pour longtemps la compréhension impossible. Je ne veux ni ne peux refaire l'histoire. Je dis qu'il y avait des chances d'éviter le pire. Il y avait un « autre scénario ». N'a-t-il existé que dans la tête de quelques rêveurs comme moi ?

B.G. : Pour aller franchement dans votre sens, au cours de ce même séjour à Alger, un député, il est vrai kabyle, m'a dit, dans son bureau de l'Assemblée nationale : « Comme le disait de Gaulle, l'Algérie restera française comme la Gaule est restée romaine. » De Gaulle a-t-il réellement dit cela ?

J.L. : Oui, de Gaulle l'a dit, à plusieurs reprises et à diverses personnes. Cette phrase n'est pas écrite dans le marbre – d'ailleurs le marbre peut porter des mots abusifs... La principale différence entre les deux affaires est que, si tant est que César ait prétendu romaniser la Gaule (ce qui n'est pas évident), les Gaulois n'étaient pas porteurs d'une culture aussi originale,

La liberté de l'autre

aussi profondément différente de la romaine que la culture musulmane de la française. Il y a dans le propos du général de Gaulle un oubli : l'irréductibilité de l'islam à la récupération par l'autre. Mais il y a aussi une vérité : l'Algérie est restée française d'une certaine façon. Une part de la culture française est inscrite dans la chair, dans l'esprit, dans l'âme, dans les conduites de l'Algérie. L'islam, mieux que la mer, crée une frontière mais nous sommes entrés dans un temps qui nivelle les frontières...

B.G. : ... A tel point que, culturellement parlant, l'Algérie est restée française. Sa capitale culturelle, sa ville lumière, reste Paris. Les Algériens regardent beaucoup plus la télévision française que la télévision algérienne ou, même, que les télévisions arabes internationales. Il y a toujours une fascination pour la culture française mais vous êtes décidément paradoxal : vous parlez avec un infini regret de l'indépendance dans l'interdépendance mais vous vous cabrez devant cette phrase, pourtant si juste, de De Gaulle.

J.L. : Il reste une part inespérée de France en Algérie, pour le meilleur vraisemblablement. Quand on pense qu'au moment de l'indépendance, seul un garçon algérien sur cinq allait à l'école ! Les élites francophones en Algérie n'en sont pas moins impressionnantes, et la vigueur de la langue française paraît intacte. Je recevais ces jours-ci la télévision vietnamienne venue m'interroger sur Hô Chi Minh. Le type qui m'interviewait ne parlait pas un mot de français. Il nous a fallu une interprète, qui elle-même...
Pour moi, c'était comme une gifle. Je suis sûr que le

type a failli me proposer de faire l'interview en anglais ! Là, je me sens vaincu, plus qu'à Diên Biên Phu... Il y a quelque chose d'assez affreux à penser que nous avons délégué en Indochine des hommes de la dimension de Paul Mus qui était à l'Asie ce que Massignon était au monde arabe, qu'il y a eu une grande école asiatique française, le lycée Paul-Doumer, l'université française de Hanoi, des écoles dans tout l'ensemble du pays et que tout cela ait abouti aujourd'hui à ce que le plus commode soit de parler anglais entre nous... Il y a là quelque chose d'assez cruel car les Américains ont eu avec l'Indochine un rapport essentiellement militaire. Je ne vois pas très bien ce qu'ils ont importé ni sur le plan culturel ni sur le plan médical. En tout cas, là-bas, c'est raté. La greffe française n'a pas pris.

B.G. : Comment expliquer ce ratage ? Est-ce la distance, alors que le Maghreb, c'est la fenêtre en face, l'autre côté de la rue ?

J.L. : La distance est évidente et il y a, au Vietnam, le loup garou chinois qui fait que toute puissance occidentale est plus ou moins protectrice alors que l'Algérie n'a à se protéger ni du Caire ni de quelque pays de l'Afrique noire...

B.G. : ... Et la France n'est plus une puissance à même de protéger les Vietnamiens de la Chine...

J.L. : Les Etats-Unis pourraient peut-être le faire et ils ont intérêt à être forts par rapport à la Chine alors que nous sommes plus ou moins coopérants avec elle. Quoi qu'il en soit, en Indochine, Jules Ferry est vaincu.

La liberté de l'autre

En Algérie, la greffe française semble avoir pris, en dépit de tout. Imaginez la télévision algérienne venant m'interroger à propos de Ben Bella...

Les abat-jour du Monde

B.G. : Je suis frappé de vous entendre dire « nous » aussi naturellement et avec tant de force : nous la France, nous les Français. Vous parlez, sinon en nationaliste, en tout cas en patriote alors que les gens qui ont bataillé, comme vous, pour la décolonisation, étaient alors traités comme l'anti-France par la droite. Il n'était pas non plus à la mode, dans votre milieu, de se considérer comme patriote. C'était une valeur de droite mais vous êtes patriote, cela s'entend à chacune de vos phrases. L'étiez-vous, déjà, dans vos années d'anticolonialisme militant?

J.L. : On peut être passionnément patriote de la fraternité et antipatriote de la paternité. On peut détester le rôle de dominateur et être fier de pouvoir parler d'Albert Camus et de Molière à des jeunes nés il n'y a pas longtemps entre Alger et Tébessa. Ça ne me paraît nullement contradictoire. Dans les années 60, les gens qui partageaient mon point de vue rêvaient de ce que pourrait être une fraternité dans dix, vingt ou trente ans. Nous avions horreur de la domination exercée sur d'autres par notre pays mais pensions qu'elle pouvait déboucher sur une association très active. Je crois que mes articles de l'époque reflètent ce que pourrait être une fraternité avec le Vietnam d'une part, le Maghreb et l'Afrique de l'autre. Durant toutes ces guerres, je n'ai cessé de parler avec les dirigeants nationalistes d'en face, y compris avec un homme qui était, au Maroc, l'homme de l'islam, Allal el-Fassi, assez défavorable à «l'indépendance dans l'interdépendance». Nous parlions au Caire comme des amis. Nous avions le même libraire, il me demandait des conseils de lectures françaises... Le courant passait.

B.G. : Le patriote ne s'est jamais senti un peu traître lorsqu'il fréquentait, au Caire, ces figures des nationalismes maghrébins et sympathisait tant avec elles ?

J.L. : Non. Je pensais que ces hommes-là – Yazid, Aït Ahmed – étaient porteurs de quelque chose qui pourrait être un jour la coopération. Ils me disaient : «Quand serons-nous vraiment des frères?» Nous parlions sur le ton de l'amitié. Il est vrai que des cousins à moi étaient en train de casser du fellagha dans les djebels, que leurs cousins à eux tuaient tels ou tels de mes amis en Kabylie... Et pourtant, nous nous parlions fraternellement. Quand Ferhat Abbas, se ralliant au FLN, arrive au Caire en avril 1956, il me prend dans ses bras ! L'ambiguïté de la situation est très profonde mais je voudrais citer un mot que m'a rapporté il y a peu Edgard Pisani, membre du gouvernement du général de Gaulle.
Un jour, au Conseil des ministres, Louis Joxe, chargé de l'Algérie, dit, la voix un peu étranglée : «J'ai une mauvaise nouvelle à vous annoncer. Ferhat Abbas vient d'être remplacé par Ben Khedda à la tête du GPRA. C'est bien malheureux, poursuit Louis Joxe, parce que dans le cœur de tout Algérien, deux hommes sont profondément associés, le général de Gaulle et Ferhat

La liberté de l'autre

Abbas. » Sur quoi, de Gaulle, mi-goguenard, mi-pensif : « En somme, Messieurs, je viens de perdre mon meilleur compagnon... »

Cela a été dit, au Conseil des ministres, à propos d'un membre éminent du GPRA qui dirigeait la lutte militaire contre la France, à l'heure même où, dans un djebel de Kabylie, deux ou trois soldats français étaient tués par quelques fellaghas... Tout cela était porteur de tellement de choses ! Elles étaient rêvées par beaucoup d'entre nous : Ferhat Abbas dans les bras de De Gaulle ou de Gaulle dans les bras (plus menus) de Ferhat Abbas... Fraternisation... Egorgement... Qu'est-ce qui n'a pas été possible ?

Le sabotage de la paix par l'OAS était probablement aussi inévitable que le déchaînement algérien. On ne pouvait probablement pas passer sans une période tragique de la manducation de l'Algérie par la France au dégorgement. De l'Algérie chosifiée entre les mâchoires de la France à l'Algérie sur pied et parlant avec la France, il a fallu passer par ça... Nous sommes très loin du journalisme !

B.G. : Nous y sommes en plein. J'ai le sentiment d'entendre la même tristesse, voire la même rage que je ressentais, et continue de ressentir, devant le ratage de la démocratisation russe, devant ce « probablement inévitable » que je voyais, aussi, les moyens d'éviter. C'est toute l'impuissance du journalisme que j'ai, moi, tant de mal à admettre mais ce que vous dites là, l'entendait-on dans vos papiers ?

J.L. : Ce que j'écrivais dans *Le Monde* était plus prudent que tout ce que je viens de dire. Peut-être pouvait-on lire, à travers les mots, le rêve que je vivais au même moment mais la réflexion que m'inspire tout cela, c'est à quel point le journaliste peut être amené à contrôler ses propres sentiments pour ne pas « casser la baraque », à être le traducteur – quasiment neutre – d'événements qu'il ressent au plus profond de lui-même de façon différente.

Dans les articles que je publie, de mon retour à la rédaction du *Monde*, en 1956, jusqu'à l'indépendance, en 1962, je suis un journaliste très modéré, que ce soit avant le retour du général de Gaulle ou pendant sa gestion de l'affaire algérienne. A travers mes écrits du *Monde* et ceux de ses autres collaborateurs – de Beuve à Fontaine qui les traduit dans l'ordre international ; de Fauvet qui les formule dans l'ordre politique français à mes amis Philippe Herreman ou Alain Jacob, qui les expriment – nous rendons tous compte des affaires algériennes sur un ton qui n'implique pas la revendication de l'indépendance, un ton très retenu, qui laisse ouvertes bien des solutions.

Francis Jeanson, animateur de réseaux de soutien au FLN, parlait autrement. L'ancien *Observateur* et *L'Express* également mais je crois, néanmoins, que les partisans de l'Algérie française, en nous lisant, voient en nous des traîtres en puissance alors que les cadres du FLN y déchiffrent des promesses. Nous, nous nous efforçons de donner une traduction très tamisée de l'affaire algérienne, qui pouvait être lue par la majorité de la bourgeoisie française. Qui ne sentait, nous lisant, que l'Algérie allait changer de statut ? Mais comment ? A travers quelles étapes ? Du fait de quelles médiations ?... Nous étions les tamiseurs d'un soleil trop brutal, des abat-jour, si l'on peut dire, de la vio-

La liberté de l'autre

lente réalité algérienne. Alain Jacob et Mannoni, qui allaient souvent en Algérie, rendaient compte des difficultés qu'éprouvait l'armée française, mais aucun de nous n'avait le droit de rencontrer le FLN dans les maquis.

On savait que nous les voyions à Tunis, mais, dans les colonnes du *Monde*, nous n'avions pas le droit de publier les propos tenus par les porte-parole du FLN...

B.G. : Qui vous l'interdit ?

J.L. : Il n'y a pas de « censure » à proprement parler, mais menace de saisie. Sauf à être saisi, on ne peut pas citer un propos d'un dirigeant du FLN. « Ben Bella a dit hier... », non. On ne dit pas « Ben Bella », on dit : « Les nationalistes algériens font entendre que... ». La parole du FLN est audible à travers nos articles. Elle ne peut pas être directement dite.

B.G. : *Le Monde* a été souvent saisi ?

J.L. : Oui, plusieurs fois, pour avoir publié des rapports ou manifestes de groupes ouvertement favorables à l'indépendance de l'Algérie. Quand il s'agissait de gens patronnés par Berque ou Charles-André Julien, le grand historien de l'Afrique du Nord, ça passait. Quand c'était des militants communistes, comme Madeleine Rebérioux, ou des militants de l'indépendance comme Francis Jeanson, non.

Nous nous livrions à des exercices très délicats. Le discours que je viens de vous tenir n'était évidemment pas publiable. Nous le tenions entre nous, Alain Jacob, Philippe Herreman, Gilbert Mathieu – j'allais dire

Le monde est mon métier

Claude Julien, qui n'était vraiment pas mon ami et me tenait pour un néocolonialiste – et la plupart des membres de la rédaction du *Monde*, nous nous disions tous, mais entre nous : « Tout ça va vers l'indépendance, mais quand ? Dans cinq ans, dix ans ? Quand s'opérera la médiation Bourguiba... ? »
Eh oui, la vérité est un matériau très inflammable. Mais oui, elle peut être retenue, non sans rester brûlante.

B.G. : Vous dites-vous, entre vous, que votre rôle est d'habituer les élites françaises à l'idée que l'Algérie, un jour, sera forcément indépendante ? Est-ce conscient, explicite, à la rédaction ?

J.L. : Nous sommes conscients de jouer le rôle de tamis entre quelque chose qui est inéluctable et ce que peut recevoir un public français à une période donnée. Nous pratiquons là un journalisme très étrange qui ne peut pas être compris aujourd'hui, où la mode est à la « transparence », cette évidence des sots !
Suivant la conception qui prime dans le journalisme d'aujourd'hui, à travers la plupart des livres qui s'écrivent sur le sujet, nous étions des lâches, des faux jetons, quasiment des esclaves du pouvoir.
Il se trouve qu'au temps de la guerre d'Algérie, les vérités crues n'étaient recevables qu'à travers quelques organes – sous la forme satirique, au *Canard enchaîné*, ou sous la forme d'un militantisme qui pouvait conduire à la prison. Claude Bourdet et Gilles Martinet y ont été conduits pour quelques jours.
Je ne suis pas sûr que la prison m'épouvantait. Elle aurait été un titre de gloire. Je ne veux pas dire, non

La liberté de l'autre

plus, que je ne la craignais pas. Ce serait prétentieux mais le principe du journalisme dans lequel nous nous étions inscrits était qu'il fallait faire passer le plus de vérités possible, à travers plusieurs tamis, qu'il valait mieux être publié et conduire vers la découverte progressive de la vérité que ne pas publier du tout.

On ne disait pas tout

B.G. : Vous reteniez, donc, délibérément, une partie de la vérité ?

J.L. : Oui, on peut le dire comme ça. Chacun occupe dans la société une certaine fonction : il y a des juges, des médecins, des journalistes… Et, à l'intérieur du journalisme, il y a une sorte de répartition des tâches, non dite et non formulée. A la fin des années 50 et au début des années 60, *Le Monde* a occupé une sorte de magistère de l'interrogation pessimiste et de l'élucidation, laissant à d'autres, non sans connivences, la fonction révélatrice.

Nous imbibions la société d'une certaine forme d'interrogation en profondeur sur la nécessité d'une modification radicale du statut colonial en général, et du statut algérien en particulier. Nous ne prenions pas le problème, si je puis dire, « bille en tête ».

J'ai l'air de suggérer que nous avions une stratégie préméditée, comme si un jour Beuve-Méry nous avait réunis dans son bureau-monastère pour nous éclairer sur notre véritable fonction, et nous parler d'une préparation à long terme des nouveaux statuts à mettre en place dans les anciennes colonies. Cela n'a jamais été dit ainsi mais, s'agissant de la guerre d'Algérie, il faut se souvenir des premiers propos tenus, en 1954, par Mendès et Mitterrand : « L'Algérie, c'est la France »...

B.G. : Mitterrand a dit cela, pas Mendès...

J.L. : Mais si ! Mendès l'a dit aussi, à l'Assemblée nationale. C'était l'évidence de la légalité. Moyennant quoi, ils ont déclenché une série de réformes – notamment de la police, affaire clé – qui ont provoqué leur chute.

Je ne doute pas que mes propos, ceux que j'ai tenus et ceux que je vais encore tenir, choquent beaucoup des jeunes gens d'aujourd'hui mais le fait est qu'il y avait une chape de conservatisme sur la question des « départements » d'Algérie. C'était la France.

Edouard Depreux, un homme de l'aile gauche de la SFIO, un proche de notre ami Daniel Mayer, avait institué, en 1947, deux collèges électoraux qui donnaient autant de voix à un million d'Européens qu'à neuf millions de musulmans. On avait considéré cela comme un progrès, d'ailleurs violemment combattu par les porte-parole du colonat. Une presse française vraiment militante dénonçait l'absurdité et les scandales de la colonisation. Un bon tiers des parlementaires était persuadé que l'Algérie ne resterait pas française très longtemps. Le pouvoir naviguait comme il pouvait, plus ou moins mal, sur la question algérienne mais il y avait une majorité de blocage à l'Assemblée et le dogme pouvait, donc, se résumer ainsi : toucher aux moulures, c'est briser les structures. L'Algérie est hors du débat !

La liberté de l'autre

Au début de la guerre d'Algérie, Claude Bourdet, s'adressant à Mendès et Mitterrand, avait écrit dans *France-Observateur* : « Votre Gestapo d'Algérie... » mais, pour un journal qui voulait atteindre l'ensemble de la société française, de la bourgeoisie moderniste à la jeunesse, pratiquer un autre langage aurait été s'enfermer dans un ghetto – un ghetto de gauche où je me serais senti, personnellement, tout à fait à l'aise, comme un bon tiers de la rédaction du *Monde*, mais le journal y aurait perdu ce rôle directorial de la société éclairée française qu'il exerçait.

Une minorité du *Monde* aurait pu fonder un autre journal, un pré-*Libération* par exemple, mais pour remplir ce rôle de magistère d'une université française pour tous qui était celui du *Monde*, pour la modernisation de la société, la recherche des formules de paix dans le monde, la marche vers l'Europe, les choses essentielles, il fallait, pendant assez longtemps, faire plus ou moins le gros dos sur l'Algérie. Nous avons accepté d'être muselés. Nous étions muselés mais bien vivants.

B.G. : On n'exprimait pas tout, dites-vous, mais que cachiez-vous, concrètement ?

J.L. : La torture n'est venue à l'ordre du jour qu'après la deuxième partie de la bataille d'Alger. Elle était évidemment pratiquée. Elle l'était dans l'Algérie française avant la guerre. Mauriac l'évoque dès le 2 novembre 1954 ! Elle s'est développée au début de la guerre. Elle est devenue pratique courante à partir de la bataille d'Alger, à partir de la prise en charge de la bataille par la 10e Division de parachutistes de

Le monde est mon métier

Massu, mais le mot de « torture » n'était pas employé. Il pouvait conduire à la saisie.

Je sais... En disant cela aujourd'hui, je fais une sorte de confession du lâche. Il se trouve que nous ne l'étions pas. Dans l'équipe qui s'occupait des problèmes coloniaux avec moi, Philippe Herreman et Alain Jacob, plus militants que moi en matière de décolonisation tenaient eux aussi un discours contenu où beaucoup de choses restaient implicites. Leur prudence était plus méritoire que la mienne car ils étaient plus jeunes que moi (de dix ans pour l'un, de quinze pour l'autre), avaient déjà intégré l'idée de l'indépendance de l'Algérie, étaient en position d'avant-garde par rapport à moi qui pensais à une marche progressive vers l'indépendance.

B.G. : Est-ce que vous ne cédez pas à un excès d'autoflagellation ? Mes parents étaient très engagés dans la bataille de l'Algérie algérienne et, pour eux, *Le Monde* était la Bible. *France-Observateur* et *L'Express* en étaient d'autres, sans doute plus proches d'eux, mais *Le Monde* était leur journal de référence, pour lequel ils éprouvaient presque une vénération. Mon père le lisait tous les soirs et, quand je lui posais des questions, il me le tendait : Tiens, lis *Le Monde* ! Je n'avais pas 10 ans, c'était un peu compliqué pour moi. Je lui demandais de m'acheter *France-Soir* que je trouvais plus simple mais....

J.L. : ... Je n'ai pas eu honte de « faire simple » quand j'y collaborais...

B.G. : ... Mais on ne peut pas dire que *Le Monde* ait tellement tardé à dénoncer la torture. Vous venez de

La liberté de l'autre

dire qu'il n'en a parlé qu'à partir de 1956 mais c'est pratiquement le début de l'insurrection algérienne... Ce n'est pas si tardif !

J.L. : Attendez ! Je n'ai pas dit que *Le Monde* n'avait parlé de la torture qu'à partir de 1956 ! Elle était une chose connue, dont on parlait à partir de l'été 1956, mais *Le Monde* n'a pas employé le mot avant longtemps. L'ai-je lâché dans un article ? Si je l'ai fait, il a été coupé par Robert Gauthier, premier relecteur de nos articles avant Beuve, un type bien, je vous l'ai dit.

Nous devions nous débrouiller pour que le non-dit soit lisible. Notre journal était à décrypter constamment. Ceux qui, comme votre père, savaient le faire trouvaient dans *Le Monde* matière à fonder leur opinion mais ce qui était positivement écrit l'était sur un ton très contenu, ou retenu. J'ai pratiqué ce double langage pendant une partie de ma vie car tendre vers la vérité vaut mieux que pas de vérité du tout ou qu'une vérité qui vous condamne au silence.

Nous trottinions vers l'indépendance à pas menus, ayant conscience que l'Algérie y avait vocation, que la société française mûrissait, en partie grâce à nous, vers la conscience que l'Algérie était « autre chose », un ailleurs, qu'elle ressemblait plus au Maroc ou à la Tunisie qu'à la Provence. Il n'y avait pas grande intelligence à l'avoir compris mais nous étions dans un mouvement historique et l'on ne transforme pas le mouvement historique en effet journalistique. Nous avions en nous le long, lourd et puissant mouvement historique mais ce que nous écrivions pouvait être lu par un notaire d'Amiens sans qu'il en fasse une boulette – même si certains le faisaient, bien entendu.

En 1957, nous étions dénoncés par Jacques Soustelle parmi les quatre grands de la trahison, avec *Témoignage chrétien*, *France-Observateur* et *L'Express*. Mes amis de *L'Observateur* et de *L'Express* s'exprimaient sur un ton plus vif mais je ne crois pas qu'aucun d'eux nous ait reproché de faire les chattemites ou les froussards. Je crois que nous remplissions les uns et les autres des fonctions d'éclairage. Nous étions éclairés au gaz pauvre et eux à l'électricité, mais le gaz pauvre était plus répandu dans les rues. Nous jouions sur un mouvement lent. Nous étions un peu en avance sur le cours des choses, évidemment sur la majorité parlementaire française, sur la majorité de l'opinion, mais nous ne décollions pas trop, nous ne courions pas trop en avant. Nous gardions le contact.

A vrai dire, nous faisions de l'information réformiste.

B.G. : Vous faisiez de la politique. Il y avait une répartition des rôles implicite entre ces « quatre grands de la trahison » mais, quand il traite de sujets politiques aussi brûlants, le journaliste peut-il s'abstraire d'une réflexion sur la manière d'être reçu dans une situation donnée ? Le doit-il même ? Je ne le crois pas...

J.L. : ... Je ne le crois pas non plus. En ce domaine, il n'y a pas de journalisme neutre. Quand la condition humaine est aussi profondément en question, quand il s'agit de ce qu'était la condition coloniale subie, si l'on parle d'une telle chose, la neutralité est impossible... Albert Londres a crié sur le colonialisme avant

La liberté de l'autre

qu'il ne devienne un problème fondamental mais en 1960, sur l'Algérie, qu'aurait-il écrit ? Il aurait décrit un scandale dont il fallait sortir sans provoquer un pire scandale – la guerre civile en France...

De Gaulle

B.G. : Dans cette équipe du *Monde*, vous aviez, autrement dit, des prudences d'hommes d'Etat.

J.L. : Ça peut s'appeler de l'opportunisme ou, plutôt, du possibilisme. C'est en tout cas de la « politique ». Peut-on parler du réchauffement de l'atmosphère sur un ton non « politique » ? Je n'en suis pas certain mais d'affaires comme l'Indochine et l'Algérie, non. Certainement pas ! On pouvait en parler sur un ton plus ou moins auto-neutralisé d'où sourdait un avertissement. Tout cela faisait cette machine à avertir qu'était *Le Monde* : Soyons conscients de ce vers quoi nous marchons.

B.G. : L'Algérie finit par ramener de Gaulle au pouvoir. Comment l'*algérianologue* du *Monde* et l'équipe en général réagissent-ils ?

J.L. : En ordre dispersé, à peu près à égalité pour et contre. Dans un premier temps, je suis contre et le manifeste au cours des débats de la rédaction de mai 1958... Le 13 mai, j'étais resté plus tard que d'habitude au journal où nous arrivions, le matin, à sept heures et demie et je vois tomber, vers 16 heures, des dépêches qui racontent le soulèvement des militants de l'Algérie française, encadrés par les parachutistes qui sont alors, autour du général Massu, les forces motrices et la cuirasse de ce mouvement.

Ces forces se rassemblent, se ruent dans les rues d'Alger, conspuent, maudissent toute forme de négociation. Les dépêches nous disent donc que le parti de l'Algérie française est entré dans un spasme spécialement violent, menaçant, et que, très vite, les cris de « De Gaulle au pouvoir ! » dominent cette journée. Tous ceux qui lisaient ces dépêches à cette heure-là, sont des gens qui avaient la plus grande admiration pour le Général mais s'il devient le drapeau de l'Algérie française, c'est un autre de Gaulle !

Après le libérateur, nous avions déjà connu le créateur du RPF qui n'était pas spécialement notre ami. C'était, quand même, un grand type dont on pensait que c'était peut-être lui qui pourrait trouver une ouverture en Algérie mais, ce 13 mai 1958, de Gaulle nous apparaît comme le drapeau de l'hystérie du mouvement Algérie française.

Le lendemain, Raoul Salan, le général en chef à Alger, crie à son tour : « Vive de Gaulle ! », d'une voix entrecoupée et pas très enthousiaste, mais il le crie et il y a un soulèvement, un mouvement populaire. Ce n'était pas un *pronunciamiento*, une opération militaire. C'était plutôt un soulèvement de la rue française d'Algérie, des étudiants Algérie française notamment.

Tandis qu'Alger devient une bouilloire dont le sifflement assimile de Gaulle à l'Algérie française, nous assistons à Paris à l'agonie de la IVe République, ponctuée de crises ministérielles en chaîne, de Gaillard à Pflimlin, catholique courageux, dirigeant du MRP, qui

La liberté de l'autre

avait lâché une formule laissant entendre qu'il souhaitait constituer une fédération entre l'Algérie et la France.

Un type qui parlait de fédération était un traître aux yeux des partisans de l'Algérie française. A l'Assemblée, Pflimlin est conspué. Soustelle, héraut de l'Algérie française, est parti la veille pour Alger, où il est accueilli aux cris de «Vive de Gaulle!» On élit assez piteusement ce pauvre Pflimlin qui n'a plus guère de moyens d'action. Les fidèles du général de Gaulle – Guichard, Foccart, Michel Debré et quelques autres – négocient avec Alger.

Partie d'Alger, une mission militaire dirigée par un certain commandant Lamouliatte vient rameuter la métropole. Elle est reçue par les généraux commandant à Toulouse et à Lyon. Nous sommes au bord d'une guerre civile. On n'en est plus à savoir si l'Algérie restera française, mais si la France ne deviendra pas algérienne!

De Gaulle?

Après quelques jours de méditation et de consultations, il entre dans le débat. Deux mois plus tôt, c'était un vieillard fatigué – son neveu m'a raconté à quel point, au début d'avril, il l'avait trouvé affaibli, vieilli, découragé. Le voilà transformé en quelques jours par «la chose d'Etat», les urgences du pouvoir. Dès le 15 mai, alors qu'on scande son nom à Alger, il a publié un texte spécifiant que, si un appel lui était lancé par les voies républicaines, il y répondrait et s'efforcerait, en assumant le pouvoir, de trouver une solution avec les peuples «associés».

B.G. : «Associés»...? Donc indépendants...?

Le monde est mon métier

J.L. : Il n'est question que d'« association » mais voilà qui donne un autre sens à l'hypothèse de Gaulle. Nous voilà retournés mais le Général est en même temps poussé dans le dos par le soulèvement d'Alger, par ses partisans de Paris, dont le plus actif est Michel Debré, très ardent militant de l'Algérie française, et par Jacques Soustelle à Alger. De Gaulle apparaît alors comme un très étrange composite.

Il accepte d'être acclamé, poussé en avant par Alger et ses parachutistes, d'être soutenu par des gens comme Debré et Soustelle, et il lâche ce mot très curieux d'« association ». Entre « association » d'une part et Michel Debré de l'autre, on est en pleine ambiguïté et de Gaulle la maintient, le 29 mai, au cours d'une conférence de presse à laquelle je n'ai pas assisté, coincé que j'étais au *Monde*, mais plusieurs de mes amis, notamment Maurice Clavel, Françoise Giroud et Jean Amrouche, y étaient, autour de François Mauriac.

Mauriac n'est pas sorti « gaulliste » de cette conférence de presse. Il se disait troublé, alors que Clavel exultait, comme Amrouche. Au *Monde*, nous étions divisés. En moi, la méfiance dominait. J'avais l'impression que le grand homme allait être submergé par le parti qui l'appelait au pouvoir, par la masse de l'« Algérie française », par les militaires les plus conservateurs de son entourage, par Debré, Foccart, Soustelle...

B.G. : ... Vous exprimez cette méfiance dans les colonnes du *Monde*?

J.L. : De la façon la plus claire. Une semaine après le 13 mai, j'ai publié un énorme article, sur quatre

La liberté de l'autre

colonnes à la une, « Le général de Gaulle et le Maghreb », où il était dit en substance que, si grand qu'il fût et ouvert aux idées de progrès, de Gaulle risquait d'être colonisé par ceux qui l'auraient porté au pouvoir. Cet article pessimiste reflétait l'état d'esprit de Beuve-Méry – qui s'est ravisé quelques jours plus tard, plus vite que moi...

B.G. : Dans votre biographie, au chapitre 1958, vous ne tranchez pas sur la question de savoir si de Gaulle avait organisé ou favorisé en sous-main le soulèvement d'Alger. Vous ne donnez pas de réponse.

Au théâtre de l'ambigu

J.L. : Pour la bonne raison que je ne l'ai pas ! J'ai intitulé mon chapitre « Le 17 brumaire », c'est-à-dire que le Général n'est pas allé jusqu'au 18. Je suis plutôt sceptique sur les idées de « préparation » ou de « complicité ». Je pense que de Gaulle a pris l'affaire en route, qu'il a pris le train en marche, dût-il monter sur la locomotive et prendre les choses en main à la fin du mois de mai. Eugène Mannoni a publié un petit livre sur de Gaulle, dont le sous-titre était « Au théâtre de l'ambigu » : joli titre.

Dans cet incroyable clair-obscur dans lequel nous vivions, deux partis se sont vite déclarés. Comme Claude Julien, l'anticolonialiste le plus militant de la maison, Beuve-Méry s'est relativement vite rallié à de Gaulle. Beuve l'admirait sans l'aimer mais il fréquentait Jean Amrouche, Kabyle chrétien un temps lié à l'Algérie française et rallié au FLN, qui pensait, comme les gaullistes de gauche, que le Général était le seul homme capable d'ouvrir la voie à l'émancipation de l'Algérie. C'est eux qui auront eu raison contre certains d'entre nous qui, tenant aussi le Général pour le seul capable de trouver une issue, le voyaient prisonnier de ceux qui l'auraient porté au pouvoir : Qui t'a fait roi ?

De Gaulle nous a montré qu'on peut confisquer le pouvoir à ceux qui vous y ont porté. Le génie pèse son poids, le timing aussi. Le président Coty a appelé de Gaulle à l'Elysée quelques heures avant que ne se déclenche le mouvement, j'allais dire quelques minutes avant que d'Alger l'armada du coup d'Etat ne décolle. Il s'en est fallu de peu.

Je ne doute pas qu'il aurait vite tenté de se dégager de cette cage dans laquelle voulaient l'enfermer les hommes d'Alger mais l'aurait-il pu? En son tréfonds, il jugeait certainement que l'Algérie française avait fait son temps. Il n'était pas encore acquis à l'idée de l'indépendance, mais la bêtise n'était pas son fort !

Nous sommes là, vraiment, à un moment où journalisme et politique sont totalement imbriqués. En une telle période, faire du journalisme, c'est faire de la politique. A la rédaction du *Monde*, nous étions un parti divisé à l'intérieur de lui-même. Nous avions nos compétences, nos histoires personnelles, nos connaissances... Mon article sur « De Gaulle et le Maghreb » est riche d'informations, mais c'est aussi un grand bégaiement : Que faire ? Que faire ? Cet homme est-il le salut ? Est-il lui-même déjà perdu ?

Ce n'était plus un général, c'était un champ de bataille...

La liberté de l'autre

B.G. : Le journalisme et la politique sont tellement imbriqués que *Le Monde* publie, en *une*, sur quatre colonnes, un papier, le vôtre, qui est un composé d'éditorial et d'informations, un total mélange des genres.

J.L. : Je retiens pour l'écarter le terme d'« éditorial », qui implique un « sens ». Il n'y en avait pas. C'était un mélange d'information sur les données du problème et de questions : en quoi de Gaulle est-il lié par le passé, par le présent?

B.G. : A quel moment avez-vous senti qu'il serait l'homme de l'indépendance algérienne, contrairement à votre premier sentiment?

J.L. : Très vite. Douze jours plus tard, le soir du discours d'Alger du 4 juin 1958, du fameux « Je vous ai compris ! » Le 31 mai, il a été appelé à l'Elysée par René Coty qui lui demande de prendre la tête du gouvernement. Le 1er juin, il se présente devant l'Assemblée nationale, non sans réticence, mais il y va. Il compose un cabinet dans l'esprit de la IVe République, pas du tout une équipe de coup d'Etat ni d'Algérie française, mais annonce qu'il met à l'étude une réforme fondamentale de la Constitution.

On sait déjà qu'on est entré dans une autre République. Le 4 juin, le Général part pour Alger, où il passe trois jours, ouvrant son voyage par ce discours dans lequel, aux côtés de Soustelle et d'autres figures de l'Algérie française, de ce même balcon du gouvernement général d'où Massu et Salan l'avaient appelé, vingt jours plus tôt, à revenir au pouvoir, il lance cette formule absconse : « Je vous ai compris ! »

La foule entend : « Je suis entré dans votre jeu », alors que pour lui cela signifie : je commence à y voir clair dans cet immense galimatias algérien. Quelques phrases plus loin, il dit quelque chose d'absolument décisif : « Dans toute l'Algérie, il n'y a qu'une seule catégorie d'habitants, que des Français à part entière, des Français à part entière avec les mêmes droits et les mêmes devoirs [...], dans un seul et même collège ! Nous allons le montrer, pas plus tard que dans trois mois... »

Une voix « indigène » vaudra donc une voix « européenne », alors qu'il y avait un collège européen d'un million de citoyens et un collège musulman qui ne pesait pas davantage – avec ses neuf millions d'électeurs...

De Gaulle vient dire qu'une voix vaudra une autre voix. C'était ouvrir un avenir qui allait évidemment à la prise en charge par les Algériens de leur propre sort. Bon nombre d'Algériens musulmans avaient épousé la cause de l'Algérie française mais offrir aux Algériens de se prononcer à neuf contre un, oui, c'était tôt ou tard la porte ouverte à l'émancipation. Une nuit du 4 Août algérienne !

B.G. : Dans cette « formule absconse », vous avez immédiatement entendu la dynamique de l'autodétermination ?

J.L. : Non. Quand vous employez cet adverbe, vous me rappelez que, pour moi, ça n'a pas été immédiat.

La liberté de l'autre

Nous nous sommes réunis, après le discours, dans le bureau de Beuve-Méry. Qu'est-ce que ça veut dire ? Nous n'avons pas tout de suite compris, sauf Jacques Fauvet peut-être... Un peu plus tard, Jean Amrouche, qui avait beaucoup de crédit dans la maison, a téléphoné à Beuve-Méry : « De Gaulle vient de proclamer l'indépendance de l'Algérie. »

B.G. : Jean Amrouche, un homme rallié au FLN, dictait sa conclusion au directeur du *Monde*?

J.L. : « Dictait », non. Eclairait, oui. Nous étions amis de gens qui tenaient l'indépendance pour proche, de Jean Daniel entre autres. Amrouche ne se présentait pas comme un militant du FLN. Ce qu'il écrivait ici ou là, dans l'ancien *Observateur* notamment, était : l'Algérie marche à pas comptés vers l'indépendance.

Nous avions tous cela dans notre inconscient, subconscient ou conscient tout court mais comment faire ? Amrouche, Bourdet, Jean Daniel ou Jean-Jacques Servan-Schreiber, nous avions tous en tête une autre phrase d'Edgar Faure : « L'Algérie relève de la quatrième dimension et le général de Gaulle est le seul homme qui vive dans la quatrième dimension ! »

Quelques jours avant le 13 mai, avait eu lieu le déjeuner dit « des Pyramides » (dans un restaurant de la rue du même nom), où se retrouvaient François Mitterrand, Edgar Faure, Jean-Jacques Servan-Schreiber, Alain Savary. La conclusion en fut, plus ou moins formulée, que seul de Gaulle était de taille à frayer la voie vers l'indépendance. Seul l'homme qui a dit, à Londres : « Je suis la France ! » pouvait dire : l'Algérie et la France sont deux choses différentes.

Le monde est mon métier

B.G. : A cause de l'Algérie – ou grâce à elle... – *Le Monde* et vous-même allez devenir gaullistes...

J.L. : ... On peut le dire comme ça...

B.G. : ... Alors même que ce de Gaulle qui va instaurer la Ve République sera combattu par Pierre Mendès France, l'homme que vous tous, tous les grands journalistes que vous venez de citer, admirez tant ?

Mendésistes et mendésiens

J.L. : Combattu ? Lors du référendum de septembre fondateur de la Ve République, Mendès vote contre de Gaulle, oui. Je crois avoir voté comme lui, par fidélité mendésiste. Je crois l'avoir fait, mais je n'en suis pas même sûr.... Mendès critiquait sévèrement le régime pour la façon dont le Général était revenu au pouvoir. Plus âprement que lui, Mitterrand a dit, à l'Assemblée nationale, le 1er juin, en présence du Général, qu'il était venu porté par les légions et agréé par la peur...
Les baïonnettes n'étaient pas entrées à la Chambre, mais c'est bien la peur, rôdant dans les travées, qui avait donné sa majorité à de Gaulle. Mendès le dit comme Mitterrand, mais dans son discours, il y a en substance : Si vous ouvrez la voie à un processus de paix en Algérie, nous pourrons comprendre votre démarche – ce qui n'est pas dans le discours de Mitterrand.

La liberté de l'autre

A cette époque, j'ai eu une très longue conversation avec Mendès, marchant dans les champs proches de Louviers. L'homme que j'ai écouté ce jour-là avait bien soupesé son « non » à de Gaulle et le considérait deux mois plus tard avec une profonde nostalgie. Il ne regrettait pas d'avoir dit « non » au Général mais sentait monter en de Gaulle les chances d'une sortie de crise algérienne.

Mendès m'avait demandé de ne pas publier cette conversation mais autorisé à en communiquer la substance à Beuve-Méry. Après en avoir lu le compte rendu, Beuve m'a dit : « Ces deux heures passées dans les champs, vous ne les avez pas perdues ! »

B.G. : Rétrospectivement, cela ne vous choque pas d'avoir eu une conversation aussi riche avec un homme aussi important sur un moment aussi fondamental et ne l'avoir rapportée qu'à votre directeur ?

J.L. : Je suis un militant déterminé du *off the record*. Nous nous situons là au cœur du débat qui est au cœur de notre métier. C'est capital. Le droit « de ne pas dire », soit à la demande de l'interlocuteur, soit du fait de la propre conscience du journaliste, est pour moi fondamental.

Mendès ne s'était exprimé que sur ces bases. Un contrat implicite nous liait. Pour moi, il y avait là contrat, et ce mot qui définissait la vie de Mendès, définit aussi la mienne. Nous ne cessons de passer des contrats avec nos concitoyens, avec la société, avec l'histoire, et le contrat doit être, par définition, respecté. Ce jour-là, j'en avais passé un avec Mendès comme j'en ai passé beaucoup avec les dirigeants du FLN et tous ceux que j'ai rencontrés dans ma vie.

Il y a des vérités qui ne sont *pas encore* bonnes à dire ou qui ne le seront peut-être jamais. On est toujours rattrapé par l'histoire. J'ai perdu – c'est incroyable ! – le compte rendu de cette conversation avec Mendès mais il ressurgira, sans doute, un jour ou l'autre. Peut-être irai-je, un de ces jours, l'extraire des archives du *Monde* mais, écrivant sur Mendès plus tard, je n'y suis pas allé le rechercher. Je me suis limité à un résumé, à la substance que j'avais encore en tête, alors même que j'étais délié de mon serment par le temps qui avait, déjà, inscrit cette époque-là dans l'histoire...

B.G. : J'adhère à ce que vous dites du *off*. Je vous ai dit comment et pourquoi je n'avais pas raconté jusqu'à présent le thé chez Simone de Beauvoir, mais tout de même... Si une telle conversation, sur un sujet aussi brûlant, entre un journaliste aussi influent et un homme d'Etat qui l'était plus encore n'est pas révélée, à quoi sert-elle ?

J.L. : Mais vous l'avez dit vous-même, à propos de Beauvoir et de D'Ormesson ! Ces conversations *off the record* servent profondément à éclairer l'esprit de celui qui écoute comme de celui qui parle. Nous sommes des gens en quête de clarté, de sens. Que ce soit Beuve-Méry, vous ou moi, je pense que dans ce que nous avons écrit dans les semaines et les mois qui ont suivi les propos de Mendès ou ce thé chez Beauvoir, il n'y a rien qui n'ait été éclairé par eux.

Entre « rapporter » et « être éclairé par » il y a des rapports intenses. Mendès était évidemment conscient

La liberté de l'autre

qu'il agissait sur mon esprit et celui de mon directeur. C'était son but mais il ne voulait pas être lié par des mots qui l'exposeraient aux polémiques.

B.G. : Oui... Mais si je vous dis que Beuve et vous étiez manipulés, sans doute pour la bonne cause et dans le bon sens, mais manipulés par un Mendès qui ne voulait pas sortir du bois mais voulait, en revanche, imprimer de ses analyses les éclairages donnés par *Le Monde*, que me répondez-vous ?

J.L. : Le mot « manipulé » n'est pas recevable. Nous sommes, lui et nous, des responsables. Mendès nous donne, non pas des informations, mais des indications, des thèmes de réflexion, des pistes que nous sommes à même de passer par nos filtres, de faire ou de ne pas faire nôtres. Il a, lui, le droit le plus strict de ne pas les jeter en pâture à l'opinion. Nous avons, nous, le devoir le plus strict de respecter cette prudence, sauf à voir dans le journalisme un tout-à-l'égout, un microphone géant, l'oreille du *Big Brother* d'Orwell...

Nous sommes entre citoyens, nous sommes d'abord des citoyens. Mendès est un citoyen avant d'être un homme politique. Beuve, quelques autres et moi étions des citoyens avant tout. Le problème de l'époque n'est pas de donner une information croustillante, mais de sortir le pays de l'ornière où il était, et je pense avoir agi là, à mon niveau, pour le bien public. Ce que disait Mendès n'aurait pas été bouleversant pour l'opinion dans la mesure où il en avait donné une version dans son discours de l'Assemblée nationale. Ce qu'il m'a dit ce jour-là nous éclairait, en revanche, sur des conversations qu'il avait eues avec le général de Gaulle ou ses proches dans les années précédentes.

Entre Mendès et de Gaulle, passait un courant – alternatif! – que de Gaulle, en acceptant d'être porté au pouvoir par les prétoriens, venait de corrompre pour longtemps. Ce courant passait quand même et il était bon que des journalistes comme nous en soyons informés. Il y a l'information générale et la culture dont le journaliste se nourrit. Il y a un « sas » entre ce qui est dit et ce qui est écrit qui me paraît tout à fait respectable. Je prends le journalisme comme un double droit, de conquérir l'information et de savoir la comprendre.

Je l'ai fait avec bien d'autres qu'avec Mendès. Je l'ai fait entre Algériens et Français, entre Marocains et Français, entre Marocains et Tunisiens, entre Vietnamiens et Américains, etc. Le journalisme a, comme la lune, sa face cachée. Le journaliste n'est pas un micro, ni un miroir, c'est un citoyen. Il y a un double mouvement qui ne se contredit pas. Il y a un temps de respiration, de passage, de réflexion. Entre la viande crue et la viande cuite, il y a une viande qui cuit.

B.G. : Pourquoi Mendès était-il, pour des hommes comme Beuve et vous tous, une telle référence intellectuelle et politique ?

J.L. : Peut-être en raison de sa fondamentale clarté (en dépit de ce que je viens de dire) et de son refus de jouer le jeu dans lequel nous étions impliqués et dont lui s'était plus ou moins « dé-pliqué ». C'est parce qu'il voulait « toujours dire la vérité », ce qui n'est pas compatible avec l'exercice des fonctions

La liberté de l'autre

publiques, qu'il lui fallait parfois ne la dire qu'à mi-voix. Celui qui prétend dire toujours la vérité est merveilleusement constitutif de notre conscience et, paradoxalement, de notre métier, mais il est fondamentalement singulier. Il est l'homme qui ne peut pas rester plus de sept mois et treize jours au pouvoir.

Le Monde, lui, ne peut pas rester seulement sept mois et treize jours en activité... Un homme public, un héros de la vie publique, peut se donner cette mission-là, nous ne le pouvions pas. Ce François Mitterrand, que nous sentions beaucoup plus loin de nous, est aussi resté dans sa chaumière, si l'on peut dire, pendant cette période. Il l'a courageusement fait car, pour lui, être loin du pouvoir était plus douloureux que pour Mendès. Mais nous, nous faisions le boulot, au quotidien.

Ne pas dire constamment la vérité, chaque jour toute la vérité, c'était quelque chose qui n'était pas entièrement propre. D'accord... Je l'ai senti à vos objections mais, sur un sujet comme l'Algérie, sur cette plaie purulente, nous avons parfois caché la puanteur pour pouvoir continuer à dégager une issue.

B.G. : Ce n'était pas une réponse à ma question. Pourquoi Beuve, Daniel, Servan-Schreiber, Giroud et vous admiriez-vous tant Mendès, au point que Jean Daniel en ait fait le référent moral de *L'Observateur* et que Claude Perdriel, le propriétaire de *L'Obs*, ait tout récemment inscrit le « mendésisme » dans la charte de son journal ? Est-ce le fait qu'il ait été incapable d'accepter les artifices et les rouMaries de la politique ? Que cette inaptitude en faisait à vos yeux un être pur ?

Le monde est mon métier

J.L. : Distinguez entre, d'un côté, Beuve et nous, ceux du *Monde*, et Jean-Jacques et Françoise Giroud de l'autre, ceux de *L'Express*. Eux n'avaient pas désespéré de faire revenir Mendès dans le jeu de la politique, où on est obligé de courber l'échine à tel ou tel moment pour passer par telle ou telle porte.

C'est ce qu'ils avaient en tête et je ne leur en fais pas du tout grief, au contraire. Moi qui suis un machiavélien honteux, je pense que Mendès avait tort, d'une certaine façon, de ne pas entrer dans ce jeu. Eux avaient espéré qu'il ne se plierait qu'au plus haut niveau, qu'à la plus haute porte où il ne faudrait que de temps en temps baisser un tout petit peu la tête pour passer.

Beuve, Jean Daniel, moi-même, nous aimions qu'il restât entièrement debout. Là est la différence entre des mendésistes et des mendésiens. Les mendésistes de *L'Express* avaient espéré le retour de leur grand homme et l'admiraient d'autant plus qu'il serait capable de quelques adresses. Nous, nous l'admirions d'en être incapable. Je crois qu'il y a plusieurs façons d'être mendésiste comme il y en a plusieurs d'être gaulliste – ou gaullien.

Un journal-parti

B.G. : Bon... J'essayais de vous faire dire sur Mendès des choses aussi simples que fondamentales mais je n'y arrive pas. Comme ancien junior de la Mendésie, je vais les dire à votre place et vous me direz si je me trompe. Il me semble que, s'il a exercé une telle fascination sur ces grands noms de la presse dans les

La liberté de l'autre

années 50 et 60, c'est, premièrement, que pendant ces sept mois et treize jours de gouvernement il avait réussi à régler la question indochinoise et à amorcer le règlement tunisien ; deuxièmement, et surtout, qu'il était le seul homme politique français qui incarnât une gauche fermement, clairement, définitivement anticommuniste ; une gauche, en second lieu, réformatrice et ne cultivant jamais, même verbalement, les mythes révolutionnaires et une gauche, en troisième lieu, qui était totalement fidèle, si modérée qu'elle fût, à ses grands idéaux et aux Lumières.

Au-delà de vos différences, vous constituiez, vous tous, un grand parti du réformisme, de la justice sociale, de la décolonisation et de l'efficacité modernisatrice et ce parti, il en était l'incarnation morale sur la scène politique. C'est bien ça ?

J.L. : Oui. Je croyais que tout cela était implicite dans mon propos : je l'ai si souvent écrit...

B.G. : ... mais vous ne le disiez pas !

J.L. : Vous l'avez dit, et c'est parfait. C'est la preuve que nous tricotons assez bien ensemble. Nous avons été mêlés dans la boue des tranchées, vous vous situiez dans la caverne de Platon et la pureté mendésienne, me direz-vous, n'en était que plus éclatante...

B.G. : Il me semble que si vous n'avez pas formulé, de vous-même, les raisons de votre admiration pour Mendès, si elles vous semblaient trop évidentes pour le faire, c'est que ces raisons vous définissaient tous. Je suis frappé qu'il y ait vraiment eu, à cette époque-là, un système de référence commun aux gens qui comptaient le plus dans la presse française et donnaient le ton. Vous aviez vos valeurs, votre culture politique, qui donnaient au *Monde*, à *L'Express* et à *L'Observateur* une cohérence politique, clairement à gauche, clairement anticommuniste, clairement anticoloniale.

Vous disiez que *Le Monde* était un journal-parti – expression qu'utilisera, bien des années plus tard, Eugenio Scalfari quand il fondera *la Repubblica* – et ce journal-parti, *Le Monde*, n'était alors qu'une des sections, la première, d'un grand « parti des journalistes ». J'exagère ?

J.L. : Oui, un peu. Il ne faut pas oublier que *Le Monde* était un système très complexe, à tous les points de vue, y compris idéologique : tout un monde...

Quand vous dites, par exemple, « clairement anticommuniste », ce n'est pas sans abus. Il y avait de vrais anticommunistes, de gauche et de droite, au *Monde* mais Jacques Fauvet, pour ne citer que lui, avait le sentiment d'une légitimité du Parti : « Ils sont à l'Assemblée nationale. » Pour Fauvet, l'Assemblée était une institution quelque peu sacrée. Au *Monde*, Fauvet, Georges Mamy, Raymond Barillon, plus à gauche que Fauvet, ce qui n'est pas une raison de ne pas être anticommuniste – ces trois-là croisaient tous les jours dans les couloirs de l'Assemblée des communistes, parmi lesquels il y avait quelques types bien, et je dirais que l'anticommunisme n'était pas une des données du *Monde*. Il y était un non-dit plus qu'il n'était disciplinaire...

Moi-même, étais-je tellement anticommuniste ? Je vous ai dit que je ne l'étais pas, jeune homme à Saigon, comme vous pouviez l'être, vous, par héritage

La liberté de l'autre

trotskiste ou comme l'étaient les gens de droite. Même chez Fontaine, plutôt un homme du centre droit, la diplomatie soviétique était, quand même, une grande machine. Claude Julien, homme de gauche, n'était pas anticommuniste comme vous l'êtes. Faisons attention à cela.

L'anticommunisme n'était pas une composante du *Monde*. L'hypothèse d'une gauche qui re-inclurait tôt ou tard le Parti communiste ne nous rebutait pas. Georges Marchais n'était pas encore là pour faire peur aux petits enfants – et à de plus grands. A la CGT, Séguy n'était pas un homme horrible. Je souhaitais que les communistes puissent devenir des alliés occasionnels de la gauche. L'opération Mitterrand, avec, c'est vrai, un PCF déplumé, était dans nos perspectives. Je ne crois pas avoir été un véritable anticommuniste et il y avait, pour moi, le Vietnam...

B.G. : Je ne suis pas certain que vous ayez raison sur vous-même... Un exemple : quand Mendès déclare solennellement, au moment de son investiture, qu'il ne décomptera pas les voix communistes, je suis sûr que ça ne vous choque pas.

J.L. : Pas du tout ! Il se trouve qu'on va avoir à négocier avec un pouvoir vietnamien dont les députés communistes sont les alliés inconditionnels. Le négociateur français ne peut dépendre en rien du vote communiste. Mendès s'en est très bien expliqué dans son intervention. Il était très anticommuniste, les communistes le détestaient. Au moment où il a eu sa majorité, Jacques Duclos s'est répandu en propos venimeux dans les couloirs – je ne suis pas sûr qu'il n'ait pas prononcé des mots du genre : «... ce petit juif marchand de tapis... », mais je crois que le mot « juif » est sorti de sa bouche, en mauvaise part, pour sa honte.

Compte tenu de l'état d'esprit qui était le mien, j'ai trouvé ingénieux de la part de Mendès d'avoir osé cela. Il ne s'agissait pas de mettre en doute le caractère de citoyens des députés communistes, mais de libérer le négociateur français d'une ambiguïté.

B.G. : « Anticommuniste » n'est peut-être pas le bon mot, mais il me semble quand même, Jean, que dans ce milieu-là.... Ni Beuve, ni Daniel, ni aucun de vous... Peut-être faudrait-il dire plutôt « non communiste » mais, dans ce milieu-là, on n'était, disons, « vraiment pas communiste ».

J.L. : *Ben trovato... Le Monde* est alors pétri d'une idéologie « bourgeoise avancée », noyautée par quelques chrétiens de gauche. Il y a derrière tout ça Emmanuel Mounier, *Esprit*, les dominicains, bien entendu. Très influent, Gilbert Mathieu, l'homme qui s'occupe des affaires économiques, est un chrétien de gauche tendance *Esprit*, plutôt dure. Oui, il y a ce courant-là, qui justement n'est pas anticommuniste, sauf quand il s'agit des camps soviétiques...

« Plutôt loin que contre »

B.G. : Rien que ça ! Jean ! Rien que ça !...

J.L. : ... Mais, après tout, ce sont *Les Temps modernes* d'un Sartre peu porté à l'anticommunisme qui ont

La liberté de l'autre

publié le grand article de David Rousset, son réquisitoire contre le Goulag. Je vous entends rugir, mais oui : la revue de Sartre, de l'homme qui avait dit : « Un anticommuniste est un chien ! » Tout ça est très imbriqué, intriqué. Il y a des moments où on est très anticommuniste : au début de la guerre de Corée, par exemple, et puis d'autres, après, où on l'est moins. Il y a la montée du communisme chinois : sont-ils en train d'inventer autre chose ? Hô Chi Minh est un personnage sympathique à la majorité de la société intellectuelle française...

B.G. : C'est le premier moment où je vois une vraie différence entre vous et moi, non pas tant politique que d'époque et de culture politiques. Il me semble que si ce mot d'« anticommunisme » vous gêne tant – vous tournez autour comme autour d'un gros mot qu'on n'ose pas prononcer – c'est parce qu'il a la connotation déplaisante que lui donnait la droite du début de la Guerre froide à laquelle vous ne vouliez pas être assimilés. Pour moi, il n'y a pas la moindre nuance péjorative dans ce mot. Je suis anticommuniste. Le problème ne se pose plus guère aujourd'hui puisqu'il n'y a plus de force communiste mais je l'ai été, totalement, farouchement, et c'est une bonne part de ma définition politique.

Vous citiez le nom de Georges Mamy. Je l'ai très bien connu. Il a été chef du service politique de *L'Observateur* et j'ai brièvement travaillé sous ses ordres. Il me sidérait toujours, justement, par son refus de l'anticommunisme que je ne pouvais que respecter – ça me coûtait – car je savais qu'il tenait à sa Résistance, faite avec des communistes, des camarades de combat dont, au demeurant, il ne partageait pas l'idéologie.

C'était un chrétien de gauche, du genre de Gilbert Mathieu. J'avais, moi, 24 ou 25 ans. La Résistance, je savais, bien sûr, mais le communisme c'était aussi, surtout, le Pacte germano-soviétique, le Goulag, Aragon qui faisait pression sur Gallimard pour que Nizan ne soit pas republié, les chars à Prague, mes heures avec Trepper, la constante négation de la liberté, partout, toujours, et cette lourdeur, cette épaisse bêtise d'un carcan d'idées et de mots tout faits, cette incapacité à appréhender le réel, ce monde de substitution, ritualisé, dans lequel vivaient les militants du PCF.

Pour moi, le communisme, c'était la tragique figure d'Aragon, de cet absolu génie de la littérature qui s'était fait prisonnier du soviétisme jusqu'à écrire : « Il nous faut un Guépéou… », effarant, monstrueux poème que Cohn-Bendit lui avait balancé à la figure ce jour de Mai 68 où le « fou d'Elsa » était venu tenter de nous racoler pour son parti, place de la Sorbonne…

Je m'arrête.

J.L. : Il y a peut-être un problème de génération… J'ai vécu ma vie de journaliste politique à l'époque du stalinisme et de l'immédiat après-Staline, celle où s'affichait la face la plus noire du communisme qui m'était vraiment étranger. Je ne suis jamais entré dans la démarche marxiste. J'ai lu des choses de Marx très impressionnantes mais les actions du Parti communiste français – pour ne pas parler du colonialisme soviétique – m'ont le plus souvent paru très répugnantes et à peine légales.

C'est très loin de moi mais plus « loin » que

La liberté de l'autre

« contre ». Vous êtes « contre » et moi, je suis « loin » car dès que je sortais de France, que j'allais en Italie, par exemple, pays qui vous est cher, et que je voyais les gens du PCI, je parlais avec eux, avec Elio Vittorini comme avec un socialiste français. Au Vietnam, les communistes avaient pour chef de file « l'oncle » Hô Chi Minh, le grand Giap, et ces communistes, je les admirais. Cela impliquait-il une « intelligence » avec l'ennemi ?

Ce que je sais, c'est que je n'aurais pas pu admirer un fasciste ou un nazi. Je suis a-communiste, ennemi des crimes du communisme, pas « anti » comme vous l'êtes. Je crois que ça donne une certaine saveur à notre échange.

B.G. : Quelles que soient la force et la profondeur de mon anticommunisme, je n'assimile pas, non plus, nazisme et communisme. C'est une chose que j'ai toujours refusée...

J.L. : ... Et c'est pour cela que le concept de totalitarisme que nous devons à la grande Hanna Arendt et qu'a repris François Furet me paraît inopérant.

B.G. : Pas totalement, loin de là. Je dirais, moi, que les totalitarismes communiste et nazi, j'insiste sur le pluriel, n'étaient pas de même nature. De là à excuser le communisme en raison du nazisme, il y a un pas que je ne franchis pas.

J.L. : Moi non plus...

Le Salon de l'Horloge

B.G. : Revenons alors à de Gaulle. Le tournant qu'il a vite donné à l'affaire algérienne vous avait fait abandonner vos préventions mais on entend bien que, contrairement à Mendès, de Gaulle n'est pas l'homme de ce *Monde* dont vous faites partie. Il y avait une méfiance mais qu'est-ce qui vous gênait chez lui ?

J.L. : Ce qui sépare ceux qui, comme lui, réclament la grandeur de ceux qui pensent plutôt à la justice. Le rôle historique joué en 1940, la haute idée qu'il se fait qu'il n'y a pas de nation française sans un attachement profond à l'intelligence et à la beauté, étaient de nature à nous rallier mais cet exhaussement perpétuel, cette raideur permanente de l'être, cette auto-exaltation, cette cambrure de la nation…
L'histoire de mai 1958 a été une blessure qui a saigné assez longtemps. L'homme qui revenait les bras chargés de Massu, de Salan, de Soustelle, ou porté par eux, c'était difficile à intégrer. On s'est rallié assez vite, parce qu'on a compris que la Ve République n'était quand même pas la dictature, qu'elle restait une démocratie – en tout cas une monarchie démocratique ce qui est, après tout, le régime britannique même si le Parlement est au cœur du système anglais et n'est pas au centre du système gaullien…
On « ferait avec », mais le véritable ralliement s'est fondé sur la proclamation de l'autodétermination de l'Algérie, le 16 septembre 1959. Le de Gaulle qui fonde l'avenir de l'Algérie sur le libre choix est notre homme, et mieux encore s'il fait en sorte que l'indé-

La liberté de l'autre

pendance qu'elle choisira comporte une coopération avec la France.

L'homme capable de proclamer l'autodétermination, avec les conséquences que l'on a vues à Alger, les barricades et la suite, avait le droit d'exiger notre appui. Pour ce qui était de la politique intérieure du pays...

Je n'évoque qu'en passant ce 29 janvier 1964 où de Gaulle affirme tranquillement : « Il n'y a qu'une source de pouvoir en France, c'est le Président de la République, tous les pouvoirs dépendent de lui. » On a là une définition d'une monarchie plus du tout britannique mais d'avant Montesquieu. La Révolution est barrée d'un trait de plume...

B.G. : Barrée ? Cette « monarchie » était élective...

J.L. : Oui, elle était élective, c'est vrai. Disons qu'on se retrouvait en 1791, entre Mirabeau et Robespierre ! On se regardait... Je n'ai jamais cru de Gaulle totalitaire. Je n'ai jamais remis en question mon « ralliement ». J'ai très publiquement critiqué, par exemple, *Le Coup d'Etat permanent* de Mitterrand, livre extrêmement brillant (« mon meilleur », m'a-t-il dit plusieurs fois) écrit en 1964, quelque temps après cette provocante conférence de presse mais qui relève de la pure polémique.

B.G. : Bien avant son retour au pouvoir, de Gaulle avait été très opérationnel, aux côtés des communistes, dans le rejet de la Communauté européenne de défense. C'est une chose qui vous avait choqué ou l'Europe était-elle, alors, éloignée de vos préoccupations d'anticolonialiste ?

J.L. : Elle était assez présente à mon esprit. J'ai assisté à la séance de signature de la Communauté européenne du charbon et de l'acier par Adenauer et Schuman, dans le Salon de l'Horloge du Quai d'Orsay. J'étais très ému, je trouvais ça très beau. J'avais admiré le discours de De Gaulle à propos de l'Allemagne et de la main tendue – dès la fin de 1948 !

La CED ? Commencer l'unification de l'Europe par les armes ? L'Europe des fusils préfaçant celle des livres ! Ça ne me paraissait pas une bonne idée. Au *Monde*, on y était plutôt hostile, comme Mendès d'ailleurs, mais l'anti-européisme de De Gaulle allait bien au-delà. La maison était contre la CED, mais on était pro-européen et l'anti-européisme global de De Gaulle y était réprouvé. Je le trouvais malséant et jugeais dangereuses ces manifestations, devant les monuments aux morts, des gens du RPF et du PCF rassemblés. Je n'aimais pas. Je n'aurais pas manifesté contre la CED comme je l'ai fait contre la déposition du Sultan du Maroc ou la guerre d'Indochine mais je l'ai jugée inopportune...

B.G. : Parce qu'elle impliquait un réarmement de l'Allemagne ?

J.L. : Non, mais j'étais en sympathie avec ceux que le réarmement allemand blessait. S'il y avait eu un référendum sur la CED, je crois que j'aurais voté contre.

B.G. : Contre !... Jean, pardon, mais vous auriez eu aussi tort que la majorité qui a voté contre le projet de Constitution européenne.

La liberté de l'autre

J.L. : Je ne crois pas, Bernard. Franchement, je ne le crois pas. La CED était rejetée par beaucoup, entre autres par notre Mendès France...

B.G. : Ce fut sa seule grande erreur. C'est ce rejet qui a conduit à relancer, ensuite, la construction européenne non pas par la politique et des institutions communes, comme cela se serait fait avec la CED, mais par l'économie et un marché commun – ce dont l'image de l'Europe souffre jusqu'à maintenant. C'est une occasion perdue aussi grande que celles de la décolonisation, mais c'est fait... Poursuivons avec de Gaulle.

J.L. : ... Oui, revenons à lui car le vieux de Gaulle, les dernières années, le de Gaulle de 1968, quasiment lynché, je l'ai aimé. Vraiment, je peux dire que je l'ai aimé. Même le voyage chez Massu, en Allemagne, à la fin de Mai 68, qui aurait dû pourtant m'indigner...
A ce moment-là, j'avais partie liée avec le vieil homme. J'étais triste qu'on nous l'enlève. Au fond, plus il blanchissait et plus je l'aimais. En 1965, j'ai écrit un livre assez impertinent à son sujet, mais, une fois passée l'élection présidentielle, bien que j'aie voté pour Mitterrand, je n'ai pas déploré qu'il soit réélu... Pas du tout. Tout compte fait, la richesse profonde du personnage, la noblesse du vieux chêne, quelque chose autour de quoi nous aimons nous rassembler de temps en temps, j'y tenais. J'y tiens.

B.G. : Ce sentiment ne nous sépare pas mais vous venez de prononcer le nom de Mitterrand... Je vous le dis tout net : je n'ai jamais aimé cet homme. Je ne l'ai jamais détesté non plus mais il ne m'a jamais plu, jamais séduit, je n'ai jamais été sensible à son charme, je n'aimais pas le Programme commun, ces nationalisations me semblaient inutiles, ce baratin sur la camaraderie avec les communistes me fatiguait au dernier degré... Je n'aimais pas le personnage.

J.L. : Vous employez le passé. Est-ce à dire que vous vous êtes rapproché de lui, avec le temps ?

La Ruche et le Plumeau

B.G. : Non, mais je crois que c'est beaucoup plus complexe pour vous...

J.L. : Le fait est que, l'ayant longtemps détesté, au temps de la guerre d'Algérie, je me suis mis à... L'« aimer » est-il le mot est juste ? Oui, sur la fin : le charme des vieux messieurs, décidément ! Plus le temps a passé, plus je me suis rapproché de lui mais il est vrai que, lors de nos deux dernières rencontres, il était étendu dans son lit, blanc comme ses draps. Il faudrait être un bien méchant homme pour ne pas être ému dans ces cas-là. Et lui était profondément émouvant, et judicieux encore...

Jusqu'à 1954 et son entrée dans le gouvernement Mendès, par quoi commence sa rédemption, Mitterrand est surtout pour moi l'un de ces hommes de la IVe République qui préfèrent fermer les yeux sur les affaires coloniales, qui laissent s'éterniser cette misérable guerre d'Indochine.

La liberté de l'autre

En 1953 intervient sa démission à propos de la crise tunisienne, et non pas, comme on l'écrit souvent, de l'enlèvement du Sultan du Maroc. Mendès le prend dans son équipe. On voit tout de suite qu'il fait partie, avec Edgar Faure, du trio de base du gouvernement. Je me dis que si Mendès le met aussi haut, alors qu'il ne constitue pas un appoint électoral indispensable, c'est qu'il table sur sa valeur personnelle. J'ai donc commencé à corriger l'idée que je me faisais de Mitterrand.

L'affaire des fuites m'a plutôt rapproché de lui, parce qu'il était visiblement la cible d'un complot : on prétendait qu'il y avait des fuites du gouvernement vers les communistes et que ça venait de lui. Absurde.

La personnalité de Mitterrand? A vrai dire, je ne le connaissais pas. J'ai dû déjeuner un jour avec lui à *L'Express*. Il était sûrement à côté de Jean-Jacques, et moi en bout de table. J'ai découvert un homme brillant, très intelligent et plutôt positif sur les questions qui m'intéressaient : la Tunisie et le Maroc – on ne parlait pas encore beaucoup de l'Algérie.

Quelque temps après, en 1966 ou 1967, je le retrouve à l'occasion d'une conférence sur l'Indochine. J'étais un des trois types chargés de dénoncer la guerre du Vietnam, et je vois, dans l'entrée, avant le débat, Mendès et Mitterrand l'un à côté de l'autre. Mendès me serre la main et Mitterrand me tape sur l'épaule : « Alors, Lacouture, vous allez encore dire du mal de ces pauvres Américains ! » Une plaisanterie, mais pas tellement de mon goût...

B.G. : ... Alors que vous aviez voté pour lui en 1965...

J.L. : ... Oui, je vote pour la gauche. J'aurais préféré voter pour Mendès, peut-être même pour Defferre. C'était Mitterrand. J'ai voté pour lui sans trop d'angoisse et, ensuite, je me suis rapproché de lui, petit à petit. Pendant très longtemps je n'ai été ni dans le premier ni dans le second ni dans le cinquième cercle. Non, j'étais loin. Au moment de l'union de la gauche, que vous avez décrite sur un ton si sarcastique, j'ai marché, ennuyé de voir parmi les gens pour qui j'allais voter un individu comme Georges Marchais.

Bref, j'ai une fois de plus voté pour la gauche mais revenons un peu en arrière : on ne peut pas parler de Mitterrand sans rappeler que ce jeune homme choisit, quand il s'évade de son camp de prisonniers, en 1941, d'aller à Vichy. Ça reste impardonnable. Un homme comme lui, un inconnu qui avait des relations, pouvait se cacher.

B.G. : C'est par carriérisme ou par conviction qu'il va à Vichy ?

J.L. : Il ne peut pas aimer ce système de vieux notables affaissés, non. Mais c'est là qu'est le pouvoir, pour lequel il a, lâchons le mot, une vocation. Il en a eu la révélation dans le camp de prisonniers, où il a joué un rôle important, où il a senti que sa parole était entendue, où il s'est senti l'étoffe d'un chef...

B.G. : ... Vous n'êtes pas en train de me le faire aimer...

J.L. : ... Il a commis d'entrée de jeu un dérapage grave. Comme le disait un jour Louis Joxe, il a été vrai-

La liberté de l'autre

ment vichyste et vraiment Résistant. Les deux choses sont vraies. Quand il est passé à la Résistance, à la fin de l'été 1942 – après seize ou dix-sept mois à Vichy –, il s'est conduit très bravement. Ceux qui appartenaient au même réseau que lui, Edgar Morin ou Marguerite Duras, savent qu'il a pris des risques si grands qu'il aurait pu se retrouver à Buchenwald...

B.G. : ... L'opportunisme et le courage ne sont pas incompatibles.

J.L. : C'est vous qui aurez prononcé le mot d'« opportunisme ». Cet opportuniste n'a pas été inconsidérément choisi par Mendès France, qui a senti qu'il y avait chez lui un homme de grande stature, un homme d'Etat, capable de servir au plus haut niveau, à ses côtés. Avec le mirobolant Edgar Faure, la flageolante IVe République a produit ce trio-là...

B.G. : Vous avez titré votre biographie de Mitterrand : *Une histoire de Français*. Cela signifie, pour vous que, dans toutes ses évolutions, ses prudences et ses courages, il aura finalement été le miroir de la France dont il a été le contemporain ?

J.L. : Oui. C'est un Français extraordinairement typique et représentatif sur le parcours, y compris le passage à Vichy. Je ne dis pas du tout que tous les Français ont été vichystes, loin de là. Je pense que Vichy a représenté un moment d'opportunisme lâche, après l'armistice, pour 50 % peut-être des Français. « Le Maréchal vient nous sauver ! », ça ne dure que quatre ou cinq mois, jusqu'au statut des juifs et à la rencontre avec Hitler, à Montoire, qui sont assez majoritairement réprouvés. Vers le milieu de 1941, la moitié des Français ne croit plus en Vichy, écoute plus ou moins Radio Londres, et, à partir de 1942, l'évolution se poursuit. Au moment du Débarquement, plus de 70 % attendent favorablement les Alliés, 30 % en ont plutôt peur...

Je risque des approximations tout à fait contestables mais Mitterrand a traversé tout cela. Il est tout cela. Puis il aura été l'un des meneurs de jeu de la IVe République et le dernier grand président de la Ve. Plusieurs visages de la France, ou, mieux, des Français. Un Français plus représentatif que Charles de Gaulle ou Pierre Mendès France, exceptionnels à tant de titres. Il est l'homme de toutes les Frances. Charentais, élu dans la Nièvre, le Morvan, où il fait froid. Il est né à Jarnac, il vit en partie dans les Landes... Il est immergé dans tous les paysages français. C'était très savoureux de se promener dans la campagne avec lui. Je l'ai peu vu à l'étranger mais, à Moscou où j'étais, le salut à Sakharov, pas mal !

Je n'ai jamais eu d'élan vers Mitterrand comme j'ai pu en avoir vers Pierre Mendès France ou, plus encore, vers mon ami Alain Savary, son prédécesseur immédiat à la tête du mouvement socialiste, qui ne l'aimait pas... Je ne regrette ni d'avoir voté pour lui à diverses reprises, ni de l'avoir eu pour chef de l'Etat, ni d'avoir écrit un livre sur lui. J'ai ma période et ma « case » mitterrandiennes, que je ne renie pas. J'ai admiré de Gaulle, aimé Pierre Mendès France, fait grand cas de Mitterrand. C'est le troisième homme...

B.G. : Je ne vous sens pas très chaleureux mais, moi, je suis franchement frais. Je n'aimais pas même son

La liberté de l'autre

style tellement loué. Je n'aimais pas ses bouquins, *La Ruche et le Plumeau...*

J.L. : *L'Abeille et l'Architecte,* si vous le voulez bien !

B.G. : Je sais... Comment ne pas savoir mais pourquoi pas *La guêpe et le pâtissier* ? Tout ça est pompeux, contourné comme il l'était mais il y a, chez lui, une chose qui, c'est vrai, m'a bluffé, tout au long de ses deux mandats : sa politique étrangère.

J.L. : Venant de vous, Bernard, c'est important.

B.G. : Il se trouve que j'ai toujours été en accord avec lui sur l'international, y compris sur des choix ou des prises de position qui lui ont valu des critiques presque unanimes.
J'ai été l'un des rares journalistes à être d'accord avec lui sur les guerres de Yougoslavie. J'étais entièrement d'accord avec lui – et je pense que l'histoire lui rendra justice – quand il a freiné des quatre fers sur l'unification allemande en disant : Pas avant que l'Allemagne n'ait reconnu la frontière polonaise. Il a eu raison. S'il ne l'avait pas fait, nous serions aujourd'hui dans une drôle de situation en Europe, dans une sale ambiguïté en tout cas.
Je pense, évidemment, qu'il a eu raison, avec Margaret Thatcher, lorsqu'il a immédiatement pris la dimension à la fois de la Perestroïka et du personnage Gorbatchev, contrairement à tant de soviétologues. Quand le nouveau régime des mollahs a fait donner l'assaut contre l'ambassade des Etats-Unis à Téhéran, je me souviens que tout le monde ne trouvait pas tota-

lement antipathique, autour de moi, qu'on ait pris en otages des diplomates américains mais Mitterrand a dénoncé cela, avec beaucoup de sens pédagogique et de fermeté.

Sur l'Europe, j'étais en symbiose. Bref, sur la politique étrangère, parfait mais c'est bien le seul point sur lequel je l'ai apprécié.

J.L. : La seule chose ! Bernard Guetta ! Vous me dites que vous êtes d'accord avec sa politique étrangère et que c'est bien la « seule chose » ! Le rôle de la France dans le monde, l'Europe, la paix ! Ce n'est franchement pas négligeable !

Je vais me battre à fronts renversés avec vous. Il y a un point sur lequel je critique sa performance, c'est à propos de l'unification allemande. Il l'avait très intelligemment préparée mais il a manqué d'adresser le salut à l'unité de nos voisins et l'hommage à la liberté. Il a manqué le grand discours mitterrandien par excellence.

B.G. : Il a manqué le grand salut de la France, oui. Je suis d'accord mais pourquoi ? Je crois que Mitterrand, qui avait un sens et une connaissance de l'histoire, avait anticipé tout le bouleversement des rapports de forces que cette unification allemande allait induire.

Il n'y avait plus de raison que l'Allemagne reste divisée, surtout après ces décennies de communisme. Très bien, c'était normal. Ils y avaient droit, mais qu'en sera-t-il du processus de construction européenne ? De la locomotive franco-allemande ? Des rapports entre la France et l'Allemagne ? De tout ce qui allait, effectivement, tant changer.

La liberté de l'autre

Il savait, deuxièmement, que la coupure de l'Europe en deux avait gelé d'innombrables problèmes nationaux, territoriaux, frontaliers, religieux, qui allaient ressortir au fil des années et que tout cela allait poser un nombre de questions assez considérable. Le salut a manqué mais je crois que Mitterrand a été pris de vertige – comme suffoqué par la vision de ces problèmes à venir auxquels personne, ni lui ni Kohl, personne en Europe, n'était réellement préparé. Cette résurgence d'un tellement ancien était un neuf absolu.

J.L. : Oui, et puis l'équilibre allemand déplacé vers Berlin... Voilà qui réveille tellement de souvenirs... Ils ont le droit de choisir Berlin pour capitale : la Prusse a joué un rôle fondamental dans l'édification allemande. Mais, de Berlin, le regard et l'orientation de l'Allemagne sont autres...

B.G. : Je me corrige sur un point. En politique étrangère, Mitterrand a tout de même fait une boulette spectaculaire. Le soir de la tentative de renversement de Gorbatchev par les conservateurs, cet homme qui avait si bien pressenti l'ampleur du changement induit par la Perestroïka s'est dit, en l'espace d'une heure, qu'on revenait à la normale. Il n'avait pas vu que la profondeur du changement qui s'était produit en Union soviétique rendait cette tentative de coup d'Etat dérisoire. Il a fait là une boulette qui, pour moi, reste incroyable.

J.L. : Pour moi aussi. Nous avons relevé quelques belles boulettes. De couleur noire chez vous, blanche chez moi, mais enfin, des boulettes...

V

La peau de l'ours

Jean LACOUTURE : Bernard, nous avons laissé un jeune homme, recruté par les cherche-talents du *Monde* après ses débuts au *Nouvel Observateur*. Vous êtes envoyé à Vienne, poste d'où vous êtes chargé de couvrir les marches européennes de l'Empire soviétique : la Pologne, la Tchécoslovaquie, la Hongrie, la Roumanie, la Bulgarie, l'Albanie aussi. Vous avez vos orientations, un regard sans indulgence sur ce monde, et vous savez, comme moi, qu'il n'y a pas d'information qui ne comporte son propre commentaire. L'ordre dans lequel on la donne, la première phrase et la dernière, tout cela est déjà une mise en condition du lecteur, totalement inséparable du métier...

Bernard GUETTA : J'emploierais plutôt l'expression de «mise en scène», celle qu'emploie Eugenio Scalfari. Comme le metteur en scène donne sa lecture d'une grande pièce, en propose une interprétation par sa direction d'acteurs, son décor et le jeu des lumières, le journaliste induit naturellement une perception des faits par la construction de son papier ou son choix de citations.

En arrivant à Vienne, j'ai la conviction qu'un monde décrit comme figé est, en fait, en mouvement. C'est mon prisme. J'ai, donc, un intérêt passionné pour tout ce qui donne à voir la mobilité de ces pays, des sociétés comme des partis au pouvoir.

On disait : « Les démocraties populaires » – je disais, moi, « les dempops » – mais cette appellation générique était trompeuse. De même que Niedergang avait dit qu'il y avait vingt Amériques latines et non pas une, chacun des pays que j'étais appelé à couvrir était différent, communisme ou pas. Les dissidents et mes premiers reportages m'en avaient convaincu mais j'en ai la confirmation immédiate dès que je prends mon poste, en décembre 1979. Mon déménagement est encore en caisses, je suis encore tout intimidé par mes nouvelles responsabilités, que l'URSS envahit l'Afghanistan, gigantesque événement…

J.L. : … Il est perçu comme tel dès ce moment-là ?

B.G. : Ah oui ! Dans l'ordre de la Guerre froide, c'était la première fois que l'Union soviétique sortait de son territoire pour envahir un pays. Il y avait rupture de l'accord tacite…

J.L. : Quand vous dites de « son territoire », vous voulez dire de l'Empire de Yalta ?

B.G. : Yalta, c'est un grand débat historique. Y a-t-il eu ou non partage du monde à Yalta ? On se dispute

La peau de l'ours

beaucoup sur ce point mais, entre l'URSS et le monde libre, il y avait des zones d'influence établies, reconnues, et l'Afghanistan n'appartenait pas à la sphère soviétique. L'URSS y avait un pied. Le mouvement communiste y était puissant...

J.L. : L'URSS n'y était pas plus étrangère que l'Empire des tsars ne l'y avait été.

B.G. : Non, mais c'était une zone grise, un domaine partagé où la Grande-Bretagne, la France et l'Allemagne avaient été très actives, où les Etats-Unis pesaient désormais lourd. L'invasion soviétique rompt brutalement un équilibre...

J.L. : Pourquoi l'URSS, généralement méfiante, se lance-t-elle dans cette aventure ?

B.G. : Elle croit pouvoir y avancer ses pions grâce aux communistes afghans qui sont en train de mettre la main sur ce pays. Elle craint, en même temps, qu'ils ne soient balayés par les « religieux » – on ne dit pas encore les islamistes – et que leur éventuelle défaite n'ait des répercussions dans ses propres Républiques musulmanes d'Asie centrale. Elle est entre l'espoir d'une progression et la crainte d'un ébranlement et habitée, aussi – « surtout », diront les Américains – par la constante volonté géopolitique de la Russie : de s'approcher des mers, de se désenclaver pour mieux se projeter dans le monde. Regardez la carte.

C'est ce qu'elle fait en se rapprochant des côtes pakistanaises mais la décision des dirigeants soviétiques, tous très âgés et déconnectés des réalités internationales, avait lourdement sous-estimé le poids de l'appartenance afghane au monde musulman et au mouvement des non-alignés.

Traditionnels soutiens de la diplomatie soviétique, les non-alignés se sentent trahis par une puissance amie qui vient de faire preuve, à leurs yeux, d'autant d'impérialisme que l'Amérique. L'islam s'indigne, lui, d'une invasion qu'il perçoit comme un retour à la colonisation occidentale car un pays musulman vient d'être agrégé à un Empire historiquement chrétien et, de surcroît, athée. L'Alliance atlantique s'inquiète de cette projection de l'URSS. D'un coup, le Kremlin s'est mis à dos les Occidentaux, le tiers-monde et le monde arabe dans lequel il avait acquis de si fortes positions.

J.L. : Pensez-vous qu'il y ait eu, là, un débat entre diplomates et idéologues à Moscou, entre ceux qui veulent imposer le communisme en Afghanistan et ceux qui mettent en garde contre une extravagance diplomatique ?

B.G. : Je ne suis pas sûr qu'il y ait encore eu beaucoup d'idéologues, en 1979, à la direction du Parti soviétique. On sait qu'il y eut débat mais entre qui et qui ? De quelle intensité ? Ce n'est toujours pas clair mais, de Vienne, à la simple lecture des agences de presse centre-européennes, je constate que les démocraties populaires s'inquiètent de cette décision.

Leurs commentaires sont embarrassés car ces pays sont au bord de la banqueroute. Ils dépendent des crédits occidentaux. Ils ont besoin d'entretenir des relations apaisées avec l'Ouest pour préserver la stabilité de leurs régimes en assurant un minimum de bien-être

La peau de l'ours

à leurs populations. Au-delà même de l'économie, leurs dirigeants sont attachés à la détente qui leur a permis d'accroître leurs marges de manœuvre en développant leurs relations avec l'Europe et les Etats-Unis.

Les dempops ne veulent ni perdre cet acquis ni prendre de risques politiques et vous imaginez la fébrilité dans laquelle me met la confirmation de la multipolarité de ce monde... Non... J'exagère. Ce mot de « multipolarité » est trop fort...

J.L. : « Diversité » serait suffisant ?

B.G. : Oui, mais il y avait une dynamique de multipolarité dans cette diversité, ce que je vais vite constater aussi. Pour le bonheur d'un nouveau correspondant, 1980 est une année de congrès des partis. J'aurais cru que, dans ces grand-messes au moins, le rituel commun l'emportait sur la diversité, mais non.

A Varsovie, les envoyés spéciaux sont conviés à un *briefing* inattendu d'un représentant du Bureau politique chargé de nous faire comprendre que l'aventure afghane ne plaît pas à la direction polonaise. Il n'emploie pas ce mot d'aventure mais c'est bien la musique qu'il fait entendre, qu'il veut que nous fassions passer à Paris ou Berlin, car le régime polonais – la naissance de Solidarité le prouvera bientôt – est le plus fragile de tous, et le plus endetté.

En marge du Congrès, jusqu'à sa tribune, le pluralisme de cette société est partout perceptible, pluralisme de fait, pas de droit...

J.L. : Un pluralisme dans lequel l'Eglise catholique joue un rôle... Agitateur ? « Suscitateur » ?

B.G. : Ce ne serait pas les bons mots. L'Eglise a un rayonnement exceptionnel mais cette institution a trouvé un modus vivendi avec le régime, ne veut pas d'affrontements et s'en tient à la plus extrême prudence. Le primat, le cardinal Wyszynski, est un homme de grand courage. Il a noué des relations personnelles avec Adam Michnik. Il entretient avec lui un dialogue politique extraordinairement fécond, ne sous-estime pas du tout l'importance de la dissidence, mais c'est une tête politique qui affronte ce système avec autant de hauteur historique que de lucidité sur la situation présente.

Une anecdote. Quelques semaines après la signature des Accords de Gdansk, l'ambassadeur de France vient lui délivrer un message oral de Valéry Giscard d'Estaing. A la troisième phrase, Jacques Dupuy, regardant le plafond, se souvient des micros. Il baisse la voix, la baisse de plus en plus, finit par ne plus que murmurer et le primat l'arrête, d'un geste las : « Monsieur l'Ambassadeur, lui dit-il, je suis vieux, je suis sourd. Eux, ils entendent. Moi, pas... »

Il se savait entouré d'espions, épié, enregistré, et considérait que l'affluence aux messes suffisait à établir le rapport de forces. Sous la Pologne communiste, il y a la Pologne catholique, le pays réel contre le pays légal, et cette évidence suffit à l'Eglise.

J.L. : Il s'agit pour elle d'être, non d'agir...

B.G. : Le simple fait d'être est une action, suffisamment explosive en elle-même, mais revenons à nos congrès. En Roumanie, c'est tout autre chose qu'en

La peau de l'ours

Pologne. Là, la peur règne. L'enrégimentement et le culte de la personnalité sont oppressants. Chaque fois – et cela se produisait toutes les deux minutes quinze secondes – qu'un orateur prononce le nom de Ceausescu à la tribune, toute la salle se lève comme un seul homme, comme un seul robot. Clac ! Les fauteuils claquent et tout le Congrès scande : « Ce-au-ses-cu ! », « Ce-au-ses-cu ! », s'époumone en « hourrahs ! », s'essouffle en applaudissements et ne parvient plus à s'arrêter car personne n'a le courage d'en donner le signal.

C'était une chose terrifiante et pourtant, même là, il s'est trouvé un homme de plus d'âge, un très vieux délégué, pour se lancer, de la tribune, dans une diatribe contre l'Ubu roumain. La salle ne respirait plus, tétanisée, ne comprenant plus mais, le moment de flottement passé, de longues minutes, la curée s'est déclenchée sur ordre, des hurlements d'indignation forcée : « Taisez-vous ! » « Quelle honte ! », « Ce-au-ses-cu ! », « Ce-au-ses-cu ! », et le malheureux a été arraché du micro par des malabars qui l'ont fait disparaître en « maison de repos ».

La Pologne et la Roumanie appartenaient l'une et l'autre au bloc soviétique et au Pacte de Varsovie mais c'était deux mondes. L'une ne connaissait plus la peur. Dans l'autre, elle était tellement omniprésente que les gens refusaient même de vous indiquer la direction d'une rue, se détournaient, s'enfuyaient, de crainte qu'on ne les ait vus parler à un étranger. Un jour, en reportage pour *L'Observateur*, j'avais demandé à un flic comment me rendre à un musée. « Pourquoi voulez-vous y aller ? » m'avait-il répondu.

Ça secoue mais moins que ce qui m'est arrivé ensuite

car ce flic avait de l'instinct. Je cherchais ce musée car je savais que le metteur en scène chez lequel je voulais me rendre habitait à côté. Je l'avais rencontré à Paris, par les Ionesco. C'était un homme connu, surface internationale, du répondant. Je sonne.

Il ouvre, blêmit et murmure d'une voix étranglée, comme un gémissement : « Partez ! Partez ! Je vous en supplie ! » J'ai tourné les talons, bien sûr, sans rien dire, aussi blême que lui et j'ai erré dans les rues de Bucarest, ne sachant plus quoi faire, qui aller voir et ne pas voir. C'était quelque chose d'effroyable, d'humiliant, pour lui comme pour moi car j'avais été le témoin...

J.L. : ... et éventuellement l'acteur d'une tragédie.

B.G. : Je sais qu'il n'y en a pas eu mais j'aurais pu en provoquer une si j'étais resté. Ce n'était pas la terreur de masse. Staline était mort. Il y avait même des dissidents en Roumanie, de vrais kamikazes, mais on pouvait se faire briser les os, disparaître, alors qu'en Pologne, à la même époque, il y a déjà des rapports de forces qui limitent et presque codifient la répression.

J.L. : La caisse de résonance du Vatican joue ?

B.G. : Mmm... Bon... Jean-Paul II vient d'être élu, dix-huit mois plus tôt. Il y a un pape polonais qui, lors de son premier retour dans sa patrie, a rassemblé toute la nation derrière lui. Il a fait voir ce qu'était la Pologne. Ce moment a été fondamental. Il aura annoncé Solidarité mais ce n'est pas la caisse de résonance du Vatican qui compte. Ce sont les rapports de forces nés d'une résistance qui avait commencé dès 1956. Le rôle du Vatican est très surestimé par rapport à celui des grèves ouvrières, de l'opposition et de l'épiscopat.

J.L. : Il y a ces deux pays, ces deux extrêmes si je puis dire mais Prague ? Budapest ? C'est un entre-deux, non pas seulement géographique mais idéologique et social ?

La baraque la plus gaie du camp

B.G. : Deux entre-deux, différents l'un de l'autre. Je ne me souviens pas d'un congrès tchécoslovaque ces mois-là mais j'ai assisté au Congrès du Parti hongrois. Il se déroule dans une ville opulente, pour la région en tout cas. Les magasins sont pleins alors qu'ils sont vides en Pologne. A Varsovie, il y a partout des queues gigantesques, véritable élément du paysage urbain. A Budapest, non. Il y a non seulement du saucisson que l'on vient acheter de tous les pays frères et même d'Autriche mais il y a de la viande, des fruits, de l'électroménager, du vin, tout ce qu'on peut rêver. C'est un pays nettement plus pauvre que les démocraties européennes mais avec lesquelles il n'y a pas ce violent contraste que l'on ressent en Pologne et en Roumanie.

A Bucarest, tout est, de surcroît, crasseux et misérable, beaucoup plus délabré qu'à Varsovie, alors que Budapest est en permanence bloquée par des embouteillages qui réjouissent l'œil – signe de santé économique – et qu'on y retrouve un parfum de douceur de

Le monde est mon métier

vivre, de la *gemütlichkeit* austro-hongroise, petites terrasses et guinguettes au bord du Danube.

J.L. : A quoi tiennent ces différences ?

B.G. : A l'histoire. A Varsovie, « *l'Octobre polonais* » de 1956, un immense mouvement de contestation initié par des grèves ouvrières et relayé par des communistes réformateurs, s'est achevé sur un compromis politique. C'est là que l'Eglise s'est imposée en interlocuteur du pouvoir en contribuant à canaliser les choses avant qu'elles ne tournent mal. Des journaux et des *clubs d'intellectuels* catholiques ont été autorisés. Leur existence, et leurs locaux, vont faciliter le développement des différents courants de l'opposition mais cette relative ouverture politique a un effet pervers. Le pouvoir polonais n'osera jamais se lancer, en plus, dans la moindre réforme économique alors que c'est exactement l'inverse qui s'est produit en Hongrie.

Il n'y avait pas, là-bas, de médiateur possible entre le pouvoir et la société. L'insurrection de Budapest s'était achevée dans le sang, écrasée par les chars soviétiques et bientôt suivie par la pendaison d'Imre Nagy, le leader communiste réformateur qui avait porté cet espoir de liberté. Une longue nuit était tombée sur la Hongrie mais son nouveau patron, Janos Kadar – on dit Kadar Janos en hongrois – l'homme qui avait présidé à cette sanglante reprise en main après avoir été lui-même, comme Imre Nagy, emprisonné et torturé pendant les années staliniennes, avait finalement trouvé le moyen de se réconcilier avec son peuple.

Dès le début des années 60, il avait lancé, lui, des

La peau de l'ours

réformes économiques. Il avait pu le faire parce que le pays était politiquement tenu, contrairement à la Pologne, et qu'il y avait été encouragé par Andropov, ancien ambassadeur à Budapest devenu patron du KGB, qui savait qu'il fallait à la Hongrie une soupape de sécurité.

Dans de constants reculs, deux pas en avant, un pas en arrière, Kadar avait décentralisé la décision industrielle, donné un semblant d'autonomie aux entreprises et autorisé, surtout, la recréation d'entreprises familiales privées, incroyablement dynamiques, des petits restaurants, des garages, ces guinguettes, tout ce qui faisait de la Hongrie, disait-on, « la baraque la plus gaie du camp ».

J.L. : Cette relative flexibilité se reflète-t-elle dans la presse ? Dans l'ordre culturel ?

B.G. : C'est relatif mais, oui. La presse hongroise a une richesse. On y lit de bons papiers, pas sur la politique intérieure, jamais sur les sujets brûlants mais sur tout ce qui ne l'est pas, oui, sur l'économie notamment. Il y a une curiosité, un bouillonnement. Dans le respect de leurs lignes rouges, les rédactions vivent et l'on peut rencontrer des journalistes de talent, plein d'infos sur la Hongrie et sur tout le bloc aussi, URSS comprise.

J.L. : Vous êtes armé de quelles langues quand vous vous installez à Vienne ?

B.G. : Aucune. Je bredouille le russe et l'anglais – c'est toujours le cas.

Le monde est mon métier

J.L. : Bernard... Vous parlez bien l'anglais !

B.G. : Non. J'avais fait du latin, du russe et du grec au lycée et je n'ai appris l'anglais que sur le tas. Je peux faire illusion en russe. Je travaille en anglais mais je ne suis pas doué pour les langues.

J.L. : Alors comment faites-vous avec la presse ?

B.G. : Comme tous les correspondants, comme les diplomates aussi, je disposais du bulletin de Free Europe, de la radio Europe libre, créée et financée par les Américains, basée à Munich, et qui diffuse dans toutes les langues de la région avec des équipes d'émigrés. Free Europe a des services de recherche qui épluchent tout ce qui se publie dans ces pays. Elle exploite le plus intéressant dans ses émissions et le traduit, parallèlement, pour le bulletin en anglais.

J.L. : Il circule librement ?

B.G. : A l'Ouest, oui, sur abonnement, mais évidemment pas à l'Est où c'est la radio qui est écoutée, quand elle n'est pas brouillée. Elle est la première source d'information, pour la population comme pour les dirigeants Le bulletin est, lui, l'outil premier des *estologues* et, comme les articles qu'il reproduit comportent la signature de leurs auteurs, quand je vais à Budapest ou Varsovie, je peux les appeler.

J.L. : Vous ne tombez jamais sur une voix entrecoupée qui vous dit : « Arrêtons là ! » ?

La peau de l'ours

B.G. : Pas à Budapest, pas du tout ! A Varsovie, encore moins.

J.L. : Même pas à Bucarest ?

B.G. : Il n'y a rien d'intéressant dans la presse roumaine et si j'avais appelé des journalistes de Bucarest au débotté, ils m'auraient raccroché au nez, en admettant que j'arrive jusqu'à eux. A Budapest, on peut les appeler, les trouver, leur parler. Ils n'ont guère plus peur qu'à Varsovie et comme les radios occidentales – Free Europe mais aussi la BBC, Radio France Internationale, la Deutsche Welle et Voice of America (nettement plus propagandiste) – citent abondamment nos propres papiers, ils nous connaissent aussi.
Nous intéressons nos confrères hongrois ou polonais, qui sont friands de nous interroger à leur tour. Cela fait grossir leur dossier sur les étagères de la police secrète mais généralement, à Budapest comme à Varsovie, ils s'en fichent. Kadar avait si bien réussi à se faire pardonner de son peuple en l'achetant, qu'on l'appelait ironiquement « *l'oncle Janos* » et qu'il y avait un consensus hongrois, conservateur, très petit-bourgeois, feutré, une acceptation résignée du régime qui, en échange, fermait les yeux sur beaucoup de choses.
Les dissidents hongrois et leur chef de file, Janos Kis, me donnaient rendez-vous à la bibliothèque de l'Académie des sciences. C'était des essayistes. Ils écrivaient, réfléchissaient à l'avenir de ces sociétés et le faisaient même, parfois, avec des économistes des instituts de recherche officiels, des hommes déjà très libéraux. Intellectuellement parlant, c'était les plus fascinants

mais, contrairement aux Polonais, ils ne distribuaient pas de bulletins dans les usines où, depuis 1956, on en avait soupé des révoltes.

Dans ces pays, il fallait oublier les idées reçues. Les parcours individuels étaient aussi incroyables que les contrastes nationaux. La grande majorité des dissidents étaient de gauche, venaient souvent du communisme et, parfois, de grandes familles communistes, notamment en Hongrie. Des franges entières des extrêmes droites d'avant guerre s'étaient, parallèlement, recyclées dans les appareils du pouvoir et le destin de Ceausescu n'était pas moins déroutant que celui de Kadar.

En 1968, Ceausescu était devenu un héros national en refusant d'associer la Roumanie à l'invasion de la Tchécoslovaquie. Il avait tant pris goût à cette gloire qu'il s'était fait une spécialité, appuyé par d'excellents ambassadeurs, de prendre le contre-pied de la diplomatie soviétique sur tous les dossiers ou presque. Il en était adulé par les capitales occidentales (un Dieu vivant au Quai d'Orsay !) mais ces applaudissements lui avaient si bien tourné la tête – et il pouvait tellement craindre, aussi, une révolution de palais organisée par Moscou – qu'il était devenu ce tyran fou, chanté par ses poètes de cour comme le « géant des Carpates » ou le « Danube de la pensée » – un Staline au petit pied qui sera le seul des dirigeants de l'Est à finir une balle dans la nuque après la chute du Mur de Berlin.

Un protégé d'Andropov avait fait de la Hongrie un endroit vivable. Un protégé des Occidentaux avait fait un enfer de la Roumanie. Il fallait beaucoup se méfier des clichés.

La peau de l'ours

J.L. : Nous sommes passés à côté de la Tchécoslovaquie, pays particulièrement passionnant...

En deuil de la vie

B.G. : C'était la seule des dempops où les communistes aient été influents avant guerre. La Tchécoslovaquie avait été une puissance industrielle de premier plan, avec des concentrations ouvrières, des syndicats et un PC largement aussi puissant qu'en France. L'instauration du régime communiste n'y avait pas été le seul fait de l'Armée rouge.
Sans l'occupation soviétique, la Tchécoslovaquie ne serait pas devenue une démocratie populaire. Il y avait eu un coup d'Etat, brutal, organisé par Moscou, le signal, d'ailleurs, de la soviétisation de tous ces pays, mais le Parti tchécoslovaque avait eu une base populaire. On y trouvait encore des communistes sincères, croyant toujours à leur utopie, pas seulement des opportunistes ou des gens devenus membres du Parti parce que l'adhésion était le sésame de la promotion professionnelle.
Sur le coup, la destalinisation n'avait rien provoqué de comparable en Tchécoslovaquie aux révoltes hongroise et polonaise de 1956 mais les esprits avaient mûri. L'aspiration aux libertés s'était lentement mais profondément affirmée dans une intelligentsia communiste particulièrement brillante et cela explique la force du Printemps de Prague, cette volonté d'inventer un « socialisme à visage humain » qui ne soit pas un simple retour à la case départ, à la propriété privée.

Le monde est mon métier

Avant même d'être un rejet de la domination soviétique, le Printemps était un aggiornamento, comparable à celui des communistes italiens...

J.L. : ... Nous ne sommes pas les enfants de l'Armée rouge, nous sommes les enfants de notre propre révolution...

B.G. : ... Disons, plutôt, de notre idéal de jeunesse – car il n'y avait pas eu de révolution. En ce sens, le fameux « Lénine, réveille-toi ! Ils sont devenus fous », ce slogan qu'on avait lu sur les murs de Prague quand les chars soviétiques ont déboulé, n'était pas seulement tactique. Il ne visait pas qu'à protéger la Tchécoslovaquie en affirmant sa fidélité communiste. Il traduisait aussi une vérité car le Printemps n'était pas anticommuniste. C'était le dernier feu d'une foi à laquelle ses fidèles avaient espéré redonner une pureté originelle.

C'était une sorte de protestantisme qu'une contre-réforme, appuyée par les chars, avait brisé dans l'œuf – pour le plus grand désespoir, par parenthèses, des futurs soutiens de Gorbatchev en URSS, de cette génération de l'appareil soviétique qui était née dans le dégel et qui avait secrètement vibré pour ce 68 du Bloc de l'Est.

Dix ans après les chars, j'avais fait pour *L'Observateur* un long reportage sur la « normalisation ». Le pays n'était pas seulement cassé par la répression, l'échine brisée par la violence d'une chasse aux sorcières qui avait fait des parias de tous les esprits libres, réduits au chômage, espionnés, trahis, traqués. C'était surtout un pays désespéré, au sens étymologique : privé de tout

La peau de l'ours

espoir car il n'y en avait plus aucun, certainement pas celui d'une sortie du communisme et certainement plus celui d'une évolution. C'était un pays en deuil de la vie, convaincu que la nuit durerait pour beaucoup de générations à venir.

Unis dans la Charte 77, malgré tout nombreux, les dissidents, anciens communistes, croyants et gens de droite, y évoquaient irrésistiblement les premiers chrétiens de l'Empire romain, témoignant avant d'être jetés aux lions.

J.L. : A Prague, à cette époque, lorsque vous téléphonez à quelqu'un, avez-vous conscience que vous lui imposez un risque ? Lorsque vous sonnez à une porte, risquez-vous d'être accueilli par le regard terrifié du type de Bucarest ?

B.G. : A Prague, on ne téléphone pas. On va directement chez les opposants qui, risque pris, souhaitent que les journalistes occidentaux viennent les voir parce qu'ils ont des choses à dire et que la notoriété internationale leur offre un semblant de couverture. Prague, si belle, époustouflante de beauté, était alors une ville morte, habité d'ombres, pesante et tragique.

Je vous ai surpris avec mon ignorance des langues mais, outre qu'elle ne m'a jamais posé de problèmes, elle m'a beaucoup porté chance. A l'été 1980, j'avais décidé de profiter de mes vacances pour faire huit heures d'allemand par jour, une « immersion » comme on dit.

J'étais donc à Vienne, pas sur une île grecque, quand éclatent les premières grèves polonaises, celles de juillet, provoquées par une augmentation des prix de la viande. Je fonce au consulat, demander le visa que les Accords d'Helsinki interdisaient de me refuser : « Certainement, monsieur Guetta — Quand ? — Dès que Varsovie m'aura donné le feu vert. » Le visa s'est fait attendre jusqu'à la fin de ces premiers mouvements et, quand tout fut apparemment rentré dans l'ordre, le consul m'informe qu'il est autorisé à tamponner mon passeport. « Je vous mets combien de semaines ? » me demande-t-il avec la certitude que je ne voulais plus partir.

Pourquoi lui ai-je répondu : « Huit » ? Je ne sais pas. Sans doute pour ne pas perdre la face, par défi, mais j'avais mon visa, et de longue durée, quand Alik Smolar m'appelle, le 14 août. Alik était alors « l'ambassadeur » de la dissidence polonaise à Paris : « Ça y est ! Les chantiers navals de Gdansk se sont mis en grève ! — Quand ? — Aujourd'hui. Ils occupent. Jacek vient de m'appeler. »

« Jacek », c'était Jacek Kuron, ancien communiste et coauteur, avec Karol Modzelewski, de la *Lettre ouverte au Parti ouvrier unifié polonais*, texte fondateur des dissidences d'Europe centrale.

Rond, tout de muscles et de volonté, Jacek était le père du Comité de défense des ouvriers, le KOR, grâce auquel il avait réussi à faire libérer les derniers détenus de Radom et Ursus, condamnés après les émeutes ouvrières de 1976. Je l'avais rencontré avec Michnik, lors de mon premier reportage à Varsovie. Des gens l'arrêtaient dans la rue pour le remercier et le féliciter. De son rez-de-chaussée, à l'angle de la place de la Commune de Paris, il animait tout un réseau d'oppositionnels, ouvriers et jeunes intellectuels. Le KOR était particulièrement actif aux chantiers Lénine. L'affaire était sérieuse.

La peau de l'ours

Le lendemain même, vendredi, je suis à Varsovie que je trouve en état de choc. Les opposants sont débordés par l'ampleur du mouvement. Le régime est pétrifié. Ses porte-parole ne cachent plus leur désarroi et m'interrogent, timidement, moi, sur les intentions du KOR. C'est eux, pas l'opposition, qui m'apprennent que les ouvriers du chantier ont exigé et viennent d'obtenir l'érection d'un monument à la mémoire des victimes de la répression des grèves de 1970.

Lénine en plâtre

Je n'arrive pas à les croire : « Vous plaisantez ? — Pas du tout. — Votre parti va ériger un monument à la mémoire de ses propres victimes ? — Oui. — C'est une décision du Bureau politique ? — Oui. »

Je vais voir Michnik. Il est tendu comme une corde et me confie une lettre pour les militants de Gdansk. Je déboule chez Janek Strzelecki, la grande figure de la sociologie polonaise, un homme d'une extrême douceur, animateur d'un club d'intellectuels, le DIP, qui avait un pied dans la dissidence, l'autre dans l'establishment culturel : « Tu es là ! Que disent les officiels ? — Rien. Ils sont paumés. »

Il ferme les yeux, ce qu'il faisait souvent pour en avoir trop vu dans sa vie.

Résistant antinazi, Janek était l'un de ces socialistes d'avant guerre qui s'étaient retrouvés membres du Parti communiste quand avait été créé, par oukase, le Parti ouvrier unifié de Pologne – « quatre mots, disait-on, quatre mensonges ». C'était un dissident de l'intérieur, chez lequel se croisaient des gens qui se combattaient partout ailleurs. Belle comme le jour, sa femme avait caché et sauvé de nombreux juifs pendant la guerre. Ils étaient communistes mais, dans ces pays, il fallait connaître les gens, pas les juger à leur étiquette.

Ils ne se sont pas opposés à ce que leur fils, futur vice-ministre des Privatisations, vienne avec moi à Gdansk comme interprète. Jurek n'avait pas vingt ans et nous voilà en route.

Rues vides, pas une âme qui vive, Gdansk était déserte, comme réduite à son chantier. Crochet chez un oppositionnel, futur sénateur. « La grève, nous dit-il, s'étend à toute la région ». Toutes les usines de la côte demandaient désormais la création de « syndicats libres ». Je le regarde, incrédule : « Oui... Vous m'avez bien entendu », répond-il avant de nous emmener au chantier.

Au portail numéro 2, déjà orné de portraits du pape et de bouquets de fleurs, les ouvriers de garde tapent le carton. Le chantier est une ville dans la ville. A deux cents mètres, les fenêtres de l'immense salle de conférence se découpent dans la nuit. Walesa somnole aux pieds d'un Lénine de plâtre blanc tandis que siège la première réunion du Comité de grève régional...

J'ai encore toute la scène dans les yeux. Il y a là une matrone à la flamme de Flora Tristan... C'est mon papier que je vous récite, Jean : je l'ai encore en tête... Il y a là de vieux prolos burinés, de jeunes ouvriers roses et un ingénieur barbu, Andrzej Gwiazda, militant du KOR et imbattable sur les conventions de l'Organisation internationale du travail.

Ils élaborent la liste des revendications « unitaires » et tout y passe : le respect des libertés d'expression, les élections libres, l'indépendance du pouvoir judiciaire, la suppression des privilèges de l'appareil et, naturellement, les syndicats libres. Présents, les militants de l'opposition sont pétrifiés. Ils tirent Walesa de son sommeil pour qu'il explique qu'on ne peut pas demander tout cela d'un coup. On l'écoute. Il ne convainc guère. De nouvelles délégations arrivent, fières et applaudies. On se sent fort, fort comme la vérité, et un membre de l'opposition – je crois bien que c'était le futur Président de l'Assemblée nationale, le « Maréchal de la Diète », disent les Polonais – murmure d'une voix blanche : « C'est reparti pour Budapest. »

Un autre, les yeux bouffis de fatigue, attaque de front : « Si le Parti cède sur les élections pluralistes, les Russes interviennent... » L'argument porte. Une longue bataille commence qui, durant seize mois, se répétera en cent occasions entre une base qui veut que « ça change » et les têtes du syndicat qui savent que pour gagner un peu il faut sauver la mise au Parti. Dès la naissance du mouvement, tout son drame, toutes ses escalades et ses désescalades, sont dits : si le syndicat utilise sa force, le pouvoir s'écroule et c'est la confrontation. S'il ne l'utilise pas, le pouvoir ne cède rien, reprend d'une main ce qu'il donne de l'autre et la base s'exaspère. Dès cette première nuit, je suis témoin de ce débat, au cœur de la problématique...

J.L. : Vous êtes au cœur de Solidarité et allez jouer un rôle qui ira bien au-delà du journalisme de transmission. Je me suis également accordé cette dérogation, passant d'un journalisme d'éclairage à un journalisme de mise à feu, faisant brûler la chose à force de tenter de l'éclairer. Je ne fais pas une confession, je ne vous fais pas un procès, mais ça doit être dit.

B.G. : Vous ne m'en faites pas grief mais les directions soviétique et polonaise, elles, me l'ont reproché. La *Literaturnaia Gazeta* a écrit que je ne travaillais « pas seulement, à Varsovie, comme correspondant mais également comme agent de liaison ». Elle n'a jamais précisé entre qui et qui mais, sur ordre du KGB, ce journal m'accusait clairement d'être à la solde d'un service secret occidental. Connu pour appartenir à la police politique, le rédacteur en chef d'un hebdomadaire polonais m'a, un jour, publiquement lancé que je n'étais « pas journaliste mais porte-parole de Solidarité ».

Toutes les dictatures nous reprochent de créer les problèmes en en parlant, d'exagérer et dramatiser au bénéfice de notre notoriété, de l'opposition politique, voire d'une puissance étrangère. Bien des gouvernements démocratiques cèdent aussi à cette facilité mais la réalité est plus simple.

Quand on sort une plante de l'ombre pour l'exposer à la lumière, on contribue, bien sûr, à sa floraison. Du seul fait que nous fassions notre métier, que nous mettions en lumière, nous créons l'événement qui n'en est pas un tant qu'il n'est pas connu. Sauf pour ses victimes, un massacre n'a pas eu lieu tant qu'il n'a pas été dénoncé. Sauf pour ceux qui en souffrent au quotidien, l'injustice est ignorée, ou considérée comme normale, tant qu'on n'en a pas exposé les ravages et le mécanisme.

Les journalistes sont faits pour cela, pour braquer les projecteurs sur l'intolérable et permettre qu'il ne soit plus toléré. C'est notre fonction, notre mission, mais quel sens y aurait-il à maintenir la balance égale – le même temps de parole ou je ne sais quoi – entre le tortionnaire et le torturé, entre le putschiste et l'élu qu'il vient de renverser, entre un régime totalitaire et le peuple qu'il opprime ?

Entre la dictature et la démocratie, le journalisme n'est pas arbitre. Enfant et défenseur de la démocratie, la presse est – ou devrait toujours être – l'adversaire de la dictature mais il n'y a pas là, bien sûr, d'automatisme. Ce parti pris a des limites que sa propre raison d'être lui impose.

Si nous sommes faits pour défendre la liberté et une certaine idée de la justice et de l'harmonie sociales, nous ne pouvons pas sacrer héros de la démocratie tout homme ou tout mouvement qui s'oppose à l'injustice, quels que soient les moyens qu'il emploie et les objectifs qu'il poursuit.

Le régime saoudien n'est certainement pas démocratique mais devrions-nous considérer que les islamistes qui le combattent seraient des démocrates ? Saddam Hussein était un dictateur, et des plus bestiaux, mais fallait-il dire, pour autant, que George Bush servait, *ipso facto*, la démocratie en allant le renverser ? A l'inverse, Pinochet fut ce que nous savons, le chef d'une armée de tortionnaires, mais cela suffirait-il à rétrospectivement passer sur la somme d'erreurs commises par le parfait démocrate qu'était Allende ?

Non, bien sûr.

Le parti pris fondamental d'un journaliste, son appartenance au camp de la liberté, ne le dispense pas, ou ne devrait pas le dispenser, d'un jugement politique, ne l'oblige à aucun aveuglement, à aucune adhésion, à aucun silence. C'est tout le contraire mais revenons-en, puisque c'était le fond de votre question, à l'empathie que j'ai eue – j'en suis fier, je la revendique – pour les dissidents puis pour Solidarité. Vous avez eu la même pour les indépendantistes de l'Empire français...

J.L. : ... J'apporterais là une nuance. Dans aucun de ces combats, je n'ai poussé l'empathie aussi loin que vous l'avez fait pour Solidarité. Je ne le dis pas du tout à votre débit ou à mon crédit, pas du tout. Dans ma couverture de l'émancipation de l'Indochine puis de l'Afrique du Nord, je ne crois simplement pas être allé aussi loin que vous – sinon, peut-être, dans l'affaire Ben Barka, l'assassinat d'un homme qui était un ami, sur le territoire national, par un militaire étranger.

Vous étiez à Gdansk. Je n'étais pas à Sétif au moment du massacre des Algériens. Il y a des choses que je n'ai pas vécues mais, avec ma sympathie totale, vous avez été engagé, dans l'affaire de Solidarité, au tréfonds de vous-même alors que j'ai été, moi, en sympathie déclarée mais pas aussi militante que vous.

La Realpolitik *de l'idéalisme*

B.G. : J'ai été lecteur de vos papiers sur la deuxième guerre du Vietnam, celle des Américains, et ce n'est pas ce que je percevais mais, bon... Vous vous connaissez mieux que je ne vous connais mais, au-delà des théories, la question est de savoir si l'on a eu tort ou

La peau de l'ours

raison, si l'histoire, au bout du compte, justifie l'empathie que nous avons manifestée vous et moi.

Les si rares journalistes qui ont cru voir, dès le début des années 70, que la dissidence marquait un tournant se sont-ils trompés ? Me suis-je trompé quand j'ai écrit, au lendemain même de la proclamation de « l'état de guerre » par le général Jaruzelski qu'il n'arriverait pas à normaliser la Pologne comme la Tchécoslovaquie l'avait été ?

Dans mes reportages quotidiens sur les mois de Solidarité, je ne crois pas avoir jamais caché les faiblesses, ni les divisions, ni les hésitations, ni l'amateurisme de ce mouvement dans la prise de décision politique. Ce qui est vrai, c'est que j'en ai toujours rendu compte avec sympathie, parlant de l'intérieur, parce qu'il me semblait que ce combat non seulement était légitime et ne visait pas à substituer une dictature à l'autre mais qu'il était aussi porteur de paix en Europe, d'une démocratisation du Bloc de l'Est qui ne pouvait que servir la stabilité continentale. J'étais en cela, oui, bien sûr, plus que journaliste. J'étais absolument journaliste.

J.L. : Comme quoi la *Realpolitik* peut se nicher dans l'idéalisme.

B.G. : Evidemment ! La justice sert, bien sûr, la stabilité. Ce n'est pas en défendant un ordre injuste ni même en détournant son regard de ses crimes qu'on sert la paix. La justice crée l'harmonie, l'injustice suscite la violence et la guerre.

J.L. : Pour en revenir au journalisme : pensez-vous avoir retrouvé la vérité en ne cachant aucune des faiblesses de ceux pour lesquels vous affichiez votre sympathie ? Que vous ne trompiez pas vos lecteurs puisque vous montriez les faiblesses d'un mouvement que vous applaudissiez ?

B.G. : Je n'ai pas « applaudi » Solidarité. Je n'écrivais pas « qu'ils sont beaux, qu'ils sont merveilleux... ». Je décrivais une situation, des réactions, des contradictions qui suffisaient amplement à susciter chez le lecteur la sympathie que les Polonais suscitaient en moi. Je n'avais pas non plus à « retrouver la vérité » puisque je ne crois pas avoir jamais menti mais je comprends ce que vous me dites.

Vous me demandez si le seul fait de ne pas cacher les faiblesses de ce mouvement suffisait à m'assurer la distance nécessaire à notre métier, ce recul qui permet le jugement et que la sympathie peut contrarier. La question est légitime mais, là encore, la réponse est simple.

Ai-je manqué de recul en écrivant, sept ans avant que le général Jaruzelski ne se résolve à négocier la tenue d'élections libres avec Solidarité : « Il n'y a pas de normalisation. Rien n'est résolu. Le peuple a perdu ses libertés, ses dirigeants, son syndicat mais ne se soumet pour autant pas, acculant ses dictateurs, Moscou et tout l'Empire soviétique, au choix : la terreur totale, le bain de sang, ou la reprise du dialogue » ? J'ai écrit cela à chaud, dans un livre publié avec Bruno Barbey, le photographe, et ceux qui ont manqué de recul sont ceux qui affirmaient alors l'inéluctabilité de la normalisation. Les faits sont là. L'histoire l'a bientôt prouvé.

Non, Jean, je n'étais pas emporté par une sympathie, si sympathique fût-elle. Non, je ne me trompais pas

La peau de l'ours

plus que vous ne vous trompiez dans votre conviction précoce que l'Algérie gagnerait son indépendance. J'éclairais autant le lecteur que vous l'avez alors fait. Cela étant dit, il est vrai que j'ai été, oui – à ma place de journaliste, en tant que journaliste – un acteur de cette épopée...

J.L. : ... Vous êtes bien sensible au fait que vous venez de dire quelque chose de très grave et que j'aurais pu dire de moi-même : vous êtes passé de la situation d'observateur, qui est notre métier, à celle d'acteur, qui n'est plus notre métier. Je ne suis pas en train de faire votre procès ou, si c'est un procès, c'est également le mien, celui de notre journalisme.

B.G. : En quel sens un journaliste devient-il un acteur dans la centralité que vous avez eue pendant la décolonisation, que j'avais en Pologne et que j'aurai, plus tard, à Moscou, pendant la Perestroïka, dans une moindre mesure mais beaucoup tout de même ?
Cela dépend des situations. Pour accompagner une évolution de la société française, vous avez dû retenir votre plume pendant la guerre d'Algérie mais, moi, je n'avais pas à le faire si peu que ce soit et n'aurais, de toute manière, pas pu mentir, fût-ce par omission, fût-ce pour la bonne cause.
Si je l'avais fait, j'étais mort. Les autorités polonaises ne m'auraient pas raté. J'aurais été expulsé dans la journée, honteux, confus, sans aucune possibilité de protester. Ce régime n'a jamais pu m'accuser de cela car on ne pourrait trouver dans mes reportages de l'époque aucun mensonge de complaisance – sans doute des erreurs, certainement des erreurs, mais un

mensonge délibéré, certainement pas. Alors pourquoi dis-je « acteur » ?

D'abord parce que la proximité que vous aviez avec les indépendantistes maghrébins et que j'avais avec les dirigeants de Solidarité faisait de nous des sources privilégiées sur ces événements. Nous savions ou pouvions sentir beaucoup de choses à l'avance. Chaque jour ou presque, je pouvais laisser prévoir sans trop me tromper, donner un ton, indiquer la direction que prendraient les choses. C'est ainsi que j'ai pu annoncer très à l'avance, à un moment où c'était tout sauf évident, que les grèves d'août allaient s'achever sur un accord et la reconnaissance d'un syndicat libre, dans le Bloc !

Je suis devenu le journaliste qu'on lisait sur cet événement dans les capitales occidentales, dans les autres rédactions, au Bureau politique polonais ou même, je l'ai su plus tard, au Comité central soviétique. Dans la mesure où l'information va à l'information comme l'argent aux riches, j'en avais de plus en plus car, même du côté officiel, les portes s'ouvraient de plus en plus facilement. On me parlait, on me disait les choses...

J.L. : ... Des choses vraies ou fausses. Du fait de cet engagement, on peut être l'objet de manipulations – de manipulé, devenir manipulateur.

B.G. : C'est le problème. Puisqu'on sait que vous serez cru, vous devenez, bien sûr, la cible privilégiée des tentatives de désinformation, le canal par lequel on veut faire passer les choses que l'on veut faire croire, et il m'est arrivé, une fois, de tomber dans le panneau. Deux jours avant le Congrès du Parti, celui de 1981, du temps de Solidarité, un officiel m'a refilé

La peau de l'ours

un tuyau crevé sur les changements qui se préparaient au Bureau politique.

J'ai avalé le truc. Il s'est passé exactement le contraire de ce que j'avais annoncé. Ma crédibilité en a pris un coup. Je crois d'ailleurs que c'était l'objectif de la manœuvre qui n'avait pas d'autre intérêt mais on ne m'y a pas repris, jamais, car j'avais assez de connaissance de la situation et de possibilités de croiser les sources pour pouvoir faire le tri.

Mais ce n'est pas tout. On devient aussi acteur de l'événement en ce sens que la centralité que l'on y prend vous oblige. Comme pendant la guerre d'Algérie pour vous, une responsabilité que je ne pouvais pas oublier pesait sur moi.

Un exemple. Après l'instauration de l'état de guerre, Walesa était en résidence surveillée dans une villa gouvernementale, infiniment plus confortable que les centres de détention où se trouvaient les autres syndicalistes. J'en avais été informé par mes sources de Solidarité clandestine et je reçois, un jour, un paquet d'excellentes photos, bien cadrées, en couleurs, montrant Walesa en train de se faire bronzer dans une chaise longue.

Pour un scoop, c'en était un. Je pouvais me faire une petite fortune en revendant ça aux plus grands magazines du monde qui me les auraient achetées en confiance mais la manœuvre des services secrets était trop grosse. Ils voulaient déconsidérer Walesa aux yeux des Polonais en le montrant rôtir au soleil pendant que le pays souffrait. J'ai refusé d'être l'instrument de cette manipulation et je vous donne un second exemple, beaucoup plus important.

Je n'ai jamais écrit, en tout cas pas avant l'état de

guerre, que toute la Pologne hurlait à chaque seconde sa haine du communisme car elle ne la hurlait que silencieusement. Il n'y avait pas de discours à citer, pas même de conversations à rapporter, car la chose la plus admirable dans ce mouvement était son intelligence collective.

Chaque Polonais savait jusqu'où ne pas aller trop loin. Chacun savait, pas seulement les têtes du mouvement, qu'il ne fallait pas demander la fin du régime, la sortie du Pacte de Varsovie et l'entrée de la Pologne dans l'Otan, mais se cantonner à des revendications négociables et tendre à des compromis qui changeraient, petit à petit, la nature du pouvoir. C'est ce qu'Adam Michnik, s'appuyant sur le processus de sortie du franquisme, avait appelé la « révolution autolimitée ».

J'en avais parlé, en termes théoriques. J'avais expliqué le comment et le pourquoi de la chose. J'avais, surtout, rapporté les débats du chantier sur l'élaboration des revendications mais pourquoi serais-je allé écrire : « Ne vous y trompez pas, cher lecteur : ils demandent le respect des conventions internationales signées par leur pays mais ne veulent, au fond, que pendre les communistes » ?

« Vous parlez d'un scoop ! »

Pourquoi serais-je allé dire que l'agence Tass n'avait pas tort de dénoncer « une orgie antisocialiste » dans le congrès de Solidarité alors que la vérité était que tout le pays, sauf dans les moments d'exaspération que je rapportais évidemment, s'abstenait, au contraire, de

La peau de l'ours

ce genre de débordements car les Polonais avaient une mémoire historique – celle de Prague et de Budapest ? Tass m'aurait immédiatement cité : « Même le "porte-parole de Solidarité" le dit. » J'aurais sans doute pu faire la « une » de la *Pravda*. Cela n'aurait pas manqué de sel dans mon cas mais avais-je besoin, était-il nécessaire de faire cela alors que je n'avais qu'à décrire ce pays en train de démonter le communisme, de tenter de le faire, pour que tout lecteur comprenne l'ampleur des coups de boutoir portés au régime ?

Un envoyé spécial pouvait faire le papier sur l'anti-communisme viscéral de la Pologne mais, outre que je ne vois pas bien ce que cela aurait apporté aux lecteurs du *Monde* qui n'en ignoraient rien, je ne le pouvais pas, moi, car j'accompagnais un mouvement dont les responsables ne m'entretenaient que d'une chose – le nécessaire, l'indispensable compromis avec le régime.

Il y avait deux vérités. Il y avait, d'une part, une évidence qui ne menait pas loin, sinon à la catastrophe. De l'autre, la permanente et prenante réalité de cette « autolimitation » et je m'en tenais à la seconde, à ce qui était l'événement, à la profonde nouveauté de la démarche polonaise, de cette intelligence politique qui allait mettre, en dix ans, le communisme à bas.

J.L. : C'était donc bien, pourrait-on dire, un mensonge par omission ?

B.G. : Oui... Si l'on veut, d'accord, mais étais-je là pour révéler une évidence, une constante historique, ou pour rapporter, en journaliste, ce qui se disait et se faisait ? J'aurais été à côté de l'absolue originalité de ce mouvement et me serais totalement trompé sur ses conséquences, je n'aurais pas été dans l'actualité mais dans la théorie – de surcroît fausse – si je n'avais pas mis le projecteur sur la nouveauté et m'étais contenté de dire que la Pologne rejetait le communisme par tous ses pores. Vous parlez d'un scoop !

Quel métier aurais-je montré là ? C'est, au contraire, en allant au-delà d'une évidence trompeuse que j'étais journaliste, absolument journaliste, et j'avais d'autant moins envie de beugler « Salauds de communistes ! » que je voyais, jour après jour, des membres du Parti basculer dans le camp de Solidarité et savais, de première main, que de hauts dirigeants du POUP souhaitaient qu'un modus vivendi avec le syndicat permette une évolution du régime et, par ricochets, du Bloc.

Le problème n'était plus de dénoncer le communisme. Il était de trouver sa porte de sortie, la moins violente possible. Le journalisme ne devait pas se tromper de guerre en Pologne. On n'en était plus à la dénonciation mais à la solution qui passait, forcément, par le compromis et passera par lui.

J.L. : Nous n'étions décidément pas dans la même situation...

B.G. : Mais si ! Vous n'en étiez plus, non plus, à dénoncer le colonialisme mais, aussi, comme moi, à chercher une solution !

J.L. : Oui, mais tenter d'expliquer la stratégie du FLN à un lecteur métropolitain de 1960 n'était pas faire l'éloge de Solidarité en 1980. La différence entre nous, c'est que vous décriviez une cause qui, pour les neuf dixièmes des lecteurs du *Monde*, était sympathique et

La peau de l'ours

populaire alors que près de la moitié de mes lecteurs à moi était passablement rebutée par ce que je disais du cours des choses. Nos deux attitudes ont, de ce fait, divergé. Vous n'aviez pas de gêne à dévoiler les faiblesses des dirigeants de Solidarité. Il m'est arrivé, à moi, de mettre la pédale douce sur telle ou telle dissension au sein du FLN parce que je savais que ce serait exploité par les services spéciaux ou par le ministère de l'Intérieur français. Je reconnais, une fois de plus, avoir mis de la pénombre dans telle ou telle de mes informations, car j'avais cru comprendre que ce que j'appelle, bien imprudemment, l'intérêt général était de ne pas crier sur les toits que les rapports entre M. Ben Bella et M. Boudiaf étaient franchement orageux.

B.G. : Je comprends ce que vous dites. Je ne sais pas ce que j'aurais fait devant votre dilemme... Ce fut certainement plus difficile pour vous que pour moi mais le paradoxe est que, sur un ton plus mesuré que moi, plus « contenu », comme vous le disiez, vous avez sans doute été plus engagé, voire plus militant.

J.L. : Plus contesté... y avait-il des canaux de discussion entre Solidarité et le pouvoir polonais, des clins d'œil, des clignotants comme il y en eut en Allemagne de l'Est indiquant : « Vous pouvez y aller » ou bien « On vous ménagera là-dessus » ?

B.G. : Il y avait autant de canaux qu'à Venise ! Les messages ne cessaient pas de passer, par l'Eglise, l'Eglise et l'Eglise mais aussi par les capitales européennes, des personnalités internationales, des académiciens, de grands noms de l'intelligentsia polonaise et, parfois même, par contacts directs entre les conseillers de Walesa et de hauts dirigeants du Parti. Je n'y ai jamais été mêlé. Je ne l'aurais pas voulu mais j'étais au courant de beaucoup de ces discussions. Il y en eut énormément car, de même que Solidarité était d'un pluralisme inouï, le parti était très divisé, jusqu'au Bureau politique.

Certains de ses membres, pas les plus nombreux, étaient vent debout contre le syndicat et voulaient le briser sans attendre, par tous les moyens possibles, y compris l'appel au Grand Frère. D'autres, la majorité, voulaient composer jusqu'à ce que la popularité de Solidarité s'amenuise et, aux échelons inférieurs, au Comité central, dans les directions régionales, à la base évidemment, la diversité était encore plus grande. Elle l'était comme dans tous les Partis communistes au pouvoir car des échiquiers politiques complets, de la gauche à l'extrême droite, s'étaient vite reconstitués dans ces partis uniques.

Les lignes bougeaient. Cela se sentait partout, tout le temps, mais ce n'est pas tout. De grandes banques étrangères ont envoyé des émissaires proposer leurs bons offices car elles craignaient de ne jamais récupérer leurs créances sur la Pologne. Entre le pouvoir et Solidarité et il y eut même, là, car l'intérêt national primait, une forme de concertation, de répartition des rôles, sur le langage à leur tenir.

Question d'écoutes

Les Soviétiques eux-mêmes, dans le plus grand secret, ont envoyé une équipe de chercheurs et d'aca-

La peau de l'ours

démiciens qui ont eu de longues discussions avec des figures de l'opposition, notamment catholique. Les banques tenaient à leurs sous, l'URSS n'avait guère envie de devoir envahir la Pologne après l'Afghanistan car elle s'y serait heurtée à presque autant de résistance et qu'aller écraser des prolos en bleus de travail, un syndicat ouvrier... Non... Ce n'aurait pas été sans conséquences pour l'image de la « patrie du socialisme » et la cohésion du mouvement communiste international.

Pour revenir une seconde sur cette différence que vous faisiez entre vous et moi, elle n'est pas que de situation. Elle est aussi de tempérament. Je suis plus passionné que vous, et ce n'est pas un compliment que je me fais là...

J.L. : ... J'ai eu mes temps de passion, vous savez !

B.G. : ... Je parlais de passion politique.

J.L. : Moi aussi ! Poursuivons sur notre métier. Vous êtes inscrit dans une sorte de quadrilatère : la direction du *Monde*; le système étatique français représenté par une ambassade qui a non pas le droit mais l'habitude d'interférer dans la pratique du correspondant ; la horde des confrères et la pesée, bien sûr, de l'Etat polonais qui n'est pas rien. Au cœur de ce quadrilatère restez-vous libre ?

B.G. : De la grève des chantiers Lénine jusqu'à l'état de guerre, j'ai bénéficié d'une liberté inouïe sur chacun de ces quatre fronts. Avec l'Etat polonais, cela changera dès le coup d'Etat. Là, on commencera à me chercher noise mais, jusque-là, le seul ennui que me causaient les autorités était de m'imposer le renouvellement de mon visa tous les quinze jours car j'étais accrédité à Vienne, pas à Varsovie. Je devais aller dans un obscur bureau, très loin du centre, et ça me prenait la journée. C'était une entière journée de boulot perdue. Ils entretenaient le suspense, histoire de me rappeler qu'ils existaient encore mais ils ne pouvaient pas me virer et je le savais.

Ils ne le pouvaient car cela aurait fait un contentieux de plus avec Solidarité et que mes papiers, surtout, leur étaient très utiles. Ils ne les aimaient pas. Ils ne m'aimaient franchement pas du tout mais ils apprenaient beaucoup de choses grâce à moi...

J.L. : ... *La Vie des autres*, le film sur les écoutes en Allemagne de l'Est, l'avez-vous vécu ?

B.G. : Non. J'étais assez conscient de la présence de micros, dans ma chambre ou ailleurs, pour ne pas dire n'importe quoi n'importe où. Je parle de ce que *Le Monde* publiait car ils y trouvaient beaucoup de choses, en tant que lecteurs, une température, l'état d'esprit du moment, que leurs indics n'étaient absolument pas capables de sentir.

Ce fut particulièrement vrai pendant la grève car il y eut, d'abord, peu de journalistes sur le chantier. Il y avait les correspondants à Varsovie du *Financial Times*, des grandes agences de presse, AFP, UPI, AP, Reuters et Ansa, l'agence italienne, mais j'étais le seul à avoir pu débouler de l'étranger. La police secrète avait évidemment des gens dans le chantier mais pas à la hauteur de l'événement. Jusqu'à ce qu'ils lâchent les visas, au bout d'une grosse semaine, et que rapplique une armée de journalistes, d'Orient et d'Occident, de Chine et du Brésil, mes papiers leur furent si précieux que le conseiller de presse polonais à Paris appelait chaque matin Amber pour les lui demander. Elle répondait, chaque matin, qu'il les trouverait en kiosque à partir de 14 h...

J.L. : Mais, quand vous téléphoniez votre article, il n'était pas enregistré ?

B.G. : Il l'était, cela va de soi, mais il était beaucoup plus long de décrypter la bande à Varsovie qu'il ne l'aurait été d'en avoir une copie à Paris et d'en expédier immédiatement une synthèse au Comité central. Sans doute aussi que les circuits de la police n'étaient pas ceux des Affaires étrangères. Il fallait également compter avec le matériel, si mauvais qu'une fois où je m'étais plaint qu'on me coupe sans arrêt la ligne pendant que je dictais, le directeur de mon hôtel m'avait répondu, droit dans les yeux : « Ils ont des problèmes de magnéto. Ne leur en veuillez pas. »
Pour ce qui est de l'ambassade de France, elle ne m'a jamais créé l'ombre d'une difficulté, bien au contraire. Je ne vois ni pourquoi elle l'aurait souhaité ni, d'ailleurs, ce qu'elle aurait pu faire. Quant au journal, il me portait comme rarement un journaliste le fut. Le chef du service étranger, Jacques Amalric, qui m'avait embauché contre l'avis du directeur de l'époque, Jacques Fauvet, me faisait tous les matins ou presque un signe d'amitié après que j'ai dicté – la petite chose qui compte.
Fauvet était aux anges. La Pologne faisait vendre et,

de droite comme de gauche, il n'avait que des félicitations. Amber me bichonnait, en mère exigeante. D'ordinaire, un journaliste doit se battre pour avoir de la place. Eux m'en demandaient toujours plus et le seul clash que j'ai eu avec le journal s'est produit au lendemain de la signature des Accords.

J'étais exténué, vidé, car Gdansk avait été placé, dès le début de la grève, sous blocus téléphonique. Je passais toutes mes journées au chantier, jusqu'à pas d'heure. J'écrivais la nuit à l'Hevelius, mon hôtel de Gdansk. A six heures, je prenais l'avion pour Varsovie où m'attendait un taxi. Je dictais du Victoria, mon hôtel de la capitale, et repartais aussitôt reprendre l'avion pour Gdansk. Je dormais deux heures par jour, pendant mes navettes, carburais au whisky, fumais...

Je n'ose pas vous dire. Toujours est-il que, ce jour-là, je passe un papier kilométrique pendant que Jurek, improvisant sa traduction au téléphone, dicte le texte complet des Accords – un scoop mondial, *Le Monde* était le seul à l'avoir – et je demande ensuite à la sténo de me passer Amalric.

« Jacques ? Je quitte Varsovie. — Tu es fou ? — Non, j'ai besoin d'un lit. » Il commence à hurler : « Un lit ? Pourquoi pas un divan ! Il fallait choisir un autre métier... » Je crois avoir fini par lui raccrocher au nez avant de prendre le premier avion pour Paris où Catherine m'a rejoint de Vienne avant que nous ne filions au Maroc.

J.L. : Abandon de poste caractérisé !

La peau de l'ours

« *Ils sont baisés, les cocos !* »

B.G. : Caractérisé mais parfaitement légitime et ne posant pas le moindre problème car, vu de Varsovie, il était évident qu'il y aurait quinze jours d'accalmie. Le Bureau politique, Solidarité, les grévistes, le pays, l'épiscopat – tout le monde devait dormir. Amalric tirait une tronche pas possible mais une princesse, Jean, une vraie, allait me faire bien vite oublier cette dispute.
    Au Maroc, je me retrouve sur un parcours de golf avec mon oncle Jean quand il m'indique d'un coup de coude que nous marchions droit sur l'une des sœurs du roi, Lalla… je ne sais plus laquelle. Elle était altière, beaucoup d'allure, suivie d'un maître d'hôtel avec rafraîchissements sur plateau d'argent. Présentations : « Ah… *Le Monde* », dit-elle avant de me lancer une rafale de questions, extrêmement fines et précises, sur Walesa, la dynamique des Accords et les dangers d'intervention soviétique. Elle avait tout lu, savait tout, attrape un jus d'orange sans même se retourner, bras tendu, d'un geste millimétré, le sirote longuement en réfléchissant et part d'un éclat de rire, une cascade de rires qu'elle conclut d'un définitif : « Ils sont baisés, les cocos ! »
    Elle avait dit « baisés » avec une incroyable vulgarité, l'accent sur la première syllabe, la seconde très allongée, « … sééééés », et tout s'est télescopé dans ma tête, le golf royal et le chantier naval, son altesse et les prolos aux mains calleuses, le communisme polonais et la monarchie chérifienne. La princesse avait du jugement mais les « cocos » m'étaient, soudain, moins odieux…

J'ai oublié une chose : à l'époque, la Pologne dépendait beaucoup de la France pour boucler ses fins de mois. Il n'aurait pas été aisé de virer le correspondant du *Monde*. J'avais vraiment un blindage à toute épreuve. C'était la liberté totale, un bonheur professionnel absolu.

J.L. : Et les confrères ? Ils n'étaient pas agacés d'être surclassés par le gars qui pouvait envoyer le texte complet des Accords de Gdansk à son journal ?

B.G. : J'ai ressenti des agressivités mais les gens qui ont couvert Solidarité étaient généralement remarquables. C'est là que j'ai connu l'un de mes amis les plus chers, Bernardo Valli, gloire de la presse italienne qui allait devenir la star de *la Repubblica*. C'était de son niveau et nous n'avions pas de temps pour les petitesses car le rythme était totalement fou, même après la légalisation de Solidarité.

Il nous fallait constamment suivre l'état-major syndical aux quatre coins de la Pologne, ce train de Solidarité qui, d'un conflit local à l'autre, courait éteindre les incendies avant qu'ils n'embrasent le pays. C'était l'épreuve de force permanente, le sentiment constant que ça y était, qu'on n'échapperait plus à l'affrontement général, et il fallait toujours écrire la nuit, après cinq heures de voiture ou le rendez-vous chez Bronek, Bronislaw Geremek, dans la vieille ville, vers une heure du matin.

J'avais connu Bronek au chantier. Tadeusz Mazowiecki et lui y avaient conduit une délégation d'intellectuels varsoviens venus apporter leur soutien aux grévistes et Walesa avait fait d'eux ses plus proches conseillers. Quand je n'allais pas faire le point avec l'un, c'était avec l'autre. Tadeusz m'a souvent filé des tuyaux. Il était profond et réfléchi, très prudent, pas bavard mais, avant l'état de guerre, c'est lui qui m'a donné le texte de la très menaçante lettre du Comité central soviétique au Comité central polonais.

Bronek, en revanche, était une tombe. Plein d'humour, charmant, disert, éblouissant de culture et d'autorité, le futur ministre des Affaires étrangères polonais me faisait parler, sachant à quel point j'étais désireux de briller à ses yeux, mais ne me disait rien, rigoureusement rien. Beaucoup de gens pensaient que mes infos venaient de lui alors que mes meilleures sources étaient Karol Modzelewski, Jacek Kuron et Adam mais il y avait un précieux rituel entre nous : « J'ai appris que... Vrai ? — Oui. — On me dit que... — Faux. — Je crois comprendre que... — Quelle idée ! — C'est donc que ?... — On peut le penser. »

Comme j'avais une absolue confiance en lui, nos dialogues nocturnes m'aidaient à y voir clair. J'avais besoin de ces échanges, besoin de son amitié, nous avions une relation de maître à disciple, pleine de tendresse et de susceptibilités car il ne supportait pas – et ne supporte toujours pas – que je le contredise.

Sauf dans des bagnoles ou des avions, je n'ai pas dormi pendant dix-huit mois mais on ne sentait pas la fatigue. Nous étions tous dopés à l'événement. J'avais vingt-neuf ans, j'en ai cinquante-six. Vous l'aviez dit à Beuve : le reportage est fait pour les jeunes. Je ne pourrais plus en faire autant aujourd'hui.

J.L. : Je peux vous le confirmer !

Le monde est mon métier

B.G. : Je le sais mais, quand j'y repense, je n'ai pas perdu que du muscle. J'ai beaucoup perdu, aussi, de ma naïveté car l'unanimisme autour de Solidarité était tel que je croyais alors, dur comme fer, sans même me le dire, que c'était toujours comme ça, qu'il suffisait de bien faire son boulot, en bon élève consciencieux, vingt heures sur vingt-quatre, pour que le conseil de classe vous décerne un prix d'excellence. Je ne réalisais pas que je devais beaucoup moins ce bonheur professionnel, cette confiance et cette liberté, à mon travail qu'à l'immense popularité du premier syndicat libre du monde communiste.

Le prix était pour Solidarité et, dès qu'on est sorti de l'unanimisme, aussitôt après « l'état de guerre », les choses ont changé.

Dans les capitales occidentales, beaucoup de gens se sont alors dit qu'il était finalement très bien que Jaruzelski ait pris les choses en main car il avait dispensé l'Armée rouge d'entrer en Pologne et épargné au monde une crise incertaine. Personne n'approuvait, bien sûr. On condamnait, dénonçait mais bien des hommes d'Etat, des diplomates, des responsables politiques et des journalistes ont alors pensé dans leur for intérieur que, si ce général n'avait pas existé, il aurait fallu l'inventer.

D'autres pensaient, au contraire, à cause de ses lunettes noires – il avait une maladie des yeux, par parenthèses – que ce Jaruzelski était un nouveau Pinochet, que la Pologne, aussi simple que cela, c'était le Chili. Au-delà de cette différence, à peu près tout le monde considérait que la Pologne connaîtrait le sort de la Tchécoslovaquie.

Je vous l'ai dit : ce n'est pas ainsi que je voyais les

La peau de l'ours

choses. J'étais, moi, frappé que l'URSS n'ait pas osé intervenir, que le Parti ait été mis sur la touche au profit du renseignement militaire, véritable organisateur du coup, et qu'il se soit opéré une rupture historique puisqu'on troquait, de fait, un régime communiste contre une dictature militaire.

Il me semblait que le recours à cette arme était un aveu de faiblesse de la part du Kremlin, que ce n'était pas le moment de trouver des mérites à Jaruzelski mais de faire voir l'impasse du soviétisme et que la comparaison avec Pinochet n'était pas seulement fausse mais passait à côté de toutes les spécificités polonaises.

Les centres de détention n'étaient pas la résidence surveillée de Walesa, certainement pas des sinécures mais, pas non plus, des centres de torture. On ne découpait pas les gens en morceaux. On n'arrachait pas d'enfants à leurs parents pour les donner à des familles d'officiers. Non.

Ce n'était pas le Chili. Environ deux semaines après la mise hors-la-loi de Solidarité, je sors de Pologne *via* Berlin-Est, le seul avion disponible. Le douanier est-allemand regarde mon passeport, relève la tête et – miracle de RFI ou de Free Europe – me dit dans un murmure, en français : « Ahr, beusieur Guetta, nous aurions bréféré beilleure conclusion... » On se sourit. Le ver était décidément dans le fruit, jusqu'en RDA, et j'arrive à Paris où je dicte à Amber deux longs papiers sur la nuit polonaise. C'était les premiers que je signais de mon nom depuis le 11 décembre car j'avais refusé de me soumettre à la censure militaire. Durant ces quinze jours, j'avais confié à la valise diplomatique française des articles que le journal attribuait à un mystérieux « correspondant ».

Tout y passe, le pays brisé de douleur, les débuts de réorganisation dans la clandestinité, les familles sans hommes. Je n'arrêtais pas de pleurer en dictant. Amber m'engueulait : « Tu te calmes ? L'heure tourne ! »

Je développe ma théorie sur l'impossible normalisation – ni Budapest après 56 ni Prague après 68. Le premier papier commençait par : « Non, le sang ne coule pas à flots dans les rues de Varsovie. » J'enchaînais en expliquant que la réalité d'un peuple « écrasé par sa propre armée » était suffisamment odieuse et intolérable et, là, j'ai senti que ça ne suivait plus.

Trop sévère pour Jaruzelski, aux yeux des uns. Trop gentil, aux yeux des autres, puisque je ne décrivais pas le Chili. Sur le fond, bien trop optimiste aux yeux de la majorité car cette histoire du bloc soviétique échec et mat... Non, vraiment, rares étaient les amis ou les confrères qui ne m'expliquaient pas que l'émotion m'égarait et qu'on ne revenait pas du communisme.

C'était la première fois que je me trouvais face à ce mur de logiques automatiques qu'on oppose spontanément – et avec quelle force... – aux réalités nouvelles. Je retrouvais, là, l'incompréhension que la conférence de Michnik sur le post-communisme avait suscitée en moi-même, cinq ans plus tôt. J'argumentais. J'enrageais. Rien n'y faisait.

Je n'avais pas encore pris mon parti de ce genre de situation où l'on explique au journaliste qui a vu, enquêté, entendu, qu'il est impossible (« Mais non, tu n'y penses pas... ») qu'une ville comme San Francisco soit décimée par une nouvelle maladie frappant les homosexuels, que Ronald Reagan ne soit pas qu'un cow-boy attardé mais incarne une révolution politique,

que Gorbatchev ne veuille pas sauver le communisme mais sauver la Russie de la faillite communiste ou que les Serbes ne soient pas seuls coupables du bain de sang yougoslave.

Un journaliste n'est cru que s'il rapporte des choses que les esprits et le sens commun sont prêts à entendre. C'est ce que vous disiez à propos de l'Algérie. C'est ce que *Le Monde* et vous-même, Jean, aviez senti mais je n'ai commencé, moi, à le comprendre qu'en janvier 1982, un peu tard et sans cesser, pour autant, de jouer aux kamikazes.

Les « péchés » du général

J.L. : Vous anticipez... Restons-en, Bernard, à Jaruzelski.

B.G. : C'est un débat passionnant car, comme souvent, deux vérités sont en lice. Sans doute était-il mieux ou, plutôt « moins pire » que l'état de guerre ait évité à la Pologne une invasion soviétique qui aurait provisoirement maté le pays mais seulement après une division de l'armée polonaise, des semaines de combats et un nombre de victimes qui aurait révulsé le monde, infiniment plus que l'Afghanistan.

Oui, c'est vrai, mais il n'est, en revanche, pas vrai, non, pas vrai du tout, que l'URSS ait réellement été en position d'intervenir, après l'Afghanistan, et qu'elle aurait pu le faire, surtout, avec aussi peu de casse pour elle-même qu'avec l'écrasement du Printemps de Prague.

Jaruzelski a, peut-être, évité un drame à la Pologne mais il a certainement sauvé la mise à Brejnev.

J.L. : Vous venez de dire successivement que Jaruzelski était un moindre mal et que vous étiez indigné de l'entendre applaudir... Vous voulez dire qu'un moindre mal reste un mal, fût-il moindre, et qu'on n'a donc pas de raison de l'approuver?...

B.G. : Exactement.

J.L. : Je vous l'accorde mais refuseriez-vous de dire qu'un professionnel comme Jaruzelski, avec les moyens d'information dont il dispose, ait pu penser qu'en agissant avant les Soviétiques il coupait court à une invasion russe par un coup d'Etat qui avait le mérite, le seul, d'être polonais? Ne peut-on pas dire que Jaruzelski agit en communiste polonais pour couper court aux communistes soviétiques? Tout ça est trop précis?

B.G. : Trop catégorique. Cette période et cette région étaient infiniment trop complexes pour définir à coup sûr Jaruzelski et ses motivations – en admettant qu'elles n'aient été que les siennes, ce dont je doute. Jaruzelski était ministre de la Défense et membre du Bureau politique depuis des lustres. Il était devenu le patron du régime bien avant l'état de guerre. On ne pouvait pas faire plus communiste que lui mais quelle est son histoire?

Il est enfant d'une famille de la petite noblesse polonaise. En France, on dirait des hobereaux, pas les Noailles...

La peau de l'ours

J.L. : ... ni les Poniatowski...

B.G.... Et, moins encore, les Radziwill. Au moment du partage de la Pologne entre l'URSS et l'Allemagne nazie, sa famille est déportée, non pas au Goulag mais au fin fond de l'Union soviétique. Le jeune Jaruzelski va finir de grandir en URSS et s'engager dans l'armée polonaise formée par les Soviétiques. C'est un tout jeune homme mais qui est-il alors ?
Une victime des Soviétiques qui l'ont déporté, lui et sa famille ? Une victime du nazisme *et* du soviétisme ? Un patriote qui n'a plus d'autre choix que de suivre Staline ? Est-il devenu communiste ? Agent des services soviétiques ? Et quand il revient en Pologne, dans les bagages de cette Armée rouge qui, l'arme au pied, laissera les nazis écraser l'insurrection de Varsovie afin que la Pologne ne soit pas libérée par l'*Armée de l'intérieur* et qu'il soit plus facile à Staline de l'asservir, est-il alors un traître ou un patriote ?
Est-il cent pour cent traître ? Cent pour cent patriote ? Ou a-t-il si bien compris le rapport de forces international qu'il fait, déjà, la part du feu, après avoir adhéré au Parti ? Vous savez répondre à ces questions ?
Moi, pas. Je me garderais même d'avancer une hypothèse mais il y a une certitude. Il aurait pu devenir instituteur, agriculteur, médecin... Mais, non : il décide – quand rien ne l'y obligeait – de faire une carrière politique sous ce régime, de gravir les échelons d'une armée intégrée au Pacte de Varsovie. Il sera l'un des artisans majeurs de la répression des grèves de 1970, un parfait salaud sauf...
Sauf qu'il va prononcer, à la réunion du Bureau

politique qui suit la signature des Accords de Gdansk une phrase que j'ai demandé à mon interprète de me répéter trois fois tant elle me sidérait. « C'est la punition de nos péchés », dit-il.

Ce jour-là, quelque part dans son crâne, ce général pense que son régime a commis des péchés mais lesquels ? D'avoir accepté la domination soviétique ? D'avoir si mal géré la Pologne ? Les deux ? Je n'ai jamais eu l'occasion de le lui demander, pas même le jour où je l'ai promené dans Moscou, lorsqu'il y était venu entériner, avec Tadeusz Mazowiecki, la dissolution du Pacte de Varsovie.

J.L. : Le « péché » était peut-être dans cette trahison du socialisme que constitue le totalitarisme ?

B.G. : Ça, non. Je ne pense pas qu'il ait jamais été idéologiquement communiste ni même de gauche. Membre ou pas du Parti, c'est un hobereau conservateur. Je peux me tromper mais le fait est que, lorsque cet homme décide, en coordination, forcément, avec les Soviétiques et, peut-être, à leur demande, de s'appuyer sur le renseignement militaire pour son coup, il va, oui, payer « le prix de nos péchés » car il s'est mis en situation de lancer une armée contre son peuple, le crime des crimes.

Peut-être l'a-t-il fait au nom du « moindre mal ». Sans doute avait-il son idée du patriotisme et je peux même apporter une pièce à sa décharge. Pendant que Kuron était interné, sa femme se mourait. Elle était soignée par Marek Edelman, le commandant en second de l'insurrection du ghetto et, quand Marek a vu que c'était la fin, il a appelé chez Jaruzelski, à son domicile privé.

La peau de l'ours

Il est tombé sur sa fille, lui a expliqué la situation et, quelques heures plus tard, Jacek était au chevet de sa femme dont il a pu tenir la main pendant qu'elle s'éteignait. Jacek, Marek et moi avons, ensuite, passé la nuit ensemble, avec de nombreuses bouteilles. Marek racontait le ghetto, Jacek son centre de détention où il devait retourner à l'aube et moi je buvais si bien pour fuir ces deux cauchemars si présents dans la pièce que je n'ai aucun souvenir de notre conversation.

Jaruzelski n'était pas cruel. Quand je l'ai rencontré, il m'a plutôt fait l'effet d'un homme timide qui ne semblait pas désespéré de voir s'écrouler le bloc soviétique. Devant la tombe de Khrouchtchev, nous avons parlé de l'espoir trahi du dégel. Devant celle de la femme de Staline, alors que je lui racontais le calvaire qu'elle avait vécu et qu'il ignorait apparemment, il paraissait ému.

Je le revois de temps à autre, avec Gorbatchev qui l'estime beaucoup trop à mon goût mais, moi, Jean, je ne peux pas avoir de sympathie pour lui, pas même d'indulgence. Qu'il se débrouille avec ses « péchés ». Ce n'est pas à nous de juger l'homme mais ce qu'il a fait... A ce compte-là, pourquoi ne pas excuser Vichy ? Pétain aussi croyait avoir ses raisons mais d'autres ont choisi la Résistance. Fallait-il qu'il y ait quelqu'un pour temporiser ? Ça peut se dire mais ce n'est pas ma part de vérité.

J.L. : Pas non plus la mienne mais Jaruzelski est un « camarade », l'homme d'un système qu'il sert, qu'il a choisi, qui est le fruit des résultats du deuxième conflit mondial, et il y est fidèle. Pétain n'est pas fidèle...

Le monde est mon métier

B.G. : Bien sûr que si ! Pétain est fidèle à la vieille extrême droite européenne à laquelle il appartenait.

J.L. : Pétain n'était pas d'extrême droite. Léon Blum disait de lui : « C'est le meilleur d'entre eux » en parlant des maréchaux. C'était un ami de Paul Valéry à l'Académie et, jusqu'en 1934, une figure plutôt républicaine. Nul n'a été plus infidèle que Pétain, émanation de l'armée républicaine, mais je pense que, chez Jaruzelski, il y a, quelque part, une fidélité.

B.G. : A quoi ? A un système dont il avait choisi de devenir un pilier ? D'accord mais je ne vois pas, là, de circonstance atténuante. Il avait choisi. Ce choix l'a conduit jusqu'à l'état de guerre et, si je ne refuse pas en bloc la thèse du « moindre mal », laissons les biographes démêler ses contradictions et les historiens analyser les documents. J'étais journaliste et, pour la troisième fois, la réalité, c'était un peuple écrasé par sa propre armée.

J.L. : Vous écrivez : « Non, le sang ne coule pas à flots dans les rues de Varsovie. » Vous l'écrivez parce que c'est vrai : il y eut peu de répression sanglante et certainement beaucoup moins de victimes qu'il n'y en aurait eu, face à des soldats russes, compte tenu de la bravoure polonaise. Je reviens sur cet argument.

B.G. : Est-on si certain, encore une fois, que les Russes auraient pris le risque d'intervenir ? Un ou deux mois après l'état de guerre, Jaruzelski m'avait envoyé le major Gornicki, son porte-parole, un homme du renseignement militaire qui avait long-

La peau de l'ours

temps travaillé à New York, comme journaliste. Il s'est évertué à me convaincre que son patron était le « de Gaulle polonais ».

Je lui ai demandé pourquoi Jaruzelski n'était pas à Londres... Ça s'est mal passé et j'ai fait de cette conversation ce que vous aviez fait de votre entretien avec Mendès : un compte rendu que j'ai envoyé à André Fontaine, déjà – ou bientôt – directeur du *Monde*. Si j'avais rompu le *off* et publié notre échange, dans sa violence, tel qu'il s'était passé, c'était la guerre avec les autorités et, franchement, ça n'apportait rien au débat.

La Pologne désolidarisée

Limitation de la casse ou pas, Jaruzelski a fait le travail que les Russes hésitaient à faire et il l'a remarquablement bien fait, diaboliquement bien. Ce coup d'Etat était un modèle, à enseigner à tous les futurs dictateurs. Ils ont délibérément fait monter la tension, tout fait pour que la direction de Solidarité commence à perdre le contrôle de la situation et, lorsque le bras de fer a été tel que Walesa avait réuni tout l'appareil de Solidarité à Gdansk, dirigeants nationaux et cadres régionaux, ils ont frappé.

La réunion avait lieu au chantier, à huis clos. Elle a duré jusqu'à près de minuit. Elle devait se poursuivre le lendemain. Les syndicalistes ont rejoint le Grand Hôtel de Sopot, un vieux palace, magnifique et délabré, de la conurbation de Gdansk où ils étaient tous logés et, deux heures plus tard, ils étaient coffrés, tous d'un coup.

Le monde est mon métier

Unité de lieu, unité de temps et le dimanche matin, la Pologne se réveille avec de la musique classique sur les ondes et la voix, monocorde et sinistre de Jaruzelski, une voix mécanique, menaçante et inquiétante, qui annonce l'instauration de l'état de guerre, la « suspension » de Solidarité, un couvre-feu et l'interdiction de faire... C'est simple : tout était interdit.

L'armée était à tous les carrefours, l'appareil syndical et tous les grands noms de l'opposition sous les verrous, et le pire, le plus efficace, le plus diabolique : le téléphone était totalement coupé, dans tout le pays cette fois-ci. Vous ne pouvez pas vous représenter ce que c'est que de vivre dans un pays où il n'y a plus rien quand on décroche, pas de tonalité : le vide. La Pologne est atomisée, réduite à une somme d'individus isolés, perdus, ne sachant plus rien et ne pouvant plus rien savoir.

Pour parler à quelqu'un, prendre des nouvelles d'un parent, trouver un médecin, il faut sortir de chez soi, franchir les contrôles, s'expliquer et, dès avant la tombée de la nuit, le couvre-feu vous interdit tout mouvement. Des rafles ont eu lieu, en même temps, aux quatre coins du pays. La Pologne est brusquement...

J.L. : ... Désolidarisée...

B.G. : ... J'aurais aimé trouver ce mot à l'époque... Bravo ! C'est exactement cela. C'était glaçant.

J.L. : Qu'est-ce qui se dit, cette nuit-là, parmi les journalistes ?

La peau de l'ours

B.G. : Nous avions passé la journée comme des mouches dans un bocal. Sauf le bruit des disputes, rien ne filtrait de la réunion syndicale. Nous tournions en rond dans le chantier, assaillis de rumeurs sur des mouvements de l'armée polonaise. Les dirigeants syndicaux en savaient sans doute plus que nous mais ils ne desserraient pas les dents. Geremek ne voulait pas me dire un mot. La tension montait d'heure en heure mais, en même temps, une tentative de médiation, un leurre, était en cours à Varsovie... On ne savait pas quoi penser.

A la fin de la réunion syndicale, nous nous sommes retrouvés au bar de l'Hevelius, au milieu d'une exceptionnelle concentration d'indics, guides et interprètes officiels. Ils étaient particulièrement nombreux, collants. On y était habitué mais, là, c'était deux indics pour un journaliste et ils ne cessaient plus de nous offrir des tournées...

C'était louche. Je n'avais pas encore compris mais j'étais mal à l'aise, crispé. On nous a annoncé une « panne de téléphone sur la région ». J'étais de plus en plus mal, aux aguets, quand je remarque que les putains qui suivaient toujours la troupe des journalistes pour renseigner leurs patrons de la police secrète et se faire des devises (dollars ou marks uniquement) n'étaient pas là.

Ça, c'était vraiment bizarre. J'en fais la remarque à l'un des indics les plus gradés, un type qui normalement restait à Varsovie. « Tu veux une pute ? Je t'en trouve une », me répond-il avec un sourire gras. Le ton montait quand mon ami Witek, un journaliste d'Ansa avec lequel je travaillais tout le temps, me glisse à l'oreille, blanc comme un linge : « Ils sont tous en train

Le monde est mon métier

de se faire embarquer à Sopot. Qu'est-ce qu'on fait ?
— On y va ! »
Jurek et moi sautons dans la voiture de Witek. La nuit était noire, les rues vides. Nous roulions à près de 200 à l'heure et, une centaine de mètres avant le Grand Hôtel, nous tombons dans une mer, un océan, de camions militaires avec une silhouette, au loin, qui agitait une lumière rouge, de bas en haut, de haut en bas : l'ordre de nous arrêter. « Qu'est-ce qu'on fait ? » demande Witek. « Ralentis mais continue. Je ferai le con. » Nous continuons. La lumière s'agite de plus en plus frénétiquement. Les soldats se mettent en travers de la rue, serrent la voiture, commencent à taper dessus.

Witec doit piler. J'ouvre la fenêtre, souriant, parle français puis russe. Ils tapent maintenant sur la carrosserie à coups de crosse : « Demi-tour ! Partez ! » et j'aperçois, devant le Grand Hôtel, une longue file de syndicalistes, je les connaissais à peu près tous, mes amis, poussés dans les camions, sans ménagements.

Au volant, Witek n'avait rien vu. Je l'entends me dire : « Ça va mal tourner ». Je n'arrive pas à lui répondre que ça a, déjà, mal tourné. Les coups de crosse redoublent. Witek fait un *U turn*, sur les chapeaux de roue. Nous refaisons la route en sens inverse, sans pouvoir prononcer un mot, tous en larmes et je crie brusquement à Witek : « Accélère ! — Quoi ? — Geremek dormait à l'Hevelius. Il faut le prévenir avant qu'ils n'arrivent. »

Je ne sais pas combien de temps nous avons mis à trouver sa chambre. Il n'y avait plus de concierge. On la trouve. Je tambourine à sa porte. Rien. Je défonce la porte à coups de poing. Il finit par ouvrir, dans un impeccable pyjama, tout endormi : « Bernard ?... » Il était scandalisé de cette intrusion. Son regard me criait : « Vous êtes saoul ou quoi ? » Je commence à lui raconter, mangeant les mots, ne terminant pas mes phrases. Il me coupe : « Qui dit cela ? — Bronek ! Personne ne le dit ! Je l'ai vu, j'en viens ! Rasez-vous la barbe ! Vite ! On va vous planquer à l'archevêché... — Certainement pas ! Répétez-moi ce que vous avez vu... »

Je répète, plus calmement. Il écoute intensément, réfléchit et me dit : « Ils ne réussiront pas. »

J'entends encore ces mots, prononcés avec une absolue certitude. Il avait intégré ce que je lui disais. Il savait maintenant mais n'a pas douté une seconde que la liberté l'emporterait. Il s'est habillé. Il est parti pour Varsovie avec le chef de bureau d'Ansa et s'est fait arrêter, dès la sortie de Gdansk.

« L'homme du moindre mal », Jean, je laisse ça aux historiens. Le journaliste qui a vécu cela, qui a été témoin des arrestations et vu le pays se réveiller sous cette chape de glace, ne pouvait pas dire : « L'homme du moindre mal ». Ce n'était pas ça !

J.L. : C'était simplement le mal.

B.G : Et, pour le coup, j'aurais outrepassé notre métier en faisant, déjà, la psychanalyse de ce pécheur alors que Witek, Jurek et moi avions été les seuls témoins directs de la rafle de Sopot. Sur ordre, tous les journalistes repartaient pour Varsovie. Pour que le journal en soit averti, je leur ai demandé de prévenir l'ambassade que je restais à Gdansk et suis allé me planquer dans le chantier où les ouvriers me serraient dans leurs bras : « Vous êtes encore là... » Je pleurais. C'est eux qui me consolaient...

J.L. : Comment avez-vous réagi à la non-réaction française ? Au commentaire de Mitterrand, à son échange avec Fabius et à la déclaration de Claude Cheysson : « Naturellement, on ne fera rien » ?

B.G. : Au chantier, le dimanche soir, nous cherchions les radios étrangères. On tombe sur RFI, en français. Je leur traduis tant bien que mal. Nous étions là, naufragés sur le *Radeau de la Méduse*. Ça grésillait sec mais nous entendons un reportage sur une manifestation spontanée place des Invalides, devant l'ambassade de Pologne. Quand un drame se produit dans le monde, allez toujours manifester. Il y aura toujours de pauvres malheureux au bout du monde, victimes d'un état de guerre ou autre, qui sauront que des Parisiens ne les abandonnent pas au silence. Ce n'est rien mais ça change tout. Je me doutais bien qu'il n'y avait pas dix millions de personnes dans la rue mais on entendait des gens dire leur indignation, les chants, la solidarité... C'était fondamental.

Mitterrand, Fabius, c'est plus tard. Cheysson dans les deux jours peut-être...

J.L. : Son « Naturellement, nous ne ferons rien » ne m'a pas paru tellement scandaleux. La France allait-elle envoyer sa flotte devant Sopot ?

B.G. : A l'évidence pas mais pourquoi le dire ? Pourquoi venir relativiser l'émotion ressentie par la

La peau de l'ours

France et que nous avions si bien perçue du chantier ? Entouré des ouvriers, sur un établi, j'ai rédigé un papier qu'un reporter autrichien a photographié, page par page, avant de gagner la Suède par le ferry, celui de mon premier voyage en Pologne. C'est ce que *Le Monde* a publié le lendemain, lundi. Ce n'était pas bien fameux, hâtif, saccadé, pas du tout à la hauteur de ce que j'avais vu. Cela manquait de sang-froid mais, si j'avais obéi aux ordres, si j'étais rentré à Varsovie, si j'avais pris du recul, je me serais heurté à la censure, il n'y aurait pas eu de valise diplomatique en partance, pas non plus de ferry et de photographe autrichien – pas de papier du tout.

J.L. : Compte tenu de vos démarches de cette nuit-là qui ne pouvaient pas être bien vues de l'homme aux lunettes noires, vous n'avez pas été pourchassé, mis en garde, averti ?

B.G. : Je suis vite sorti de l'illégalité. J'étais le lundi soir à Varsovie où je me suis ressaisi car je ne pouvais pas me laisser aller, moi qui ne risquais rien, alors que les femmes et les enfants de mes amis étaient d'une absolue dignité, même quand s'est répandue la fausse rumeur de la mort de Mazowiecki. Je me retrouvais seul homme d'un milieu dans lequel il n'y avait plus d'homme, plus un seul ! Je ne connaissais plus que des femmes et de jeunes enfants. C'est peut-être ce qui m'a le plus marqué.

J.L. : Combien de temps dure l'aphonie du téléphone ?

B.G. : Quelques mois… Je ne sais plus mais, quand il est rétabli, on ne peut pas décrocher sans qu'un disque ne s'enclenche automatiquement : « Conversation contrôlée, conversation contrôlée, conversation contrôlée… » Ça faisait de l'effet.

J.L. : Cela vous changeait beaucoup ? Contrôlées, les conversations l'avaient toujours été.

Maître chanteur

B.G. : Juste. Elles ne l'étaient ni plus ni moins qu'en temps normal mais ce constant rappel de l'état de guerre mettait en condition. Jaruzelski était un vrai pro. Il ne négligeait rien et se trompait peu. Un jour, on m'apporte l'enregistrement clandestin d'une conférence donnée par un militaire devant les communistes de la télévision. Il leur expliquait, en un mot, que le Parti ne comptait plus.
C'était tellement énorme que je vais à Vienne dicter ça au journal. Ça fait du bruit. La presse polonaise se déchaîne contre moi et, à mon retour, le porte-parole du ministère des Affaires étrangères, l'ancien conseiller de presse à Paris, celui qui réclamait mes papiers à Amber, m'informe que j'ai deux jours pour quitter le territoire car j'avais, me dit-il, « fabriqué un faux ».
Il me donnait du « Monsieur le correspondant » et je lui réponds : « Vous faites une connerie. — Pas du tout ! C'est une décision que nous aurions dû prendre depuis longtemps. — Peut-être mais si vous m'expul-

La peau de l'ours

sez je passe la bande à toutes les radios occidentales et je vous garantis le succès. » Je m'improvisais maître chanteur, avec un talent dont je m'étonne encore.
Il a un haut-le-corps : « Vous bluffez. Vous n'avez pas de bande. — Si, et en lieu sûr. — Vous pouvez me le prouver ? — Vous aurez le double dès ce soir. » Le soir même, je tends à son secrétaire la copie promise, extraite d'un coffre-fort. Il l'empoche en murmurant : « Je ne sais plus qui dirige ce pays... », mais il avait tort. La Pologne était parfaitement bien dirigée – par Jaruzelski. A ma demande, il avait été prévenu de l'affaire par un vieil économiste de mes amis et c'est lui qui avait personnellement donné l'ordre d'arrêter là les frais – provisoirement en tout cas car j'étais sur la corde raide.
Ils me cherchaient. Mon temps était passé. Le journal voulait m'envoyer à Moscou. J'étais de plus en plus souvent à Paris, dans l'attente d'un visa soviétique qui n'est jamais venu, quand la deuxième visite de Jean-Paul II est annoncée, pour le début de l'été 1983.
Lorsqu'on l'apprend, un doute abyssal se crée, même parmi les plus catholiques des catholiques polonais. Quoi ! Comment ? Le pape accepte d'être reçu par Jaruzelski ? Il va lui serrer la main ?...

J.L. : ... C'était une forme de reconnaissance.

B.G. : Il y avait tout lieu de le craindre mais ce pape n'était pas né de la dernière pluie. Il descend de son avion, tout de blanc vêtu, mèche au vent, visage impénétrable, embrasse la terre au bas de la passerelle – il le faisait toujours tant qu'il l'a pu – et s'avance d'un pas vif vers l'estrade rouge dressée sur la piste. Tous les regards sont sur lui. Il s'empare du micro et cite le Christ, comme si cela venait de lui : « J'étais malade et vous m'avez visité. J'étais en prison et vous êtes venu à moi. »

En une phrase, tous les doutes sont balayés. Il venait visiter son peuple malade, il venait visiter son peuple en prison. Son peuple était « en prison », « malade », et Jaruzelski pulvérisé. Il comptait sur cette reconnaissance que tout le pays craignait et le voilà réduit, en une phrase, au rôle de directeur de prison, de trousseau de clés....

J.L. : Il n'a pas essayé de réagir ?

B.G. : Qu'auriez-vous voulu qu'il fît ? Jaruzelski est polonais. Il est catholique, intimidé par le pape, écrasé par sa personnalité. Il se sait détesté et Jean-Paul II adoré. Il a encaissé et, après avoir anéanti le général, ce pape entame une tournée de la Pologne, de ville en ville, sans une seule allusion directe à la situation, sans jamais appeler à la résistance mais en la prônant sans cesse à partir d'un passage de la Bible ou de la vie d'une sainte polonaise qui avait vécu – tout le monde le savait – sous occupation russe.

Il avait pensé chaque seconde de ce voyage et il est même arrivé, à Katowice, je crois, à faire découler les libertés syndicales de l'Evangile. J'étais tellement admiratif que je me tourne vers le jésuite qui avait préparé la visite, l'abbé Opiela, et lui dis : « Si l'homélie de demain est de ce niveau, je me convertis. — Bernard, me répond-il, je l'ai lue et vous, vous l'avez dit... »

Le lendemain, j'étais parjure mais plus *jean-paul-deuiste* que jamais. J'ai vu là la force des mots en action,

La peau de l'ours

la force du témoignage, comment un homme, grâce à eux, pouvait reconstruire une nation.

J.L. : Le « N'ayez pas peur ! » est de cette époque ?

B.G. : Non, c'était le discours d'intronisation, la sortie du conclave, mais c'est ce que criait chacun des mots de ce voyage. Il a été tout simplement fabuleux. Dieu sait que je suis athée mais...

J.L. : « Dieu sait que je suis athée » est une bonne formule !

B.G. : Moquez-vous... Dieu sait que je suis athée mais cet homme m'a fait voir ce qu'était la foi, ce que pouvait être la grandeur de la foi.

J.L. : Pas du système dont il était le patron ? Est-ce qu'ici la foi est fondamentale ? Ou bien est-ce une structure qui s'oppose à une autre, l'Eglise catholique au communisme ?

B.G. : Vous plaisantez... ? Jean ! Vous imaginez que la Curie romaine aurait inventé ça ? C'était lui ! Jamais la Curie n'aurait pu imaginer cela !

J.L. : Il en est le chef, il en est l'émanation. C'est vrai qu'il est polonais, qu'il a un parcours très singulier, qu'il a une personnalité très originale...

B.G. : ... et qu'il est lui ! Je crois au rôle de l'individu dans l'histoire. J'y croyais avant, mais là... Walesa montant, le 14 août, sur la grille du chantier pour relancer la grève, ce voyage du pape, plusieurs gestes de Gorbatchev ensuite...

J.L. : ... Il n'est pas interdit de citer le général de Gaulle...

B.G. : ... Ou Churchill, ou Mandela, ou Gandhi... Le rôle de l'individu dans l'histoire, ça existe, c'est fondamental. Je l'ai vu opérer mais, pour moi, la Pologne, c'était fini. A la fin de ce voyage, Amalric m'a annoncé que les Soviétiques ne voulaient décidément pas de moi et que c'était à Washington que je partais.

J.L. : Faisons un peu d'analyse de pouvoir. *Le Monde* vous retire de Varsovie parce que vous aviez atteint un apogée dans votre parcours – Guetta ne fera pas mieux là, il faut lui trouver un autre terrain – ou bien parce que vous sentiez le brûlé et que les rapports entre *Le Monde*, le Quai d'Orsay et le pouvoir polonais devaient être ménagés ?

B.G. : Vous me donnez à penser... Comment dire ?... Votre hypothèse n'est peut-être pas fausse. Je ne peux pas l'écarter. Je ne sais pas mais je sais, en revanche, qu'il était mieux que je parte avant qu'on ne me monte un sale coup, que j'en étais conscient, que je le souhaitais, que c'était trop triste, trop lourd, et qu'un correspondant, en aucune circonstance, ne devrait rester plus de trois ou quatre ans dans le même pays. Si vous avez raison, le jeu de pouvoir était bienvenu, à tous égards.

La peau de l'ours

Go West, young man...

J.L. : Vous connaissiez l'Amérique ?

B.G. : Je l'avais sillonnée adolescent. Je connaissais l'Amérique du mouvement antiguerre et de la révolution sexuelle, celle du début des années 70 qui fascinait tant les soixante-huitards français, mais je ne connaissais rien de l'Amérique profonde, celle qui venait d'élire Reagan. La seule chose que je savais est que cet homme passait pour un clown dans la presse française, pour un cow-boy égaré dans la politique et dont on se demandait pourquoi il avait été élu.
J'arrive, j'observe, je lis. J'apprends l'anglais en lisant le *New York Times* et, plus je m'imprègne de la « révolution conservatrice » en cours sous ce nouveau Président, plus je suis troublé. Je ne sais rien. J'ai été voir mes « sachants », comme vous avant l'Egypte, mais je n'ai pas de culture de ce pays et, moins encore, de prisme comparable à celui que j'avais en arrivant à Vienne. Tout m'incite à la modestie depuis que j'ai appelé la Maison-Blanche pour m'y faire accréditer et qu'on m'a répondu : « *Le Monde*... ? Could you spell it please ? » mais, plus les semaines passent, moins cette idée que Reagan ne serait qu'un accident de l'histoire me semble coller à la réalité.
Je crois voir, au contraire, que c'est toute la société américaine qui a basculé à droite, que Jimmy Carter n'a pas été battu qu'à cause de l'Iran, que les syndicats sont devenus extrêmement impopulaires, que le rejet de l'impôt et du *Welfare State*, de l'Etat-providence, est extrêmement répandu dans les classes moyennes et

que le mouvement de libéralisation, de « dérégulation » comme on dit, est soutenu par une grande partie de l'opinion, pas seulement par Wall Street.

Mes papiers commencent à le dire, timidement, prudemment mais, sitôt que cette musique s'entend, je perçois des grognements de la gauche du journal – *il vire à droite, syndrome polonais* – et le Département d'Etat me fait, à ma stupeur, des déclaration enflammées : « Vous êtes, me dit avec ravissement une responsable des Affaires européennes, le premier correspondant du *Monde* à n'être pas anti-américain »...

J.L. : Le premier ? ! Henri Pierre était ironique, oui, mais quelle drôle de conception de l'anti-américanisme !

B.G. : Durant toute la guerre du Vietnam et les années qui avaient suivi, les correspondants du *Monde* avaient été très critiques...

J.L. : ... Moins que le *Washington Post* !

B.G. : Pas moins en effet. Cette sous-secrétaire d'Etat ne voulait rien dire d'autre mais sa réflexion n'était pas plus caricaturale que les grognements de la gauche du journal car je ne ressentais pas la moindre sympathie pour le reaganisme qui m'horrifiait au contraire. Mes prédécesseurs immédiats, Robert Solé et Dominique Dhombres, avaient déjà braqué le projecteur sur le mouvement qui le portait. Je ne faisais que notre métier de correspondant avec l'idée, qui plus est, qu'il fallait ouvrir les yeux du lectorat du *Monde*, de la

La peau de l'ours

gauche française, sur une évolution politique dont l'ampleur m'apparaissait fondamentale.

Il n'était tout de même pas négligeable, politiquement indifférent, que la page de Roosevelt et du New Deal se tourne aux Etats-Unis et qu'elle soit refermée par un ancien syndicaliste, par le Démocrate qu'avait été Reagan !

J'ai continué à le dire, avec de moins en moins de gants, et même la droite du journal en était vaguement mal à l'aise. On ne m'a jamais suggéré quoi que ce soit, encore moins censuré, mais ça ne baignait pas dans l'huile car ce que j'écrivais ne correspondait pas au sentiment national et certainement pas aux opinions de la majorité de la rédaction.

Là-dessus, Mitterrand change de politique et toute une partie de la France, la gauche, *Libération* en tête, découvrent les vertus de l'entreprise, de l'économie de marché et fait de l'entrepreneur le héros des temps modernes. C'était le milieu des années 80...

J.L. : C'est le moment, en France, du virage du régime – mettons vers le centre, pour être aimable.

B.G. : C'est le moment où Yves Montand, Jean-Claude Guillebaud et Laurent Joffrin conçoivent cette émission, *Vive la crise !*, que je n'ai jamais vue – j'étais aux Etats-Unis – mais dont l'écho m'a beaucoup frappé. La France et sa gauche changeaient et, du coup, l'image du reaganisme changeait à Paris et celle que j'en donnais de Washington n'était de nouveau plus en adéquation avec l'évolution de beaucoup des lecteurs et des rédactions parisiennes. J'avais été habitué à l'unanimisme. Ce n'était plus le cas.

Le monde est mon métier

J.L. : Qui est le chef du service étranger, votre chef, à ce moment-là ?

B.G. : Jacques Amalric, toujours, mais je n'ai aucun problème avec lui ni, d'ailleurs, avec quiconque. Il n'y a pas conflit, seulement un effet Larsen, un décalage qui fait un peu siffler la ligne.

J.L. : A cette époque-là, je ne suis qu'un de vos lecteurs. J'ai quitté la rédaction du *Monde* depuis quelque temps mais je ne suis pas si éloigné de sa direction et ce que vous dites là me paraît un peu carré. Je ne l'ai pas ressenti mais l'important est ce que vous l'ayez senti, vous, à Washington.

B.G. : Je ne vous parle pas d'une bagarre comme celle que j'aurai, plus tard, à Moscou, avec la hiérarchie du service étranger. Ce n'était pas le cas mais je n'étais plus porté par le journal comme je l'avais été en Pologne et je réalise alors à quel point cette situation avait été exceptionnelle et me manquerait parce qu'un correspondant – c'est vrai de tous – est toujours un petit être fragile, exagérément sensible aux réactions et éventuelles incompréhensions qu'il suscite car il est éloigné de son journal et de son pays et craint toujours de ne plus savoir s'adresser à eux.
Les ambassadeurs aussi connaissent cela. C'est toute cette difficulté de la transmission que vous évoquiez au début de notre conversation, cette difficulté qu'il y a à se faire comprendre car ce qu'on dit, dans les articles comme dans les dépêches diplomatiques, n'est pas reçu de la même manière par les uns et par les autres,

La peau de l'ours

la gauche et la droite, la gauche du programme commun et celle du tournant réaliste.

J.L. : Je n'ai jamais rencontré Reagan. Je n'ai eu sur lui que les échos de la maison Mitterrand qui étaient plutôt négatifs : on ne peut pas travailler avec un type aussi bas de plafond, les petits cartons qu'on lui sort à tout instant et qu'il nous débite sitôt lus, ce n'est pas possible… Le chancelier allemand, Helmut Schmidt, le supportait encore moins.

Les mitterrandiens ne disaient pas du tout la même chose du secrétaire d'Etat, George Shultz, personnage remarquable ou du vice-président Bush, également de très bon niveau, mais Reagan lui-même… Jean-Marcel Jeanneney, qui fut sherpa de Mitterrand, me faisait part de sa consternation de voir les Etats-Unis représentés par un homme qui n'était pas dépourvu de charme mais manquait totalement du plus élémentaire bagage politique pour traiter les grandes affaires. Ce n'est pas votre avis ?

Reagan dans la brèche

B.G. : Oui et non. Oui, en ce sens qu'il avait une connaissance du monde extrêmement sommaire, confondait aisément les capitales d'Amérique latine, était franchement paresseux et ne s'embarrassait pas de plus de quatre ou cinq idées maîtresses, ses lignes directrices. Pour les détails, il avait des secrétaires à la Défense, au Trésor, un secrétaire d'Etat… Pour ce qui était des Européens, trop maniérés et bien trop sophis-

Le monde est mon métier

tiqués pour lui, il avait George Bush, le père, cet aristocrate bostonien qu'il détestait cordialement.

Disons qu'il déléguait beaucoup. Les échos que vous avez entendus n'étaient pas infondés mais je dirais, d'abord, que Mitterrand et son équipe ont eu la chance de ne pas avoir à traiter avec Bush, le fils. Je vous assure que ce n'était pas la même chose. Le petit Bush est simplement consternant. Ce n'était pas le cas de Reagan et, si à droite qu'elle ait été, son équipe n'était pas composée de butors de la taille d'un Dick Cheney. Le bilan du petit Bush est une totale et durable catastrophe. Nul besoin de recul pour le dire. Cet homme est l'auteur d'une bévue historique majeure...

J.L. : ... Jamais personne ne s'est tiré un coup dans le pied aussi tragique pour son pays et quelques-uns de ses alliés...

B.G. : ... Pour tous ses alliés, Jean, pour tous sans exception, alors que le bilan de Reagan... Le fait est que ce n'est pas un mauvais bilan. Voilà un homme qui, tout en prônant et mettant en application la dérégulation libérale, va se servir – en même temps, tout autant – des bonnes vieilles recettes keynésiennes pour relancer l'économie américaine. Grâce à une spectaculaire augmentation des budgets de Défense, il relance la croissance américaine en injectant massivement des fonds publics dans l'économie et ça marche.

Voilà un homme qui, après la débâcle psychologique de la guerre du Vietnam, va redonner à ses concitoyens – avec toute la niaiserie que ça peut supposer – la fierté d'être américains et le sentiment

La peau de l'ours

(« America is back ») du retour de l'Amérique. Ce sont deux atouts formidables pour un pays. Je vous vois tordre un peu le nez... mais je termine. Vous n'aimez pas ce que je dis, moi non plus je n'aime pas trop le dire, mais le fait est que cette fierté retrouvée, petits drapeaux et envolées patriotiques, va servir les Etats-Unis et que l'augmentation des dépenses militaires sera beaucoup plus opérationnelle dans l'accélération de la chute du communisme que ne l'a jamais été Jean-Paul II, malgré son charisme.

C'est cette inflation des moyens du Pentagone et le complet bluff qu'aura constitués le lancement du programme de défense antimissiles qui convaincront la partie la plus éclairée de l'appareil soviétique qu'il faut bouger, qu'ils ne peuvent suivre ni économiquement ni technologiquement et qu'ils sont sur le point de perdre la partie. Reagan va terrifier les Soviétiques...

J.L. : ... et les lancer dans des entreprises ruineuses pour eux...

B.G. : ... C'est ce que son équipe et lui escomptaient mais, contre toute attente, c'est largement ce qui a permis l'accession au pouvoir de Gorbatchev et de ses réformateurs qui ont vu, là, l'occasion de sortir la Russie de sa stagnation en la lançant dans le changement et les offres de désarmement. Reagan avait su voir des signes d'affaiblissement soviétique dans les affaires polonaise et afghane. Il s'en était aussitôt emparé. Il s'est engouffré dans la brèche et ce n'était pas la marque d'un âne.

Son bilan, c'est tout ça. C'est également le début du démantèlement de la protection sociale, de ce « Vive les riches ! A bas les pauvres ! » dont le monde retentit aujourd'hui. Reagan n'est pas mon idole, vraiment pas, mais on ne pouvait pas le sous-estimer, fût-ce dans des papiers qui n'étaient pas forcément aimables pour lui.

J.L. : Je crois, en effet, me souvenir qu'ils ne l'étaient pas...

B.G. : Je ne l'étais pas du tout, notamment pas en 1984, lorsque Reagan faisait campagne pour sa réélection. Le niveau de simplisme de ses meetings était accablant et je me le suis « payé », comme on dit, rien qu'en le citant et le décrivant. C'était comique. J'en ai fait du comique, sans doute les seuls papiers drôles que j'aie jamais écrits de ma vie, car il valait mieux en rire qu'en pleurer.

Les Démocrates coulaient à pic. Les syndicats essuyaient un assaut dont ils ne sont pas remis. L'argent éclatait de bonheur et si les gauches européennes, les militants et les appareils, avaient bien voulu se donner le mal d'analyser ce qui se passait – cette rupture entre les classes moyennes et l'idée même de redistribution sociale – sans doute n'en seraient-elles pas où elles en sont.

J.L. : Il est toujours fascinant de se retrouver au cœur du système d'information américain, du jeu entre la presse et le pouvoir aux Etats-Unis. Comment avez-vous vécu ça, à la salle de presse de la Maison-Blanche, au Congrès, dans les rapports avec le State Department ?

La peau de l'ours

B.G. : Une banalité, d'abord, mais essentielle. J'ai été sidéré, écrasé, humilié par la richesse et la qualité de la presse américaine. Comme tout le monde, j'en connaissais la légende – le Watergate et Bogart terrassant le mal à coups de départs de rotatives – mais à la lire tous les matins, à me ruer dehors, fût-ce par moins 15°, pour ramasser le *Washington Post* et le *New York Times* qu'on vient de jeter, au lancé, sur la porte de la maison, j'ai conçu pour ces journaux une admiration qui m'est restée.

Je ne m'en suis pas seulement abreuvé. Comme tous les correspondants étrangers, je les ai pillés comme les quarante voleurs, y puisant infos, citations, statistiques mais aussi des idées, des angles, des noms de gens à appeler. C'est grâce à un long témoignage sur le Sida qu'avait publié le *Post* que je suis allé, à San Francisco, constater les ravages de cette peste dont on parlait encore peu.

J'ai fait mon miel de ces titres mais ce n'est pas tout. La manière dont ils absorbaient le choc du reaganisme m'a aussi donné à réfléchir sur la presse. Pour ces deux rédactions, toutes les deux « libérales », c'est-à-dire de gauche aux Etats-Unis, le débarquement des reaganiens à Washington avait sensiblement équivalu à une invasion de martiens. Leurs journalistes étaient issus des années 60, marqués et auréolés par leurs batailles contre la guerre du Vietnam et Nixon. Les familles propriétaires des titres n'étaient pas moins effarées. Leur culture à elles, c'était les années Kennedy, l'Etat, l'égalité raciale, la justice sociale.

C'était un choc de cultures mais, au lieu de se crisper, de nier l'ampleur du phénomène et de s'enfermer dans une rhétorique et des références que le pays venait de rejeter, qu'ont-ils fait ? Ils sont devenus éblouissants sur la « révolution conservatrice », non pas ses thuriféraires mais ses meilleurs analystes. Ils n'ont pas laissé un centimètre carré au *Washington Times* qui essayait de leur tailler des croupières en profitant de ses liens idéologiques avec la nouvelle équipe au pouvoir. Et ils ont, surtout, valorisé ou embauché des chroniqueurs politiquement proches de cette droite dérégulatrice et dont le talent – ils en avaient beaucoup – a comme intégré le reaganisme aux codes et usages d'une capitale politique dont ces journaux étaient et sont ainsi restés le cœur et les arbitres.

Ils ne se sont pas séparés de leurs chroniqueurs de gauche. Ils ne les ont pas relégués en bas de page. Ils sont encore moins devenus reaganiens mais ont organisé une coexistence de cultures qui leur permettait de continuer à refléter tout le pays. Un peu comme des grandes familles pouvaient donner l'une de leurs filles à un nouveau régime, ils ont composé avec leur époque pour ne pas rompre avec elle et toujours y peser.

Opportunisme ? Oui, si l'on veut. Défense d'intérêts patrimoniaux et de positions commerciales ? Certainement mais il n'est pas sûr que le *Post* et le *Times* seraient, sans cela, restés aussi centraux qu'ils le sont. Il n'y aurait alors plus eu de contrepoids à l'empire Murdoch ni aux télévisions contrôlées par la grande industrie et ils n'ont jamais fait, après tout, que ce que *Le Monde* et *L'Observateur* avaient fait en s'ouvrant au gauchisme après 68.

La peau de l'ours

La Grenade et la vérité

J.L. : C'est d'autant plus méritoire que les deux capitales du journalisme, Washington et New York, sont des villes très particulières. A Paris, on est parisien, plus ou moins coupé de la province, mais quand même en France alors que New York est un pays dans le pays et Washington un lieu en soi, totalement dévolu à la politique. Il est remarquable d'avoir eu le *feeling* du pays dans des bastilles aussi particulières.

B.G. : L'arrivée systématique d'équipes nouvelles avec le nouveau Président aide toujours Washington à sentir le vent de l'Amérique profonde mais il y avait en effet, là, une élasticité d'institutions sûres d'elles-mêmes et elle m'a impressionné. Je n'ai, pour autant, pas tout admiré dans la presse américaine. Lorsqu'elle s'est étranglée d'indignation, par exemple, après que la Maison-Blanche eut qualifié d'« absurdes » les rumeurs sur l'imminence d'une invasion de la Grenade qui allait commencer une heure plus tard, sa religion de la vérité m'a stupéfait.

Je ne voyais pas où était le scandale car on n'annonce pas à l'avance, évidemment pas, les offensives militaires ou les dévaluations mais les journalistes américains, eux, ne pouvaient pas admettre qu'on leur ait « menti ». Pour eux, c'était un manquement intolérable, une rupture de contrat. Je ne comprenais pas leur réaction mais, plus je les ai interrogés, plus j'ai réalisé qu'ils n'avaient pas cette méfiance fondamentale vis-à-vis du pouvoir que nous avons, nous, en Europe.

Il ne nous viendrait pas à l'idée, à nous, journalistes

européens, qu'un pouvoir puisse être moral et ne jamais mentir. Nous partirions plutôt de l'idée que tout pouvoir est intrinsèquement immoral et ment par définition. C'est l'excès inverse mais cette croyance américaine n'est pas seulement naïve.

Elle trahit une inébranlable foi en la supériorité morale des Etats-Unis, en un pays différent, « indispensable », comme disait Madeleine Albright, la secrétaire d'Etat de Clinton, un pays voulu par Dieu pour dépasser les péchés et la dépravation du Vieux Monde. La presse américaine part ainsi de l'*a priori* que le pouvoir américain ne ment pas. Elle sait qu'il peut le faire et se déchaîne alors. Elle sait que cela peut arriver mais seulement comme on peut s'égarer dans le crime ou la corruption et non pas parce que la dissimulation est une arme du Prince comme le trompe-l'œil du peintre.

Il en résulte une profonde confiance des journalistes américains dans leur Etat et j'étais toujours stupéfait de lire en première page de ces grands journaux des comptes rendus de briefings du *State* auxquels j'avais moi-même assisté et qui étaient publiés comme vérité établie. Un « haut fonctionnaire du Département d'Etat » (le plus souvent anonyme) « a dit que... », il « a ajouté que... », il « a conclu que... » et le tout sans formulation du moindre doute là où nous serions partis, nous, du principe que tout ce qui était dit n'était que rideau de fumée. Il y a, aux Etats-Unis, une étrange adhésion à la parole officielle...

J.L. : ... du suivisme ?

B.G. : Le mot serait trop fort car la presse américaine est tout, sauf aux ordres. Même lorsque George Bush

La peau de l'ours

a su lui faire avaler la fable des armes de destruction massive de Saddam Hussein, même dans cette période noire, il était réconfortant de voir à l'œuvre les anticorps de ces deux grands titres. La page éditoriale du *Post* suivait la Maison-Blanche mais les pages d'information freinaient des quatre fers et c'était l'inverse au *Times*. Les journalistes américains n'obéissaient pas. Ils s'étaient laissé tromper mais pas tous et il y avait un débat dans les rédactions qu'on lisait dans les colonnes. Sur les écrans de Fox News, en revanche, chez M. Murdoch, c'était la *Pravda*.

J.L. : Vous n'avez travaillé à Washington que sous Reagan, si je puis dire ?

B.G. : Oui, uniquement sous lui et j'en garde trois souvenirs forts. Le premier est la multiplication des malades mentaux errant dans les rues car, dès lors que « l'Etat n'est pas la solution mais le problème », dès lors, disaient les reaganiens, que « l'impôt tue l'impôt » et, donc, la croissance, le nombre de places en hôpital psychiatrique avait été si considérablement réduit que des gens totalement incapables de se prendre en charge étaient livrés à eux-mêmes. J'ai récemment rappelé cela, trois mois avant sa mort, à Milton Friedman, le prix Nobel d'économie, le père de la révolution libérale, et il en était tout gêné. « Une idiotie », m'avait-il dit mais c'est dans ces années-là qu'on a vu une idéologie prendre le pas sur l'autre, avec le même esprit de système et causant de nouveaux ravages, différents mais tout aussi intolérables.

Le deuxième souvenir que j'ai de cette période est le saisissant contraste entre les conventions républicaine et démocrate de 1984. Dans l'une et l'autre, c'était les mêmes ballons et les mêmes chorégraphies, réglées pour coller au rythme de la télévision et faire intervenir en *prime time* les vedettes de chaque parti. C'était la même chose sauf que, chez les Démocrates, la salle était faite d'ouvriers, d'employés et d'enseignants, de gens aux bouilles ouvertes et généreuses, alors qu'on se serait cru, chez les Républicains, à un congrès de notaires ou au Rotary, gens de bien, bien vêtus, compassés et transpirant la morgue, celle de l'argent.

Les Démocrates ne sont pas les Républicains. Aux Etats-Unis, comme partout, il y a un parti de l'ordre et un parti du mouvement, des classes sociales, le Capital et le Travail.

Quant au troisième souvenir, c'est l'incroyable rapidité avec laquelle le premier cercle reaganien avait pris la mesure des bouleversements qu'annonçait la nomination de Gorbatchev. Le premier à m'en avoir parlé fut George Shultz, le secrétaire d'Etat dont la Mitterrandie vous disait, Jean, tant de bien. Avec une certitude que j'étais à mille lieues de partager à l'époque, il m'avait prédit de grands changements en URSS. Cela pourrait aller très loin, si, si, vous verrez, m'avait-il dit avec cet air bougon de vieux prof qui ne le quittait jamais mais ce n'était rien à côté de l'enthousiasme dont m'avait ensuite fait part Jane Kirkpatrick, l'ambassadeur à l'Onu.

Démocrate convertie au reaganisme, elle avait l'anticommunisme chevillé au corps mais elle avait passé tout un déjeuner donné par l'ambassadeur de France à tenter de me convaincre qu'un grand tournant s'opé-

La peau de l'ours

rait à Moscou, « quelque chose de très important », disait-elle,

Aussi formidablement intrigué, séduit, intéressé que j'aie été par les débuts de la Perestroïka, je n'arrivais pas, moi, à les suivre. Ça bougeait, oui. L'arrivée au pouvoir d'un homme aussi jeune après cette succession de vieillards qui « ne cessaient pas de mourir », comme avait dit Reagan, constituait un changement en soi. Ça, j'en étais d'accord.

J'avais moi-même été stupéfait de lire que le nouveau Secrétaire général, face à des cantonnières qui l'exhortaient à « être près du peuple », avait répondu à ces femmes : « Plus près... on ne peut pas. »

Cette grivoiserie marquait une invraisemblable rupture de style mais l'enthousiasme des reaganiens me laissait plus que sceptique jusqu'au jour où je vois tomber sur mon télescripteur une dépêche de l'AFP, datée de Moscou.

Non seulement Gorbatchev venait d'autoriser Sakharov à quitter Gorki où il avait été envoyé en exil intérieur, déporté avec sa femme et coupé du monde, mais il lui avait personnellement téléphoné pour lui demander de « reprendre son travail pour la patrie ». Je relis ça trois fois et c'est là que je me suis convaincu que les reaganiens avaient raison. Non seulement le Numéro 1 du Parti s'était mis au niveau de la figure de proue de la dissidence en prenant l'initiative de lui téléphoner mais, en lui parlant de son « travail pour la patrie », il lui avait clairement proposé d'œuvrer en commun à une évolution politique.

Mikhaïl Gorbatchev venait de faire de Sakharov un interlocuteur politique et ça, c'était bel et bien une révolution – celle que la nouvelle équipe soviétique avait annoncée aux reaganiens dans des contacts directs auxquels Jane Kirkpatrick avait fini par se référer au cours de ce déjeuner à la résidence française.

J.L. : Peut-on penser que le salut à Sakharov que Mitterrand avait lancé, en 1984, lors d'un dîner au Kremlin, a joué un rôle ?

B.G. : Sakharov était Sakharov avant ce salut mais il faut rendre hommage à Mitterrand de l'avoir osé. Personne n'avait jamais fait cela. Il en a eu, lui, l'audace, comme s'il avait senti que l'impossible devenait possible. Chapeau bas...

J.L. : A cette époque-là, je suis passé à Washington où j'ai vu un homme que j'avais connu pendant la guerre du Vietnam, que j'avais beaucoup admiré et qui était, sans doute, le meilleur connaisseur de l'Union soviétique, George Kennan, alors professeur à Princeton. Il m'avait dit : La Perestroïka, oui, ils font des retouches mais, à partir de la Glasnost tout change, c'est capital. A partir du moment où vous éclairez, vous bougez et vous bougez profondément.

B.G. : Il avait raison mais qui d'autre l'avait vu à l'époque ? Le premier cercle reaganien, François Mitterrand, Margaret Thatcher et un ambassadeur de France à Moscou, Jean-Bernard Raymond, qui allait devenir ministre des Affaires étrangères de la première cohabitation et en l'honneur duquel était donné ce déjeuner avec Jane Kirkpatrick. Je l'avais bien connu à Varsovie et, après le café, il m'avait entraîné dans un

coin du jardin pour me dire : « Bernard, croyez-la, croyez-moi : tout change. »
Très peu de gens l'avaient compris. Je ne l'avais pas compris d'emblée mais, ayant lu la dépêche sur le coup de fil de Gorby, je n'avais plus qu'une idée en tête : partir pour Moscou, séance tenante...

« On ne voit pas le Comité central »

J.L. : Quand arrivez-vous en URSS ?

B.G. : A l'automne 1987...

J.L. : ... Sans difficultés ? Les Soviétiques vous donnent le visa qu'ils vous avaient refusé quatre ans plus tôt ?

B.G. : Le ministère des Affaires étrangères, le MID, n'était pas chaud mais ça n'a pas traîné longtemps, quelques mois seulement. Le courant était passé entre Mitterrand et Gorbatchev, mieux que bien, et les temps, surtout, avaient changé. Les hommes de la Perestroïka contrôlaient la section internationale du Comité central qui, bien sûr, chapeautait le MID. Je n'étais pas un diable à leurs yeux et ils ne voulaient pas porter ombrage aux relations franco-soviétiques.
Sur la route de Moscou, j'avais fait un crochet par la Pologne. Le froid était glacial mais Adam Michnik et moi avions passé une nuit entière à arpenter la jetée de Sopot, de la côte à la mer, de la mer à la côte, débattant furieusement du communisme et de son destin,

de sa fin prochaine et des raisons qui nous avaient poussé, nous les soixante-huitards, la génération d'après guerre, à nous dresser contre ce système, lui comme dissident, moi comme journaliste. Je lui disais que, chez lui comme chez moi, la Shoah et la culture européenne, les Lumières et le souvenir du nazisme, avaient été déterminants et que notre prochaine bataille serait l'affirmation de l'Europe.

Il était surpris. Ni mes explications de notre engagement ni l'ambition que je lui proposais n'étaient les siennes. Il était, lui, dans l'affirmation de la Pologne. J'étais français, il était polonais. Le Mur n'était pas tombé que nous amorcions la polémique qui allait nous opposer, dans les colonnes de son futur journal, sur la guerre d'Irak et la vision polonaise de l'Union.

C'est à cette époque que j'ai commencé à attacher tant d'importance à l'Europe mais, quand j'arrive à Moscou, l'URSS est encore l'Union soviétique, pesante, policière et convenue. A Varsovie, l'un des pontes du Comité central m'avait retenu quatre heures dans son bureau pour m'expliquer qu'une « révolution » se préparait à Moscou mais, à l'entrée du *ghetto* pour étrangers où *Le Monde* loue l'appartement de ses correspondants, un flic contrôle toujours les allées et venues.

Il est encore impossible d'inviter un Russe à dîner. La secrétaire du bureau travaille, évidemment, pour le KGB auquel elle fait des rapports hebdomadaires qui s'ajoutent aux écoutes. Le MID me fait comprendre qu'on m'aura à l'œil. Livre à livre, mon déménagement est épluché.

En apparence, rien n'a changé mais j'ai des adresses en poche, plein de recommandations pour les opposants, et plonge immédiatement dans une agitation

La peau de l'ours

croissante qui me mène de rassemblements de rue en réunions, des salons de l'intelligentsia contestatrice aux rendez-vous clandestins avec les nationalistes arméniens qui, déjà, s'agitent sur la question du Nagorny Karabakh – une enclave arménienne en territoire azerbaïdjanais qui reste, jusqu'aujourd'hui, un problème brûlant.

Tout cela me rappelle énormément l'Europe centrale des années 70 mais avec une énorme différence, capitale pour la suite.

Autant les dissidents des démocraties populaires avaient une culture historique et un sens politique, une stratégie en tête, autant les contestataires de Moscou, à de rares exceptions près, n'ont que leur courage et une vision morale. Ils sont admirables, bouleversants, mais il n'y a jamais eu de démocratie en Russie, seulement une parenthèse parlementaire après la Révolution de 1905. Le communisme y a succédé à l'absolutisme. L'histoire y a été constamment réécrite par la propagande. On y a moins écouté les radios occidentales qu'en Europe centrale car elles y étaient autrement mieux brouillées. Autant la culture, notamment le théâtre, est brillante dans la Russie que je découvre alors, autant ce pays est politiquement analphabète sauf – et le contraste est à nouveau, là, frappant avec l'Europe centrale – aux plus hauts échelons du pouvoir, au Comité central et dans les Instituts de recherche du régime.

Là, on peut tout lire, y compris la presse occidentale, y compris Boukharine, les mencheviks, Kautsky ou Milton Friedman, et on ne s'en est pas privé dans cette génération d'apparatchiks «soixantards», parmi ces jeunes quinquagénaires qui avaient été étudiants sous

Le monde est mon métier

Khrouchtchev, puis en poste à Prague ou Budapest, dans les organisations communistes internationales, au contact, donc, du monde extérieur, et qui entourent, désormais, Gorbatchev.

C'est là, dans cette énarchie soviétique, qu'est l'intelligence politique russe, parmi ces hommes qui seront pulvérisés par l'ouverture qu'ils amorcent mais qui rêvent, alors, de maîtriser le rythme et les étapes d'une évolution démocratique.

Quelques semaines après mon arrivée, j'ai demandé au MID de m'organiser un rendez-vous au Comité central avec «un proche, leur avais-je dit, du Secrétaire général». «Impossible! Il n'y a pas de contact entre le Comité central et la presse étrangère. — Demandez toujours! — Inutile.» Ils me rappellent trois jours plus tard : «Andreï Gratchev accepte de vous rencontrer mais chez nous, au centre de presse du MID. — Andreï qui ? — Grat-chev. Vous avez de la chance.»

André allait prendre une grande place dans ma vie. A Moscou, je n'ai jamais eu avec lui l'intimité que j'avais eue, à Varsovie, avec Geremek. Je n'allais certainement pas chez lui, un jour sur deux, au milieu de la nuit mais, de trois mois en trois mois, je le voyais, au Comité central. Je ne me souviens pas qu'il m'ait jamais donné une information, pas plus que Bronek, mais il me faisait sentir une atmosphère, percevoir une température et, comme avec Geremek, je pouvais vérifier auprès de lui un tuyau ou une intuition dans ce même jeu du chaud et froid : «Vrai...», «Faux...», «Vous vous fourvoyez...» ou «Pas mal vu...».

Comme pour Bronek, beaucoup de gens croiront qu'il est ma source. Il ne l'était pas et ne pouvait pas l'être dans les fonctions qu'il occupait. Ce que j'apprenais des cercles dirigeants me venait des journalistes les plus en pointe du changement, de directeurs d'Instituts aussi, d'hommes qui rencontraient régulièrement Gorbatchev, me décrivaient son état d'esprit et me rapportaient ses propos. L'essentiel de l'information était, au demeurant, l'emballement des événements qu'il aurait fallu être aveugle et sourd pour ne pas percevoir mais cette première rencontre avec Gratchev, au MID, avait été formidablement éclairante.

« Vous vouliez me voir... — Oui, car je ne comprends pas ce que vous voulez faire. » Sa réponse avait été très générale : relancer l'économie par la fin de l'irresponsabilité collective et la responsabilisation de l'individu, desserrer, pour cela, l'étau politique... « Sortir du communisme alors ? — Non... — C'est pourtant bien ce que cela signifierait. Quelles sont les limites que vous ne franchirez pas ? » Le fonctionnaire du MID roulait des yeux effarés et Gratchev avait fini par me dire : « Je crois que vous comprenez très bien. Vous avez été en Pologne, monsieur Guetta, et comprenez très bien où nous en sommes. »

Là-dessus, il s'était levé, sans un mot de plus. Il m'avait laissé voir ce que je voulais savoir et ce qu'il voulait que je sache, m'avait donné une idée de ce qu'était cette équipe et de sa perception des problèmes. Je la savais, grâce à lui, consciente que le navire coulait et le moins qu'on puisse dire est que c'était le cas, chaque jour un peu plus.

Dès février, j'ai vu la peur reculer puis disparaître. Les flics ne contrôlaient plus rien à l'entrée du ghetto et, quand ils le faisaient encore, les gens s'en fichaient. Un beau matin mon téléphone sonne au bureau. C'était un professeur de français qui appelait d'Abkhazie pour dénoncer au *Monde* la corruption des dirigeants locaux. La ligne était mauvaise. Il hurlait des noms : « Tous des voleurs, monsieur ! Tous sans exception. » Je n'en croyais pas mes oreilles : « Mais comment avez-vous eu ce numéro ? — Par les Arméniens... Et ces voleurs ont des complices à Moscou, oui, monsieur : des complices... »

Les nationalistes arméniens refilaient mon numéro à un Abkhaze. Ils étaient en liaison. Ce n'était plus une voie d'eau. Le gouvernail était endommagé et, bientôt, ce furent les rescapés du Goulag qui sonnaient au bureau et donnaient leur nom à la secrétaire du KGB qui commençait, elle, à faire des allusions à ses rapports hebdomadaires : « Qu'est-ce que je peux leur dire, monsieur Guetta ? »

Hallucinés, souvent édentés, ces malheureux m'apportaient des dossiers entiers, photos, preuves de leur innocence, lettres de réclamation aux autorités. Tout allait si vite...

« *Les livres de grand-père* »

J.L. : Et il y a eu ce début de réhabilitation de Trotski... Je me souviens de votre papier, tout frémissant...

B.G. : L'extraordinaire est que ce n'était pas un début de réhabilitation officielle, comme pour Boukharine. C'était un débat libre, organisé par Mémorial, le mouvement qui ouvrait tous les dossiers de la répression. J'y avais été emmené par une historienne française travaillant à Moscou, Véronique Garros, brillante

La peau de l'ours

élève de Marc Ferro dont j'avais fait mon assistante. Cela se tenait à l'Institut de l'aéronautique dont le président – un ami de Gratchev mais je ne l'ai su que plus tard – a été par la suite ambassadeur à Paris. C'était l'un de ces hommes du régime, pas si nombreux mais très efficaces, qui poussaient à la roue.

Il y avait là des enfants ou petits-enfants des victimes de la répression de l'opposition de gauche. Certains avaient aperçu Trotski auprès de leurs grands-parents. Tous étaient très âgés et, plus ils parlaient, plus les étudiants de l'Institut écoutaient intensément, bouleversés, noués par ces récits d'arrestations, de camps, d'assassinats. Les noms de ces témoins sortaient des manuels d'histoire – occidentaux, pas soviétiques – et quand l'un d'entre eux a raconté l'assassinat de Trotski au Mexique, le piolet et l'agent du KGB décoré à son retour, un cri a retenti du fond de la salle : « *Nievazmojno*! Ce n'est pas possible! »

Ce qui était extraordinaire, c'est que ces étudiants découvraient tout cela. Ils ne savaient rien de leur histoire, absolument rien et, bientôt, la salle pleurait. On entendait de gros sanglots et tous ces jeunes visages ravagés de larmes faisaient pleurer les vieux témoins à leur tour... C'était très lacrymogène. Croyez-moi : j'ai beaucoup pleuré en Pologne mais qu'est-ce que j'ai pleuré en Russie ! Tout était bouleversant : d'anciens prisonniers, plus que des souffles, qui se reconnaissaient dans une réunion de Mémorial, des gens qui s'étaient tus, vingt, trente, quarante ans durant et qui se décidaient à parler car si les journaux, la presse du régime, commençaient à le faire, pourquoi pas eux ?

La veuve de Boukharine, encore si belle, livrait le testament de l'homme que Lénine avait appelé « l'enfant chéri du Parti » et que Staline avait fait exécuter, ce testament qu'il lui avait demandé d'apprendre par cœur jusqu'au jour où elle pourrait le publier sans risque.

J'allais accueillir à l'aéroport des amis dissidents qui revenaient de Paris sans encore pouvoir réaliser qu'ils étaient là, en Russie, qu'ils revoyaient leurs amis, leur pays, sans plus rien avoir à craindre. Et puis, un jour, le petit-fils de Trotski a débarqué du Mexique. J'ai vu le douanier sortir, un à un, les livres de sa valise : « Qu'est-ce que c'est ? — Les livres de grand-père », répond-il, en anglais, sur un tel ton d'évidence que le douanier a hurlé : « Passez ! Passez ! »

Je me suis retrouvé dans l'appartement de sa sœur, une très vieille dame qui avait vécu un tiers de sa vie en camp et qui se mourait d'un cancer des os. Il est entré dans sa chambre. Elle s'est dressée dans des gémissements de douleur et l'a longuement regardé avant de lui dire : « La vie nous réunit trop tard. » Il ne parlait plus russe. Je lui traduisais en français. Elle lui a pudiquement, allusivement, raconté ses décennies de souffrances. Elle avait même caché à sa fille qu'elle descendait de Trotski. Je ne pouvais plus traduire tellement je pleurais, secoué de sanglots convulsifs.

Nous sommes ensuite allés sur la place Rouge, accompagné d'un journaliste russe à l'humour corrosif, Sacha Minkine, un ami que j'avais mis sur le coup et qui lui dit, montrant le Kremlin : « Si ton grand-père avait été plus malin, tout cela serait à toi ! » Je traduis. Fou rire devant le Mausolée de Lénine… Tout était incroyable, beaucoup plus incroyable encore que la Pologne car les Russes, contrairement aux Polonais, ne sont pas rebelles et que là, tout sautait – la peur et les tabous, tous balayés par une éruption de vérité.

La peau de l'ours

C'était magnifique mais, avec Paris, quand j'annonçais mon papier, les réactions étaient chaque matin plus froides, les relations plus fraîches, l'incompréhension plus grande. Amalric ne pouvait pas croire à cela. Mon enthousiasme l'affolait car il était, lui, convaincu que le communisme ne pouvait pas changer, que j'exagérais, que tout cela n'était qu'une obscure tromperie du KGB, une manipulation que j'aurais dû prendre avec plus de circonspection.

J.L. : Vous n'étiez pourtant pas le seul correspondant à Moscou, pas le seul journaliste français, pas le seul européen, pas le seul Occidental et les échos étaient concordants, peut-être moins audacieux que chez vous mais concordants. Vous pouviez répondre : lisez le *New York Times*, le *Washington Post*...

B.G. : Je ne veux pas personnaliser. Après avoir été si belles, nos relations sont bientôt devenues affreuses, si épouvantables que j'ai finalement quitté le journal, mais je ne peux pas en vouloir à Jacques car je comprends et comprenais sa réaction. Après avoir été très à gauche, surtout quand il était à Washington, il était devenu violemment antisoviétique à Moscou où il avait été correspondant à la fin des années 70, pendant la plus dure période de répression contre la dissidence.

Ses articles étaient si justes et courageux que les Soviétiques l'avaient harcelé, crevant régulièrement les pneus de sa voiture et autres plaisanteries. C'est la dissidence qui nous avait rapprochés. Nous étions de très, très proches amis, unis par une connivence politique – par l'anticommunisme – et son scepticisme n'était en rien différent de celui que j'avais, moi-même, opposé à Jane Kirkpatrick. La différence entre nous était que j'avais vécu la Pologne, déjà vu le communisme en échec et le Parti se défaire, et que j'étais à Moscou alors qu'il était, lui, à Paris, respirant, inspirant même par ses articles, l'air d'une ville qui n'était nullement prête à admettre que l'URSS puisse changer et encore moins que le changement y soit suscité par le Secrétaire général.

Le problème n'était pas propre à Amalric. Au milieu des années 80, l'intelligentsia française vient juste de devenir anticommuniste et de faire sien, dans la foulée, le dogme selon lequel on ne reviendrait pas du communisme. La Pologne y a paradoxalement contribué car je vous ai dit le peu de succès rencontré par l'idée que la normalisation s'y casserait les dents.

Entre la soudaine popularité des dissidents et l'état de guerre polonais, l'intelligentsia et les salles de rédaction ont une vue figée du communisme, goulag et lunettes noires beaucoup plus que cassures et mouvements de plaques tectoniques. Le problème était français car, contrairement à la Grande-Bretagne où l'URSS a recruté des espions mais peu de militants, la France a longtemps adoré ou révéré Staline qu'elle n'a découvert que sous Brejnev...

J.L. : Bernard, n'oubliez pas tout de même pas que, dès 1956, Khrouchtchev est acclamé, y compris en France, pour avoir dénoncé les crimes de Staline. Vous caricaturez vous aussi... Pour scandaleuse qu'elle ait été, la fascination ne survit pas aux années 50.

La peau de l'ours

Sans retour ?

B.G. : Sur le communisme, il y a toujours eu un temps de retard en France. Souvenez-vous aussi que, lorsque Le Seuil publie Soljenitsyne et que les nouveaux philosophes le brandissent pour vouer le communisme aux gémonies, on a le sentiment d'un séisme idéologique en France. Ce sentiment n'était pas infondé. On sortait d'une époque mais, quand les intellectuels français sont enfin devenus anticommunistes, ils ont opéré un extraordinaire retournement qui n'a pas été sans conséquences.

Si le communisme avait pu les tromper, eux, les meilleurs des meilleurs, les intellectuels par excellence, c'est alors qu'il était vraiment d'essence diabolique, aussi éternel que le Malin, « un aller simple » pour l'enfer.

Vous me dites : le *New York Times*, le *Washington Post*. Oui... Vous pourriez dire, aussi, *la Repubblica*, *El País* et tant d'autres mais nous étions en France où l'on avait si facilement été communiste sous Staline, où l'on avait, pour faire simple, découvert Staline sous Brejnev et où l'on s'était persuadé, Gorbatchev venu, que le communisme était « sans ticket de retour ».

En quelques mois, en une poignée d'années, il eût été difficile de changer une seconde fois de regard, d'admettre qu'un successeur de Staline, même lointain, était en train de promouvoir les libertés en Russie alors qu'on venait de se convaincre que le communisme était un mal absolu et l'URSS, « l'Empire du mal ».

Je me souviens d'Amalric me disant, à Moscou, dans ce bureau qui avait été le sien : « Tu peux me raconter ce que tu voudras mais pas que les journalistes soviétiques peuvent changer ! — C'est eux qui mènent la danse... — Impossible ! Non ! Je les connais ».

Il les connaissait, c'est vrai, avait beaucoup enduré d'eux mais les avait connus dans une autre période et ceux auxquels il s'était heurté n'étaient plus forcément aussi puissants. D'autres hommes étaient apparus et d'autres encore avaient mué, par opportunisme ou heureux, souvent, de pouvoir le faire.

J.L. : Est-ce que vous écriviez de Moscou comme vous auriez écrit de Londres ou de Rome ? Y étiez-vous un journaliste libre ?

B.G. : Complètement. Dans un tel souffle de changement, il n'y a personne, plus même de convenances, pour retenir votre plume. Vous écrivez ce que vous pensez. Vous le faites avec vos tripes, avec la violence et la franchise du vécu...

J.L. : ... C'est ce que vos lecteurs ressentaient...

B.G. : ... Je l'espérais en tout cas car ces instants devaient être restitués dans leur dramaturgie, tout comme la grève du chantier Lénine. Il fallait citer, décrire, donner à voir, donner à entendre, par exemple, les premiers débats du Soviet suprême élu sous Gorbatchev – ce moment que je crains que la Russie ne revoie pas avant longtemps, où les députés russes étaient vraiment des députés car seul un contingent de sièges avait été réservé au Parti.

Les autres avaient été librement contestés et des élus s'exprimaient librement à la tribune, l'immense

La peau de l'ours

Sakharov mais aussi des sans-nom, des sans-grade, sortis de l'anonymat par la grâce d'une démocratie naissante et, qui faisaient, sous les caméras, de prodigieuses interventions où se dévoilait tout le soviétisme. La télévision retransmettait tout, jour après jour, et tout le pays était devant les écrans, souffle coupé, lançant des «Oh!» des «Ah!» et des applaudissements comme pendant un match de coupe du monde qui n'en aurait plus fini de durer.

Comme la signature des Accords de Gdansk pour la Pologne, c'était la naissance d'une autre Russie et j'en ai souvent eu la chair de poule. Gorbatchev avait réussi, comme Gratchev me l'a dit une fois, dans son bureau du Comité central, à «prendre le château fort depuis le donjon».

J.L. : Aviez-vous retrouvé assez de russe pour comprendre ce qui se disait dans ces débats du Soviet suprême?

B.G. : Pas tout, pas les nuances, mais j'avais repris des cours avant de partir, mon vocabulaire m'était revenu. Je me débrouillais assez convenablement pour avoir participé à des débats télévisés, avec d'autres correspondants étrangers. En admettant qu'on m'invite encore, je n'en serais plus capable aujourd'hui car je ne pratique plus mon russe. Je n'aime pas retourner à Moscou, revoir, sous Poutine, la ville que j'ai connue sous Gorbatchev.

J.L. : Une double question que je vous ai plusieurs fois posée. Etes-vous alors proche, dans vos analyses, des diplomates français et des autres correspondants?

Le monde est mon métier

B.G. : Des diplomates ? Non, rarement, pas trop. Des confrères ? De plusieurs d'entre eux, oui, comme Eric Hoesli, futur fondateur du *Temps*, Pilar Bonnet, la correspondante du *País*, ou Ezio Mauro, le futur directeur de *la Repubblica*, mais le plus grand nombre – il me semble en tout cas – rendent compte avec faveur de la montée en puissance de Eltsine sur laquelle je ne porte pas leur regard. Ce fut d'ailleurs, dans ces années-là, mon seul point d'accord avec Amalric qu'il n'enthousiasmait pas non plus.

J.L. : Comment comprendre que la sortie du communisme n'ait pas donné lieu à des vengeances contre les apparatchiks ? Je ne me trompe pas ? Il n'y en a pas eu ?

B.G. : Il n'y a même pas eu de tentations de vengeances car beaucoup des dirigeants communistes avaient su épouser le tournant. Gorbatchev l'avait initié. D'autres s'y sont opposés. D'autres ont suivi. Dans les Républiques, beaucoup s'étaient mués à temps en nationalistes mais ce n'est pas l'essentiel.

Il n'y avait plus de terreur de masse depuis le XXe Congrès. Les dissidents étaient broyés mais la masse de la population vivotait dans la stagnation brejnévienne, se vengeant du régime par le rire dans l'intimité des cuisines, épuisée par les queues devant les rayons vides mais frigidaires malgré tout remplis par les trafics. C'était un monde de débrouille et de faux-semblants dans lequel on pouvait survivre à condition de se taire et l'on ne pouvait pas haïr les membres du Parti car chacun en avait dans sa famille et qu'il fal-

La peau de l'ours

lait l'être, dans tous les domaines professionnels, pour aspirer à quelque rang que ce soit.

Ce n'était pas la Libération après quatre années d'occupation nazie. C'était la fin de sept décennies de communisme et cette société, grâce à Khrouchtchev, avait pu trouver, depuis trente ans, un modus vivendi avec le régime.

J.L. : Tout le monde était plus ou moins *de* l'ancien régime ?

B.G. : Sept décennies, ce n'est pas une parenthèse. De très fortes chimies avaient été à l'œuvre et chacun, quoi qu'il en pense, avait appris à composer avec l'obligation de vanter les atours du roi jusqu'à ce que Gorbatchev ose crier que le roi était nu et l'URSS en voie de sous-développement. Il a suffi de la Glasnost pour que tout change car, contrairement à la légende, le communisme n'avait pas créé un *homo sovieticus* au cerveau formaté par le soviétisme. Le communisme n'avait pas changé l'homme mais cette évidence, aussi, était difficile à faire passer. Le mythe de l'*homo sovieticus* faisait partie du dogme de « l'aller simple » si fortement ancré dans ma hiérarchie parisienne.

Le conflit a pris une telle intensité que cela s'est terminé, pour moi, par une candidature à la direction du *Monde*, décidée dans un coup de rage, après qu'on m'eut expliqué, une fois de trop, que ce que je voyais et vivais ne pouvait pas être puisque « le communisme ne pouvait pas se réformer ».

Je voulais, à la fois, crever cet abcès et pousser des idées que j'avais puisées, à Washington, dans la presse américaine. C'était, pour moi, une façon d'ouvrir un

Le monde est mon métier

débat de fond et de sonner l'alarme sur l'état du journal, peu brillant à l'époque, mais cette candidature a eu trop de succès. Avec les quelque 22 % de voix que j'avais obtenues, je n'avais plus qu'une alternative : passer des alliances, former un clan et entrer dans une bataille de pouvoir ou bien partir – ce que j'ai fait car je ne m'étais pas présenté pour monnayer une influence et que j'ai, surtout, une grande inaptitude personnelle à ces compromis permanents que je prône, avec tant d'ardeur, dans les relations internationales.

J.L. : Les autres correspondants français à Moscou ont-ils connu les mêmes batailles ?

B.G. : Je ne leur parlais pas des miennes, ni à quiconque d'ailleurs. Je ne lisais pas non plus leurs journaux qui n'arrivaient pas à Moscou mais je sais que Pierre Briançon, le correspondant de *Libération*, a écrit un jour un article enflammé, une brillante plaidoirie dont le thème était : « Si vous n'y croyez pas, venez voir ! »

Je dois bien supposer qu'il répondait là aux mêmes objections que celles qu'on me faisait. Jean Daniel, qui avait partagé, dès le début, mon analyse de la Perestroïka, avait longuement cité cet article dans son éditorial. Je suppose aussi qu'il en avait ressenti le besoin, vis-à-vis de sa rédaction ou de l'intelligentsia parisienne. Je ne peux que supposer mais, dans mon cas, ce fut très violent. C'était devenu malveillant, vraiment malveillant, pas bien, pas élégant, pas bien du tout.

J.L. : Quelle forme cela prenait-il ? Des mises en garde téléphoniques ? Des coupes ? Des censures ?

La peau de l'ours

B.G. : Pas de censures. Ça ne se faisait pas au *Monde*. Je ne me serais certainement pas laissé faire et cela aurait fait trop de bruit. Il y eut, en tout et pour tout, un papier censuré, ou sérieusement remanié – je ne sais plus – car j'y annonçais que le secrétaire à l'Idéologie s'apprêtait à réexaminer Lénine devant les cadres du Parti. Je l'avais appris. Il me l'avait lui-même confirmé, dans son bureau du Comité central, mais, à Paris, on ne pouvait simplement pas y croire. Pour eux, c'était impossible. Ils ne pouvaient pas publier une telle ineptie mais ce fut l'exception.

Mes papiers passaient, en bonne place, le plus souvent à la «une», mais j'avais à les «vendre», chaque matin et de plus en plus longuement. Les dialogues étaient déplaisants, les sous-entendus détestables et, régulièrement, le *Bulletin de l'étranger*, l'éditorial international, prenait le contre-pied de mes informations. J'étais si sulfureux qu'il fallait un antidote et, lorsqu'on travaille comme une brute, qu'on vérifie non pas deux mais trois fois car on est soi-même plein de doutes et de prudences, cela tourne vite à ce désamour qui m'a fait claquer la porte.

J.L. : C'était une mise en question.

B.G. : Voilà : une permanente mise en question contre laquelle on ne peut pas travailler. Il y a un moment où l'on craque, où on ne les aime plus, mais il y a beaucoup d'autres journaux où l'on m'aurait simplement viré et remplacé. *Le Monde* ne l'a pas fait. Cela compte.

Le monde est mon métier

J.L. : Je n'ai jamais connu ça, sinon à l'époque de Suez, le seul moment où j'ai senti un décalage complet entre ce que je vivais là-bas et ce qu'on pensait ici, ce refus de ce que j'avais vu. C'est à peu près le seul cas pour moi. Pour vous, c'est plus constant et c'est impressionnant : une mise en question de votre être, en tant que témoin... Nous sommes ceux qui allons sur place mais nous adressons à ceux qui sont restés.

VI

Les sanglots de la liberté

Bernard GUETTA : Vous avez consacré, et avec quelle ardeur... une quinzaine d'années de votre vie professionnelle, les quinze premières, celles auxquelles on tient le plus, à la bataille de la décolonisation. Vous en avez été un militant... Ah ! Vous tiquez ?... Je ne peux pas le dire ?

Jean LACOUTURE : Le mot ne convient pas très bien au type que je suis, au rôle que j'ai pu jouer. « Observateur » serait un peu mou. « Militant » est excessif...

B.G. : ... Disons donc « observateur militant »... Aujourd'hui, quand vous voyez l'état des anciennes colonies ou protectorats français, regrettez-vous d'avoir pris part à cette bataille ? Vous arrive-t-il d'avoir quelque chose comme un remords ou vous dites-vous que, dès lors qu'ils sont indépendants, leur destin leur appartient, que leur histoire ne regarde plus qu'eux ?

J.L. : Ne regarde plus qu'eux ? Pour un journaliste, ce serait un étrange réflexe et, plus encore, s'il se prend pour un historien... Non. Je ne regrette ni que le cycle colonial soit clos ni d'y avoir contribué mais je voudrais, d'abord, préciser une chose à propos de ce « militantisme » que vous m'attribuez.

Je n'ai pas été anticolonialiste par idéologie. Au risque de faire hurler, je pense que la colonisation a été un moment de l'histoire objective, un moment d'affrontement extrêmement brutal entre des sociétés en voie d'industrialisation, ou déjà industrialisées, et des sociétés qui ne l'étaient pas encore.

A un autre moment de l'histoire, cette inégalité des civilisations a été inverse. Entre les XIIIe et XVe siècles, nous avons été les « barbares » ou les « retardataires » face au monde arabo-musulman, pour ne pas parler des Chinois mille ans plus tôt. La roue tourne mais, si nous nous plaçons au XIXe, je crois que la colonisation est un fait inévitable, que les sociétés européennes ont, à cette époque-là, une propension expansionniste irrésistible, comme la croissance d'un être humain du bas vers le haut. Je considère la colonisation comme un fait historique absolu. Cruel mais irrépressible.

Cette opération menée au XIXe siècle par les Européens a pris des formes exécrables, dénoncées par certains grands colonisateurs comme Savorgnan de Brazza dont le rapport, à la fin du siècle, est un des textes les plus terribles écrits à propos de ce qu'il avait amorcé lui-même.

Au-delà des horreurs, on ne peut pourtant pas manquer de relever les apports positifs dans les domaines de la santé, de l'éducation, de l'équipement. On en discutera à perte de vue, comme des Empires

Les sanglots de la liberté

romain ou arabe, mais ce qui est absolument clair, c'est qu'à dater du désastre de 1940, quel que soit le sort des autres Empires, la France n'a plus le droit (ni d'ailleurs les moyens) d'être tutrice de quelque autre nation que ce soit. Notre éventuelle légitimité à conduire, protéger, équiper se borne à juin 1940. Elle devient, si l'on peut dire, illégitimité au moment de la reconquête de l'Afrique du Nord par les forces anglo-saxonnes. Comment fonder un « droit » sur ce qui a été refondé par d'autres ?

A partir de ce moment-là nous n'avons plus qu'à tendre à un aménagement progressif et contractuel de ce qui a été la colonisation. A partir surtout de 1945 s'ouvre, de toute évidence, en Indochine d'abord, le cycle de la décolonisation. Le premier accord Sainteny-Hô Chi Minh, ratifié par Leclerc, symbole du patriotisme, sera une sorte de préfiguration du modèle de ce qui doit être envisagé à cette époque.

Vous voyez par là que je ne suis pas un anticolonialiste forcené. Des accords qui maintiennent un Vietnam indépendant au sein de l'Union française (dont on ne sait d'ailleurs pas trop ce qu'elle est...) constituent alors, à mes yeux et à ceux de plus compétents que moi, une bonne solution. Je suis pour une émancipation par étapes. Comme le disait Bourguiba, quand il s'agit de faire passer une armoire par une porte, plutôt que de démolir le mur, il vaut mieux démonter l'armoire et la remonter derrière la porte. Je pense que la porte existe, qu'elle implique un moment d'évolution, de passage, de contrat. On passe de la domination au contrat pour aller vers la liberté.

Le monde est mon métier

B.G. : Vous n'avez pas à formuler de condamnation morale du fait colonial, de la conquête d'autres pays, d'autres peuples, par une nation plus forte que celles qu'elle conquiert ?

J.L. : J'en ai, bien sûr, mais pas beaucoup plus qu'à propos de la façon dont la Bretagne est devenue française, ou la Corse, ou telle ou telle de nos régions qui ont été conquises par le fer et le feu, de façon extrêmement cruelle. Là aussi, le pouvoir central français décide, sans rien demander à personne et la résistance a été longue et sanglante, en Bretagne comme en Franche-Comté ou en Corse. Au risque de passer pour cynique, je crois que l'histoire ne se fait pas sans coups d'épée. Quant à ce qu'on en fait…

B.G. : … L'existence d'une continuité territoriale ne fait-elle pas une différence ? Elle existe pour ce qui est de la constitution de la France ou de l'Empire russe. Elle n'existe pas pour ce qui est des Empires français, britannique ou portugais. Pas de différence à vos yeux ?

J.L. : Je ne vous objecte pas la Corse… La proximité fait moindre l'incongruité historique, mais l'injustice est la même. Quand on ne passe pas la mer, quand on massacre des voisins armagnacs ou franc-comtois plutôt que de lointains Malgaches, on est peut-être un peu plus raisonnable… Peut-être, mais l'installation de la France au Cambodge a été plus douce que l'extension française en Bretagne. Je ne veux pas pousser trop loin ce genre de comparaison mais, pour une bonne partie de l'Indochine, ç'a été le cas – pas au Tonkin, pas dans une partie de l'Annam – mais en Cochinchine, la

Les sanglots de la liberté

violence a été peu utilisée. En Tunisie, la guerre n'a pas été très cruelle. Au Maroc, elle l'a été plus qu'on ne l'a dit, le rayonnement de Lyautey couvrant pas mal de cruautés dans les Moyen et Haut Atlas, jusqu'en 1934. En Algérie, là, oui : c'est la cruauté massive.

Dix-huit ans de guerre implacable. Il ne s'agit pas ici de distinguer entre les pieds-noirs et nous qui sommes tous « la France en Algérie ». Mais l'« Algérie française » reposait sur une conquête effroyable. Bugeaud commençait par tout brûler, partout. Il ne s'agissait pas de gagner la guerre contre ceux qui se battaient, mais d'empêcher les autres de vivre pour résister. On brûlait les récoltes, détruisait les moyens de production, les herses, les charrues.

C'est Bugeaud qui l'écrit, cité par Charles-André Julien, mais si cruelle qu'ait été la conquête, il se trouve que la paix a régné pendant plus d'un demi-siècle en Algérie. Il se trouve, aussi, qu'au début du XXe la moitié des élites musulmanes réclamaient l'assimilation. Mais si on peut faire l'éloge de Lyautey devant un public d'étudiants marocains sans être couvert de sifflets, on ne peut pas faire de même de Bugeaud à Alger !

B.G. : Voilà pour la colonisation mais, aujourd'hui, quel regard portez-vous sur la décolonisation ?

Pas un « Retour d'URSS »

J.L. : Un regard très prudent, en tout cas mélancolique, marqué par des déceptions que le sort de mon propre pays m'incite aussi à éprouver. J'attendais plutôt mieux de la Libération de la France que l'histoire qui a suivi. Il en va de même pour les émancipations afro-asiatiques et ce qu'on pourrait appeler l'infertilité des indépendances.

Je m'attacherai à trois retours dans ces pays décolonisés.

En 1957, avec le propos d'écrire un livre sur l'entrée de ce pays dans l'indépendance, Simonne et moi revenons au Maroc où nous avions vécu dix ans plus tôt. Nous retrouvons, un an et demi après l'émancipation, un pays responsable de lui-même, sous l'égide d'un souverain populaire, entouré d'hommes remarquables comme Abderrahim Bouabid ou Mehdi Ben Barka, et assisté d'un prince moins populaire mais vibrant d'intelligence et d'autorité – le futur Hassan II. Avant la publication du livre que nous écrirons pour Le Seuil, je publie une série d'articles dans *Le Monde* intitulée « Le Maroc à l'épreuve ». Celle des faits, qui sont souvent accusateurs.

Quelques mois après les Accords d'Evian, je reviens en Algérie, en octobre 1962. Mon enquête a pour titre « L'Algérie à tâtons ». Elle m'a brouillé avec Ben Bella, mais je ne la regrette pas. Ce sont probablement les meilleurs papiers que j'aie jamais écrits de ma vie, terriblement mélancoliques, mais débordants de sympathie.

Troisième retour, au Vietnam, dans le Vietnam indépendant de 1976, à l'occasion des élections pour la réunification du pays. Mon premier papier s'appelait « La nord-malisation du Vietnam » – un assez bon titre, exprimant la mainmise brutale, quasi coloniale, du Nord sur le Sud. Il ne m'a pas valu que des applaudissements à Hanoi, mais je ne le regrette pas non plus.

Les sanglots de la liberté

Ces trois cas de mise à l'épreuve de la décolonisation par le décolonisateur, provoquent chez moi une certaine déception. Elle est modérée s'agissant du Maroc, plus claire s'agissant de l'Algérie et très vive à l'égard du Vietnam.

Au Maroc, l'Etat fonctionne, dans une certaine pratique démocratique. Il y a une Assemblée, présidée par Mehdi Ben Barka, un militant de gauche, qui n'est pas encore vraiment devenu ce chef de l'opposition qui sera assassiné, à Paris, sept ans plus tard, par des sbires d'Hassan II conduits par Oufkir, en un temps où ont disparu les avancées démocratiques que nous avions cru déceler dans ce pays.

Le Maroc de 1957 n'est pas indigne de l'indépendance acquise. Il est gouverné par des hommes capables. Le pouvoir est exercé selon des normes quasi démocratiques. Nous formulons des critiques, mais ce n'est pas un *Retour d'URSS*! Il y a une opposition, notamment menée par le *fqih* Basri, un enseignant d'école coranique, qui était l'un des artisans du retour à l'islam au Maroc.

Les «décolonisateurs» que nous étions, Simonne et moi, n'ont pas trouvé matière, en cette enquête, à regretter la position que nous avions prise. Nos critiques étaient positives. Mehdi Ben Barka nous en a fait reproche : «Vous ne nous laissez pas le temps de nous développer, de prendre les affaires en main. Il n'y a qu'un an que nous sommes là. Vous êtes trop exigeants...» Il était dans son rôle. Nous aurions pu avoir aussi des réserves sur d'autres pays amis – disons sur l'Italie aux mains de la démocratie chrétienne. Pour nous, le Maroc de cette époque est entré dans l'aire de la société internationale et relève du jugement objectif. Pas besoin de se racler la gorge pour en parler.

Quelques années plus tard, Hassan II au pouvoir, ce sera différent, si différent que j'aurai à écrire pour *Le Monde*, en mars 1965, une série d'articles qui vaudront à notre ambassadeur, Robert Gillet, un coup de téléphone du Palais royal : « Si vous préférez que votre ami Lacouture ne soit pas expulsé du Maroc, conseillez-lui de quitter le pays de son propre chef, et le plus rapidement possible. » J'ai choisi de partir, pour éviter qu'un arrêt d'expulsion ne s'inscrive, si je puis dire, à mon casier judiciaire. Six mois plus tard, Ben Barka était enlevé à Paris et assassiné quelque part...

B.G. : Qu'aviez-vous critiqué ? Le manque de démocratie ? La corruption ? Les inégalités ?

J.L. : A partir du moment où Hassan II remplace son père, la démocratie s'éloigne chaque jour un peu davantage. Hassan II était vraiment un homme d'Etat, mais tout sauf un démocrate. Son père, élevé dans les gynécées, dans les palais, dans une atmosphère médiévale, était un esprit étrangement libéral. Il n'en voulait apparemment pas à la France de sa scandaleuse déportation de 1953. C'était un très fin politique. Il est mort en 1960, à un moment où le prince Hassan tendait à prendre l'ascendant sur lui. Je n'accorde pas crédit aux rumeurs qui ont imputé sa disparition à son fils mais, pour être fortuite elle a ouvert la voie à un régime musclé, qui ne lui ressemblait pas.

B.G. : Que vous inspire cette brutalité ? Vous dites-vous que l'ancienne puissance coloniale n'avait

Les sanglots de la liberté

décidément pas fait assez pour enraciner ses valeurs dans ce pays ? Que le Maroc était trop en retard et que, malgré plusieurs décennies de présence française, ce retard est toujours là ? Ou bien constatez-vous simplement qu'un roi succède à l'autre, que le fils n'est pas son père ?

J.L. : Pas son père ? Certes non. Le prince issu des palais et harems d'antan était une manière de « libéral ». Le fils, diplômé de nos facultés de droit, s'est avéré un autocrate. Il me fallait constater que Mohammed V avait été une heureuse exception, qu'il y avait dans ce pays des traditions féodales que quatre ou cinq décennies de protectorat n'étaient pas en mesure d'abolir. J'ai pensé que le Maroc *se* ferait, par lui-même, que les forces s'équilibreraient, que le syndicalisme se développerait (ce qui n'a pas été vraiment le cas), que la démocratie serait une longue conquête.

Comme je l'ai souvent fait dans ma vie, j'ai péché par optimisme et la brutalité d'Hassan II m'a paru être un des mouvements dialectiques de l'édification de l'Etat marocain. A un Louis XI succède un Charles VIII, à un Louis XVIII, un Charles X, à un empire libéral, un empire autoritaire : cela fait partie des systèmes monarchiques.

Que des hommes, mes amis, soient chassés du pouvoir, comme Bouabid, ou assassinés comme Ben Barka, c'était un retour en arrière comme nous en avons connu dans notre histoire et comme le Maroc en a connu et en connaîtra d'autres, peut-être avec les islamistes. J'ai une certaine (d'aucuns diront incertaine) philosophie de l'histoire et de la politique. Je pense qu'avancées et reculades se succèdent à un rythme assez régulier, et qu'en tout cas on ne transforme pas en quelques décennies des régimes qui ont vécu, tant de siècles durant, une intense insertion du religieux dans le politique, sinon du politique dans le religieux – insertion que la colonisation a aggravée en consolidant l'idée, en ces sociétés, que l'islam était le seul recours.

L'islam a été la structure fondamentale de la résistance au colonialisme. Même un dirigeant syndical comme l'Algérien Messali Hadj ne voulait pas être le « camarade Messali », mais Messali *Hadj*, c'est-à-dire « qui a fait le pèlerinage de La Mecque ». Il revendique, autrement dit, l'islam comme constitutif de sa personnalité politique et syndicale, de son combat!

Un dirigeant comme Bourguiba sait, lui, boire un verre d'orangeade pendant la lecture du Coran, devant le micro, en plein Ramadan, et offrir à son pays un statut de la femme proprement admirable.

Il y a eu aussi le contraire de cette primauté de l'islam comme il y a eu aussi, en France, le coup d'Etat du 2 décembre ou le gouvernement de Vichy raciste et quasi monarchique. Je ne veux pas faire de comparaisons abusives, je cherche seulement à marquer à quel point il y a dans tout cela des hauts et des bas, des avancées et des reculs.

Faute d'outils

B.G. : Pourquoi vos premiers articles sur l'Algérie indépendante sont-ils plus critiques que vos papiers marocains de 1957? Qu'avez-vous trouvé de choquant en Algérie, que vous n'aviez pas trouvé au Maroc?

Les sanglots de la liberté

J.L. : Au Maroc, il y avait une dynastie et un Etat. Lyautey y prend dans ses bras une structure médiévale, mais c'est un Etat et cela comptera beaucoup. En Algérie, en 1830, ce n'était pas le néant, contrairement à ce que l'on a beaucoup écrit. Le protectorat ottoman y assurait une certaine prospérité économique. L'Algérie avait vendu à la France de quoi nourrir ses troupes lorsqu'elles partaient en campagne sous la Révolution, mais elle n'avait qu'un régime assez flou, fonctionnant mal, une anomalie : il était bizarre que ce pays de la Méditerranée occidentale fût gouverné à partir d'Istanbul. Les structures du protectorat ottoman n'étaient pas rien mais ce n'était pas un Etat et nous allons créer là quelque chose qui, par une sorte d'absorption, devient de façon abracadabrante, ce qu'on appellera l'« Algérie française », alors que dans ces départements supposés républicains, dans ces territoires de la République qu'est la France, les neuf dixièmes de la population ne votent pas jusqu'en 1947.

Quand j'ai fait mes études, nos professeurs nous parlaient d'une « Algérie française » dans laquelle chacun savait que les Algériens musulmans n'étaient pas des citoyens... Et on trouvait ça tout naturel !

Le fait est cependant que non seulement l'Algérie avait, pendant trois quarts de siècle, cessé de résister, mais qu'elle trouvait tout naturel aussi, en 1939 comme en 1914, d'envoyer ses enfants (qui ne votaient pas !) se faire massacrer pour la France à Verdun ou ailleurs...

B.G. : Les Algériens trouvaient-ils ça « tout naturel » ou y étaient-ils obligés ?

Le monde est mon métier

J.L. : Les conscrits qui revenaient de Verdun avec un bras ou une jambe en moins ne se présentaient pas en victimes mais en héros. A partir de 1919, l'émir Khaled, petit-fils d'Abd el-Kader et officier français, commence à dire qu'on devrait songer à un statut particulier pour l'Algérie. Mais le premier mouvement indépendantiste n'apparaîtra qu'en 1936. « L'Etoile nord-africaine » de Messali créée plus tôt, dès 1927, est un mouvement essentiellement syndical dont les membres, pour la plupart, travaillent en France.

Pendant toute cette époque, rien ne bouge en Algérie. Il y a l'association des oulémas, des organisations de caractère religieux, mais Ferhat Abbas, l'homme qui deviendra le premier chef du Gouvernement provisoire algérien, ne parle pas encore de nation algérienne, dont il dit même qu'elle ne lui est pas intelligible. Il se contente de demander l'égalité des droits. Même quand l'Algérie – française – est libérée par les Anglo-Saxons, même quand Giraud, puis de Gaulle, arrivent dans leurs fourgons et que c'est le général Eisenhower qui est le patron d'Alger, les choses continuent, apparemment, à ne pas bouger – jusqu'en mai 1945.

Eclatent alors les émeutes du Nord-Constantinois, à Sétif et Guelma. A l'occasion des défilés pour la Libération (de la métropole...) des bandes rurales massacrent cent trois Européens dans les villages alentour. En moins d'une semaine, plus de dix mille Algériens sont massacrés par des « miliciens », dans des représailles très organisées. Duval, le général qui a présidé à cette sanglante répression, dit au préfet de Constantine : « Je vous ai donné dix ans, mais il faut que tout

Les sanglots de la liberté

change. » Pour un général, parler de la nécessité de *tout* changer, c'est beaucoup dire ! Mais rien n'est fait. En 1947 est adopté le statut Depreux, un balbutiement de démocratie, mais l'Algérie continue d'être gouvernée, de Paris, par le ministre de l'Intérieur, comme s'il s'agissait de Montpellier ou Bordeaux.

Duval avait raison. Mais le 1er novembre 1954, neuf ans plus tard, s'agit-il bien d'un soulèvement national ? Soixante-dix attentats en une nuit, montés par un groupe d'avant-garde – les neuf chefs « historiques » qui, pour la moitié, résident au Caire... C'est un signal tragique et sanglant, un manifeste signifiant que les choses ne peuvent pas durer, que l'Algérie n'est décidément pas la France mais dans quelle mesure, au moins dans ces premiers mois, est-elle le FLN ?

Il est impossible d'en juger. Commencent alors ce qu'on appellera si longtemps « les événements », puis la remise en ordre et enfin, à partir de mars 1956, la « guerre » d'Algérie, avec l'envoi du contingent. Le peuple français, par ses enfants, est envoyé pour maintenir en Algérie, dite « française », un système colonial. Pour y parvenir, l'armée comptera 540 000 hommes en 1962. Impossible à imposer aux Français. De Gaulle viendra moins libérer l'Algérie de la France que libérer la France de l'Algérie. Plus d'un demi-million d'hommes pour que cette province reste « française » !

B.G. : Autrement dit, l'Algérie n'avait pas, contrairement au Maroc, un Etat pluriséculaire qui avait survécu à la colonisation et rien dans son histoire ne la prédisposait à l'indépendance, ne l'outillait pour. Je vous ai bien compris ?

Le monde est mon métier

J.L. : J'ai eu tort de négliger l'épisode d'Abd el-Kader qui, pendant dix ans, avant puis après l'arrivée de Bugeaud, a construit un Etat sans base territoriale claire et ferme puisqu'il se déplace de l'ouest vers l'est, mais qui a déjà les structures d'un véritable appareil étatique comme l'a bien montré Bruno Etienne dans sa biographie de l'émir. Dans la conscience des Algériens, ces dix années sont capitales. Ils ont eu leur grand homme dont la récente et glorieuse épopée est à l'origine de leur insurrection. Le Maroc et la Tunisie avaient encore, au XIXe siècle, des structures d'Etat. L'Algérie avait, elle, un héros de référence.

B.G. : D'où ce débat permanent et tellement acrimonieux : existait-il ou non une nation et un Etat algériens avant la colonisation française ? Est-ce elle qui les a créés ? Un débat qu'on retrouve d'ailleurs à propos d'Israël et de la Palestine.

J.L. : Pour ce qui est de l'Algérie, il y a deux débats : l'un sur la nation l'autre sur l'Etat. Le premier a été résumé par Maurice Thorez : « L'Algérie, nation en formation ». Cette phrase a souvent été reprise mais les historiens algériens d'aujourd'hui la contestent, en soulignant la dimension nationale de l'épisode d'Abd el-Kader.

Ils ont des arguments. Les prodromes sont là. Comme assoupi de 1871 à 1936, un sentiment national algérien existe. Il s'exprime en 1937, au stade d'Alger, quand Messali Hadj et son PPA revendiquent l'indépendance. Dans les campagnes algériennes, on parlait couramment des « hommes du *pipia* » (les deux syllabes de PPA s'entendaient à la fin de la phrase arabe). C'était ceux qui ne voulaient pas obéir à l'ordre français, les courageux.

Faisaient-ils peur? Provoquaient-ils l'admiration? L'adhésion? Ce qui est sûr est qu'il y avait de la sympathie pour eux. A partir de la Deuxième Guerre mondiale, le sentiment national est vivant, avant de se manifester avec fureur en 1954.

Le second débat porte sur l'absence d'Etat algérien. L'excellent historien qu'est Mohammed Harbi analyse le protectorat turc en de tout autres termes que le cher Charles-André Julien. Le bey de Tunis et le dey d'Alger, dit-il, avaient des pouvoirs très voisins. Le bey de Constantine était un véritable souverain, qui a résisté pendant plus de dix ans à la conquête française. On ne peut pas dire qu'il n'y avait pas du tout d'Etat algérien.

B.G. : Comment se fait-il alors que l'Algérie indépendante de 1962 soit si vite devenue ce qu'il faut bien appeler une dictature militaire?

J.L. : L'existence d'un sentiment national, nous le savons bien, ne garantit pas une exigence démocratique – laquelle ne trouve pas sa meilleure expression dans l'armée. En Algérie, moins les militaires de l'ALN s'étaient battus, plus ils revendiquaient le pouvoir politique. Quand elle proclame son indépendance, l'Algérie a un gouvernement siégeant à Tunis, le GPRA, dirigé par Benyoucef Ben Khedda, qui a succédé un an plus tôt à Ferhat Abbas. Au bout de quelques semaines, en août 1962, ce gouvernement est renversé par une faction, dont la figure de proue est Ahmed Ben Bella, le dirigeant le plus populaire du FLN, le plus notoire, le plus internationalement connu, du mouvement algérien, de ce qu'on appelle un peu abusivement la « révolution » algérienne. Longtemps retenu en prison par la France, Ben Bella avait été le censeur de Ben Khedda et Ferhat Abbas au cours des négociations antérieures. Le gouvernement « régulier » est donc remplacé sans violence au bout de quelques semaines par un gouvernement alternatif dirigé...

B.G. : ... par la figure de proue du FLN. Le GPRA était une façade politique consensuelle et pluraliste mise en avant par le FLN mais, l'indépendance acquise, il avait fait son temps et le parti dominant prend les commandes, à travers Ben Bella. On a vu cela dans beaucoup des pays décolonisés.

A tâtons

J.L. : Sauf que ce n'est pas le FLN qui prend le pouvoir. Après l'avoir retiré au GPRA, Ben Bella l'exerce apparemment pendant trois ans, leader tiers-mondiste quelque part entre Fidel Castro et Nasser, ni le dictateur (ce serait excessif) ni le *caudillo* (ce serait impropre). Mais le vrai pouvoir est d'ores et déjà détenu par l'armée des frontières, dirigée par le colonel Boumediene. Ce n'est pas une tête en l'air comme Ben Bella mais un vrai cerveau, sur lequel j'avais écrit dès 1962, dans *Le Monde*, un article intitulé « Le numéro 1 *bis* ». Pas du tout prophétique. Factuel.

C'est ce Boumediene et son « groupe d'Oujda », une

Les sanglots de la liberté

équipe composée d'autres colonels qui, ayant porté Ben Bella à la tête du pays, le manipule. Tous avaient fait la guerre à l'extérieur, principalement en Tunisie et au Maroc, où ils préparaient leur accession au pouvoir. Peu d'entre eux s'étaient véritablement battus. Je le dis sans mépris. Ils avaient compris que ce n'était pas en tuant des soldats français qu'on libérerait l'Algérie, mais en démontrant progressivement à la France qu'elle ne pouvait plus y maintenir des centaines de milliers d'appelés. Il leur suffisait donc d'entretenir 20 000 *fedayins* en action ici ou là dans les *djebels* pour remporter la partie – compte tenu de l'imbécillité des généraux français qui, battus à un contre dix en Indochine, étaient ici tenus en échec à vingt contre un en Algérie.

L'armée des frontières de Boumediene a réussi à maintenir vingt ou trente maquis qui, piégeant le demi-million de très coûteux militaires métropolitains, suffirent à mener l'Algérie à l'indépendance en faisant de l'«Algérie française» un piège pour de Gaulle et une angoisse pour les familles métropolitaines.

B.G. : Si je résume : derrière le GPRA puis Ben Bella, c'est l'Armée de libération nationale qui, dès l'indépendance, prend le pouvoir en Algérie et l'exerce jusqu'aujourd'hui...

J.L. : On peut le dire ainsi mais en précisant que, lorsqu'on dit «l'armée algérienne», il faut entendre ses services spéciaux.

B.G. : On peut donc dire que, depuis quarante-six ans, ce sont ces hommes, des militaires, qui maintiennent l'Algérie dans une corruption bien plus pernicieuse encore que celle du Maroc puisqu'elle est concentrée entre moins de mains et que le pétrole et le gaz algériens sont des sources de profit nettement supérieurs aux phosphates marocains. On comprend que l'Algérie vous ait encore plus déçu que le Maroc, mais comment expliquer que l'armée y ait pris si vite et si durablement le pouvoir ? Cela ne tient qu'à la faiblesse des structures étatiques précoloniales ?

J.L. : Pas seulement. Il faut également prendre en compte une bouleversante pénurie de cadres dont la responsabilité incombe en partie à la France. Le système colonial a formé un certain nombre de fonctionnaires de rang assez élevé, mais les a si bien formés dans le moule français que, patriotes ou non, ils étaient tenus en 1962 pour des « collaborateurs » et que beaucoup d'entre eux ont préféré terminer leur carrière en France.

Comparée au Maroc, et plus encore à la Tunisie, l'Algérie de l'indépendance est un pays dramatiquement démuni de cadres car tout avait été fait pour la rendre dépendante. Ce n'est pas qu'il n'y ait eu aucun effort de scolarisation. Les trois choses qui fonctionnaient convenablement à la veille de l'indépendance étaient le début d'exploitation des hydrocarbures, le système de santé et l'école. Mais, dans ces départements de la République, 20 % seulement des enfants la fréquentaient ! Et je ne parle que des garçons !

Pourquoi la corruption s'est-elle développée à ce point ? Je hasarderais cette réponse : quand on n'a pas été formé à cela, de père en fils, depuis plusieurs géné-

Les sanglots de la liberté

rations, est-il possible de gérer les fonds publics sans se servir au passage ?

Nous avons, nous, une longue tradition de l'Etat, de la démocratie, d'une justice institutionnellement indépendante. Quand tout d'un coup, pour la première fois, les impôts rentrent, dans quelle mesure est-on capable de distinguer complètement le Trésor public et ses fonds personnels ? Je l'ignore mais je crois que dans tous les pays qui ont connu une libération, dans un premier temps au moins, cette confusion a régné. C'est, en tout cas, ce qui s'est passé en Algérie, notamment parmi ce corps d'officiers que le puritain Boumediene avait formés – mais où l'on pouvait rencontrer un capitaine strictement analphabète...

Derrière leurs frontières, il les avait encadrés, leur avait fait suivre une école militaire et donné un véritable enseignement civique qui n'a apparemment pas produit les effets escomptés : cette armée installée au pouvoir n'a pas donné l'exemple de la vertu, à aucun niveau, sauf le plus élevé. Ni Boumediene ni Ben Bella n'ont été des satrapes. Le premier traitait le second de « Calife de Bagdad », mais pour ses caprices et son irrationalité...

Ben Bella n'est pas un méchant homme, pas un imbécile non plus. Mais il s'entourait d'une camarilla romanesque, un peu à la cubaine. Son pouvoir était assez indéfinissable, fondé sur l'éthique ou l'esthétique du tiers-monde, socialiste sans l'être, éloquemment anticapitaliste sans faire fi du capital. Sa principale source de revenus – les hydrocarbures – était gérée par une grande société capitaliste d'Etat...

Tout cela était abracadabrant. L'Algérie était un

pays sans structure dont la nouvelle direction s'était installée dans des conditions chaotiques. Outre ceux des cadres qui étaient partis en France, d'autres avaient été tués pendant la guerre et d'autres encore par l'OAS qui en a assassiné beaucoup entre mars et juin 1962. Beaucoup de jeunes gens achevaient leurs études en France, aux Etats-Unis ou en Egypte.

Certains des hommes arrivés au pouvoir avec le FLN cherchaient à se venger des souffrances de la guerre... L'insécurité, les enlèvements de l'été surtout, ont dissuadé nombre de Français, plutôt de gauche, qui étaient prêts à venir épauler les nouveaux dirigeants. Et que savaient, enfin, du pouvoir ces capitaines devenus gestionnaires, préfets et sous-préfets ? Ces fils de paysans, au mieux d'instituteurs, connaissent mal l'Algérie qu'ils ont quittée assez jeunes, plusieurs années auparavant, et la prennent en charge sans la connaître.

A côté d'eux, les cadres tunisiens et marocains faisaient figure de notables. Ils avaient été caïds par-ci, pachas par-là, avaient fait des études en France. En Algérie, le pays s'improvise dans la violence, de part et d'autre, avec des enlèvements de Français, par centaines, dont certains s'étaient courageusement prononcés en faveur du FLN. Voilà un pays qui avance « à tâtons », boitant dans la pénombre.

B.G. : Ce que vous dites là sur l'Algérie, est-ce déjà ce que vous écrivez dans vos articles de 1962 ?

J.L. : Je fais alors un constat plus terre à terre et assez amer, aussi sévère à notre égard, à nous, qu'à celui des Algériens. Voilà ce qu'on leur a laissé ! S'ils sont dans

Les sanglots de la liberté

cet état de tâtonnement permanent, de boiterie institutionnelle, c'est qu'on leur a tiré, tout d'un coup, le tapis sous les pieds – un peu l'Etat français, surtout l'OAS – en leur disant : Eh bien, maintenant, marchez ! Et, en aparté : « Tu l'as voulu, Georges Dandin ! »

Je tiens les Accords d'Evian pour de très bons accords. Ils visaient à maintenir quelque 300 000 Européens en Algérie pour faire fonctionner la machine. Il faut le dire : l'OAS, par son mot d'ordre du 18 juin 1962, a véritablement imposé au million d'Européens de quitter le pays. Il en est resté 150 000, ce qui est extraordinaire compte tenu des menaces pesant sur eux, mais insuffisant, beaucoup d'entre eux étant des gens âgés.

B.G. : Pourquoi les pieds-noirs ont-ils suivi ce mot d'ordre ?

J.L. : L'exode était dans les cœurs, dans les esprits. Des centaines d'Européens ont été massacrés par le FLN, en particulier au cours de la terrible journée du 6 juillet 1962 à Oran, où plus de 600 personnes ont trouvé la mort.

B.G. : « La valise ou le cercueil » était un mot d'ordre du FLN, pas de l'OAS.

J.L. : Ni de l'un ni de l'autre. Il datait de 1937, proféré par Messali qui l'avait renié. Mais ce mot d'ordre répugnant était resté dans l'esprit des pieds-noirs. Il est tragique qu'il ait été prononcé par un Algérien qui n'était pas un homme sanguinaire, et il contribua au grand départ amorcé dès le mois de février 1962 et accéléré à partir du 18 juin, trois mois après les Accords d'Evian.

La Saint-Barthélemy d'Oran a ainsi contribué au grand départ des pieds-noirs, ruineux pour l'Algérie. On peut dire que l'OAS et le FLN sont coresponsables de ces départs en masse. Je vous rappelle ce qu'a dit Boumediene à Jean Daniel : « La guerre nous a fait perdre un million des nôtres et un million de pieds-noirs. » Boumediene se ravisait un peu tard. Il avait milité contre les Accords d'Evian qui étaient faits pour que les pieds-noirs puissent rester, leur donnant trois ans pour choisir entre nationalité française et nationalité algérienne. Or, en Oranie, en plus des 600 morts du 6 juillet, deux ou trois mille pieds-noirs ont été enlevés et près de la moitié ne sont pas revenus. A cette époque, il n'était pas facile d'être européen en Algérie !

B.G. : La France avait tout fait, disiez-vous, pour que les Algériens soient dépendants d'elle. N'en avait-elle pas fait tout autant au Maroc ?

J.L. : Non. Le protectorat n'était pas une pure fiction, une simple comédie. En principe, nous étions au Maroc pour préparer sa future indépendance. Lyautey le rappelait encore solennellement en 1925.

B.G. : En principe...

J.L. : Pas seulement en principe. En tout cas si on compare la domestication de l'Algérie à la « scolarisation » marocaine. La formation des cadres n'était pas un vain mot. Les pachas et caïds étaient prêts à deve-

Les sanglots de la liberté

nir des dirigeants de haut rang. Le pacha de Sefrou, par exemple, deviendra le digne Premier ministre de Mohammed V. Dès qu'on retire l'armure du protectorat, apparaît un Maroc qui est marocain, alors que l'Algérie qui surgit en 1962 n'est pas algérienne. Elle ne l'est que de nom. Elle est appelée à se former très vite, mais au moment des Accords d'Evian, il n'y a pas d'ébauche de l'Algérie. L'opération de prise en charge d'un groupe humain par lui-même est en cours en Tunisie et au Maroc. Elle ne l'est pas en Algérie.

La « nord-malisation »

B.G. : En 1976, vous revenez dans un Vietnam... Comment faut-il dire ? Réunifié par le Nord communiste ? Décolonisé mais communisé ?

J.L. : Le Sud est-il « conquis » ? Ou bien « libéré » ? Les deux formules peuvent être utilisées, l'une complétant l'autre. En 1975, la réunification est opérée par la force. L'armée du Nord entre dans Saigon, qui sera rebaptisé Hô Chi Minh Ville – à mon grand regret, parce que j'ai du respect pour la personne et l'austérité bonhomme de l'Oncle Hô et que je ne trouve pas qu'une métropole marchande comme Saigon soit digne de porter son nom.

Dans la presse italienne en particulier, certains journalistes ont alors parlé de la « libération » de Saigon. Je crois qu'il fallait parler de la conquête ou reconquête de Saigon, Hanoi opérant brutalement une réunification que je dirais « naturelle ». De la frontière chinoise à la pointe de Ca Mau, le Vietnam est indubitablement un. C'est le même peuple, qui parle la même langue (avec des accents et locutions différents), qui mange les mêmes nourritures, qui a les mêmes pratiques, à ceci près que les gens des deux deltas ne vivent pas comme les habitants de la chaîne annamitique, et moins encore que ceux des hauts plateaux.

Avec l'unification, les vainqueurs, les hommes de Hanoi, annoncent qu'ils feront procéder à des élections générales l'année suivante, en 1976. J'y vois l'occasion d'aller visiter le pays dans son unité. Au-delà des pressions et des trucages, cinquante millions de Vietnamiens allaient accomplir le même geste, au moins symbolique, en même temps. Il y avait là quelque chose qui avait une saveur, me semblait-il, à la fois symbolique et visuelle, et c'est ce qui m'a décidé à aller couvrir ces élections – sans me faire beaucoup d'illusions sur leur valeur démocratique.

B.G. : Cela vous permettait d'obtenir le visa. J'ai aussi beaucoup joué de cela en Europe centrale.

J.L. : Avec une différence. Je crois pouvoir dire que, même sans élections, les gens de Hanoi me l'auraient donné. Je ne l'avais que trop mérité ! J'avais épousé leur cause – abusivement à certaines époques – et ils me devaient bien ça, dirai-je avec une ironie penaude…

Simonne et moi sommes partis avec l'idée que je n'aurai pas seulement deux ou trois articles à donner au *Nouvel Observateur* – j'avais pris mes distances avec *Le Monde* – mais que nous allions écrire ensemble un

Les sanglots de la liberté

livre pour Le Seuil. Le Hanoi vainqueur n'était guère différent du Hanoi combattant des années précédentes. Je ne crois pas qu'il y régnait une atmosphère beaucoup plus détendue. Les visites « au sommet » faites, il fallait découvrir le pays dans son unité. On a mis à notre disposition une voiture avec un chauffeur et un monsieur porteur d'un cahier, qui parlait peu mais écrivait beaucoup au fur et à mesure que Simonne et moi commentions ce que nous voyions.

Il nous a fallu presque une semaine pour faire les 1 000 kilomètres séparant Hanoi de Saigon. Nous n'avons pas traversé un seul cours d'eau sur un pont. Il ne restait quasiment plus de moyens de communication normaux. Les destructions subies par le pays étaient effrayantes. L'aviation américaine avait bien fait le travail et le plus impressionnant n'était pas la misère, mais cette destruction de l'infrastructure étatique et technique. Nous n'étions pas dans un pays affamé, mais ravagé. En tant que Français, nous étions très bien reçus, au Nord comme au Sud, avec curiosité d'abord, puis sympathie.

En plus du chauffeur et de l'homme au gros cahier, il y avait aussi une interprète, charmante et devenue à ce point notre amie qu'elle s'est attiré de sévères remontrances de l'homme au cahier et a dû cesser de prendre ses repas avec nous. Par la suite, elle s'est installée aux Etats-Unis avec son mari.

B.G. : Comment les autorités vous avaient-elles présenté cet homme au cahier ?

J.L. : Il était là, sans avoir été présenté, ni comme garde du corps, ni comme garde du cerveau ! Ça ne nous a pas paru vraiment surprenant. Je connaissais assez bien le Vietnam du Nord, et j'avais visité un certain nombre de pays totalitaires, communistes ou non. Le 20 avril 1976, nous avons vu se remplir les bureaux de vote comme dans un pays « normal ». Y avait-il plusieurs bulletins ? Je n'en suis pas sûr. Les Vietnamiens semblaient heureux d'aller voter mais c'était clairement les Nordistes qui régnaient, du fleuve Rouge au Mékong.

Je ne sais pas s'il en a été de même aux Etats-Unis du temps d'Abraham Lincoln. Le Nord était vainqueur, le Sud était vaincu mais quand on visitait Hué, Nha Trang ou Saigon, on n'avait pas le sentiment horrible que nous avait laissé, quelques années plus tôt, un séjour à Prague.

Hô Chi Minh Ville ne vivait pas, apparemment, dans la peur. Mais quand on nous a proposé de visiter des camps de rééducation, nous avons su ce qu'est la douleur que peut provoquer une victoire que l'on a plus ou moins souhaitée. C'était terrible. Ces camps « accueillaient » les cadres de l'ex-régime sudiste, soumis à un traitement intolérable. Si quelque chose nous a rendus étrangers à la victoire de ceux que j'avais soutenus pendant leur combat, ce sont bien ces camps où ceux qui étaient insuffisamment dociles étaient contraints au déminage.

Honecker et l'Oncle Hô

B.G. : Quelque temps plus tôt, Edgar Morin avait posé dans *Le Nouvel Observateur* une question dont

Les sanglots de la liberté

la pertinence m'avait frappé : « Pourquoi soutenons-nous au Vietnam, avait-il demandé, le régime que nous condamnons à Prague ? »

J.L. : Je me souviens très bien de cet article. Dieu sait que j'aime Edgar Morin, qui m'a éclairé sur beaucoup de choses. Mais la comparaison ne tient pas. Les Soviétiques et les Tchèques n'étaient pas qu'une seule et même nation ! La France aussi s'est unie par des moyens dont le propre n'était pas la douceur. Le Vietnam avait vocation à être uni. Il n'avait été divisé que par les hasards de la guerre. Hô Chi Minh était vraiment le héros national, ce que n'était certainement pas Brejnev à Prague. Le régime de Hanoi n'était peut-être pas plus sympathique que le régime soviétique ; c'était un régime totalitaire. Là n'est pas la question. Quoi qu'on pense de la représentativité historique d'Hô Chi Minh, de Giap et de Pham Van Dong, il était évidemment dans la nature des choses que les paysans du delta du Sud aient la même capitale que leurs compatriotes du Nord. A Prague, domestication. A Saigon, unification brutale.

Si les Américains s'y étaient prêtés, l'unité du Vietnam aurait pu s'opérer démocratiquement en 1956, conformément aux Accords de Genève. Au bout du compte, le Nord aurait, de toute manière, pesé plus lourd, parce qu'il est d'un métal plus dur, que les hommes y sont plus faits que ceux du Sud pour le pouvoir. En France, c'est plus compliqué : nos généraux viennent généralement du nord de la Loire tandis que nos politiciens, sous la IIIe République en tout cas, viennent du sud. Les « nords », ici et là, de Berlin à Milan, pèsent plus lourd...

B.G. : Jean ! Tout de même... L'unification allemande aurait-elle été souhaitable si elle ne s'était pas faite sous la direction de la démocratie ouest-allemande mais de la dictature est-allemande ? La poursuite d'une coupure artificielle du Vietnam n'était-elle pas préférable à son unification sous un régime communiste ?

J.L. : La comparaison ne tient pas non plus. Le Sud-Vietnam n'était pas une démocratie. La réunification du Vietnam – je n'en disconviens pas – pose des problèmes aux démocrates que nous sommes. Mais c'est tout de même Hô Chi Minh et le Vietminh qui ont soulevé et guidé le peuple vietnamien contre la colonisation. Autrement dit, ils étaient détenteurs de la légitimité historique.

Il est malheureux qu'Hô Chi Minh n'ait pas dirigé un parti comparable à celui de Gandhi et de Nehru, mais c'est lui et ses camarades qui ont arraché aux Français et aux Japonais, puis aux Américains, la libération de leur pays. Ils sont les instruments de cette libération, beaucoup plus clairement que les communistes en Europe. Ce sont vraiment les pères de l'indépendance vietnamienne ! Quant au régime qui prévalait au Sud ! Non : ce n'était pas Willy Brandt et je n'arrive pas à superposer les figures d'Hô Chi Minh et de M. Honecker.

B.G. : Votre soutien à la cause vietnamienne, dites-vous, a été « parfois abusif ». Sur quels points ?

J.L. : En gros, dans les articles que j'ai écrits pour *Le Monde* et, surtout, pour *Le Nouvel Observateur*, le

Les sanglots de la liberté

Nord était présenté comme légitime et le Sud comme un produit des manipulations françaises d'abord, puis américaines. Il n'y a rien, là, de faux, sinon que je l'ai écrit avec une excessive simplicité. C'était, après tout, le cas de l'ensemble de la rédaction du *Nouvel Observateur*, à l'exception d'Olivier Todd qui, à la fin de la guerre, avec de bons arguments, s'est opposé à la «ligne» que j'avais tracée, la taxant, sans bienveillance, de «lacouturisme».

J'ai été un peu simpliste dans mon soutien aux Nord-Vietnamiens, alors que dans mon soutien au FLN algérien, il y avait beaucoup de réserves, imposées en partie par les règles de la presse française de l'époque. Bref, les choses n'étaient pas aussi claires au Vietnam que je l'ai donné à penser dans la chaleur du combat. J'ai passé suffisamment d'heures à Hanoi sous les bombes américaines pour croire que je n'étais pas contraint à l'«objectivité»…

B.G. : … Vous dites vraiment ça ?

J.L. : J'ai été un partisan, j'ai couvert la guerre du Vietnam de manière partisane. Je n'ai pas honte, aujourd'hui comme hier, de l'avouer. Mais je me critique sans me renier. Les terribles méthodes employées par les Américains – bombardements massifs des villes, défoliations, volonté exprimée, et souvent réalisée, par le général Curtis LeMay de ramener les Vietnamiens «à l'âge de pierre» – méritaient bien quelques colères ! Pour moi, les bombes de Curtis LeMay ont pesé plus lourd que les policiers d'Hô Chi Minh.

Le monde est mon métier

B.G. : Les articles et les livres que vous publiez après votre voyage de 1976 expriment-ils des réserves sur le régime qui se met en place ou sont-ils encore empreints de sympathie ?

J.L. : Le titre, *Vietnam : voyage à travers une victoire*, est indubitablement trop positif. *Une trop lourde victoire* eût été mieux. Car nous avions vu des choses dignes du stalinisme...

B.G : ... et que vous avez rapportées ?

J.L. : Bien sûr, Bernard ! La tonalité générale de ce livre est vraiment trop positive, mais les critiques y sont et le titre donné aux articles du *Nouvel Observateur* – « La nord-malisation du Vietnam » – voulait bien dire que le fort l'emportait sur le faible, que les rudes nordistes et leur armée largement équipée par les Chinois et les Soviétiques avaient imposé leur domination sur le Sud. Cette « nord-malisation », qui se traduisait notamment par les camps de rééducation, prenait dans la vie civile des formes souvent scandaleuses, par exemple la suppression du métier d'avocat. Quand le peuple est souverain, les citoyens n'ont plus besoin de défenseurs... Là, nous quittons ce que nous appelons, vous et moi, la civilisation, pour entrer dans un autre type de société.

Tout cela était dit dans ces articles de *L'Observateur*, dont l'auteur, pour finir se grattait la tête en se disant qu'il avait peut-être opté de manière un peu simpliste pour un certain camp. La fin n'était pas heureuse, mais c'était la fin du colonialisme français et de ce que j'appellerai, avec tous les guillemets qu'on veut, l'impérialisme américain.

Les sanglots de la liberté

B.G. : Ce que vous découvrez dans ce voyage – les camps, la suppression du métier d'avocat – ne vous amène pourtant pas à une rupture avec ce régime, vous restez malgré tout, n'y voyez qu'un constat, pas une critique...

J.L. : ... quand c'en serait une, elle serait bienvenue, Bernard !

B.G. : ... vous restez, malgré tout, dans l'empathie pour cette victoire et je le comprends mal.

J.L. : Mon empathie était liée à une phase de l'histoire, celle où l'imbécillité française de 1946 avait coupé court à toute possibilité d'accord. Empathie ranimée par la brutalité et l'aveuglement des Américains qui n'ont jamais su, à aucun moment, eux, ouvrir une fenêtre sur une forme quelconque de négociation – hormis les contacts très tardifs pris, à l'initiative de Kissinger, par Raymond Aubrac. Le tout avait abouti à un Sud artificiel, fabriqué par l'Occident. Il y avait de remarquables élites au Sud, de véritables patriotes. Mais le conservatisme burlesque de ses dirigeants a fait que les hommes du Nord, forts de leur légitimité historique, l'ont emporté par la force des armes, fournies par Moscou et Pékin. J'avais suivi, en l'approuvant, l'émancipation du Vietnam, combattant contre le colonialisme français et tout ce qui a, par la suite, Américains ou pas, contredit la marche d'Hô Chi Minh et de ses compagnons vers l'indépendance et l'unité de leur pays.

J'aurais souhaité que l'histoire emprunte d'autres

voies mais, *grosso modo*, j'ai eu tendance à privilégier ceux qui ont ouvert et conduit la lutte, ceux qui, ayant déployé le plus d'efforts, ayant fait montre de courage et de dévouement, l'ont emporté.

Mon dernier voyage au Vietnam, de pur tourisme, remonte à quatre ans. Franchement, cela n'avait rien à voir avec le Prague de 1950, avec ce que j'ai vu de plus terrible du stalinisme en action. Ce n'est pas la démocratie, mais c'est un régime où chacun essaie de frayer sa route. Le poids de la police n'y est pas très apparent. C'est un pays qui survit, sous un régime lourdement déterminé par le Congrès du Parti communiste, mais c'est plus ou moins une voie chinoise qui est en cours aujourd'hui au Vietnam, cette espèce de capitalo-communisme ou communismo-capitalisme qui est en train de remporter les plus grands succès en Chine et qui aboutit, là-bas, à la survie quasi miraculeuse de soixante-quinze millions de personnes sur une terre faite pour en nourrir vingt-cinq.

Mais ceux qui réalisent ce tour de force ne sont pas mes amis. Je n'ai plus envie de retourner au Vietnam.

Celui qui croit savoir

B.G. : Et, maintenant, votre remords cambodgien... Avant que l'on ne sache ce qu'ils allaient faire, vous étiez-vous réjoui de l'arrivée des Khmers rouges au pouvoir ? L'aviez-vous saluée ?

J.L. : Je crois pouvoir assurer qu'au moment de leur entrée dans Phnom Penh, je n'ai pas utilisé le mot de

Les sanglots de la liberté

« libération ». C'est facile à vérifier. Si j'avais parlé de « libération », il est évident que je serais tenu à exprimer ma honte. J'étais alors à Paris, loin de l'affaire, non seulement du point de vue géographique mais aussi psychologique et politique.
J'ignorais ce que les Khmers rouges étaient devenus depuis plusieurs années. Je savais ce qui s'était passé au début des années 70, quand les Américains avaient provoqué le renversement de Sihanouk, le souverain cambodgien, et la mise en place d'un gouvernement Lon Nol-Sirik Matak qui était véritablement à leurs ordres. J'avais pris position contre la déposition de Sihanouk, contre l'installation de ce gouvernement pro-américain. Dix ans plus tard, au cours d'un long tête-à-tête, Henry Kissinger, alors conseiller diplomatique de Nixon, m'a dit : « Nous avons eu tort de faire cela. Vous aviez raison : Sihanouk était, sinon un bien, un moindre mal. »

B.G. : Etait-ce un Louis XI ? Un Louis XIV ? Un Louis XV ? Un monarque de centre gauche ?

J.L. : Rien de tout cela. Cet homme mis en place par la colonisation française qui avait choisi le personnage apparemment le plus falot pour le mettre sur le trône khmer, à dix-sept ans, et auquel l'histoire a permis d'affirmer une personnalité hors du commun, baroque, scintillante, est un homme très intelligent, très doué, patriote...

B.G. : ... c'est l'histoire de Mohammed V...

J.L. : ... oui, si l'on veut, mais avec des dons extérieurs beaucoup plus manifestes chez Sihanouk : un goût extrême de la vie, du bonheur, des femmes, de l'érotisme, de la musique, de la danse. En cela, il pourrait être, en effet, comparé à tel ou tel des rois de France que vous avez cités. Confiné, au départ, dans un rôle de marionnette qu'il va très vite mal supporter, il obtient l'indépendance en quelques années – en 1953, en pleine guerre d'Indochine – car il menace de se rapprocher du Vietminh et la France veut éviter la constitution d'un lien entre Vietnamiens et Cambodgiens.

A partir de la conférence de Genève de 1954 qui a mis un terme à la première guerre d'Indochine, Sihanouk ne va cesser de jouer un rôle toujours plus important dans la région. Il invente pour le Cambodge un « socialisme bouddhique » dont on peut sourire mais qui est porteur d'avancées sociales. Il souhaite le bien-être de son peuple qu'il ne cesse de visiter, et quand les Américains, dans les années 60, font de plus en plus lourdement pression sur lui, il regimbe et noue des liens avec Hanoi. Il se pose en troisième force, entre les Nord-Vietnamiens et les Américains. Comportement insupportable aux yeux de Nixon et de Kissinger, qui lui coûtera son trône.

Entre-temps, du fait surtout des pressions américaines et des bombardements de l'US Air Force, était né un courant gauchiste, que Sihanouk lui-même baptise les « Khmers rouges », où figuraient quelques notabilités politiques, notamment Kieu Samphan qui avait été un moment président du Parlement. Au moment de sa déposition, Sihanouk était entouré de ces jeunes intellectuels qui essayaient de le pousser vers la gauche, vers l'anti-américanisme – vers un rapprochement avec Hanoi, rapprochement qui ne peut jamais

Les sanglots de la liberté

aller loin chez les Cambodgiens dont les sentiments pour les Vietnamiens font penser à ceux des Polonais pour les Russes.

C'est contre le coup d'Etat de Lon Nol, en 1970, que certains de ces intellectuels de gauche prendront le maquis. On est tenté, au départ, d'avoir quelque sympathie pour eux. C'est mon cas... Je connais plusieurs d'entre eux, Hou Youn, Hu Nim... Je tente d'aller les voir, mais cela s'avère impossible.

Pendant trois ou quatre années, j'ai harcelé leur délégation parisienne. J'ai essayé de faire jouer mes liens avec Sihanouk mais ces hommes, devenus partisans du Prince, étaient enfermés dans l'isolement de leurs maquis où ils étaient en train de monter une « République de la forêt » inspirée de Lin Piao et de l'aile gauche de la révolution chinoise.

Que devenaient-ils, ces rouges maquisards ? Nul n'en donnait une description plausible. Lorsqu'ils sont entrés dans Phnom Penh pour en chasser un régime satellite des Américains, on a immédiatement rapporté qu'ils vidaient la capitale de ses habitants et vidaient même les hôpitaux. Je n'ai pas voulu croire à cette horreur. Quel crédit faire à de telles informations, cadrant si mal avec la connaissance que je croyais avoir du peuple et des cadres du Cambodge ?

Pour moi, du haut de ma « science » – celle de vos soviétologues du *Monde* –, elles demandaient au moins à être vérifiées. De la prise du pouvoir par les Khmers rouges, en avril 1975, au mois de janvier suivant, je m'en suis tenu à un silence que je croyais professionnel mais qui n'était que de l'entêtement. J'entendais ces atroces récits. Mais, en même temps, je recevais la visite, à Paris, en septembre 1975, de l'ambassadeur de Suède à Phnom Penh, démocrate par excellence, qui me disait : « Oui, ils commettent des excès, mais on exagère... Gardez votre sang-froid. »

Je restais muet devant l'inconcevable quand, en janvier 1976, fut publié *Cambodge, année zéro* de François Ponchaud, prêtre catholique vivant au Cambodge et parlant khmer. Le compte rendu que j'en ai fait montre que la force de son témoignage a eu raison de mon incrédulité. Mes yeux s'étaient dessillés, j'en convenais, mais il m'avait fallu neuf mois pour les ouvrir, admettre et dénoncer l'ampleur de ces massacres génocidaires.

Quelque temps plus tard, à l'occasion de mon voyage au Vietnam, j'ai visité un camp de réfugiés khmers dans la banlieue de Saigon. Pour que des Khmers se réfugient au Vietnam, il fallait vraiment qu'ils ne puissent pas faire autrement ! J'ai recueilli des confidences accablantes, que j'ai rapportées dans *Le Nouvel Observateur* sous le titre « La démence cambodgienne ». J'ai ensuite rendu compte d'un film réalisé par les Yougoslaves, les seuls autorisés à se rendre au Cambodge à cette époque. On y voyait des enfants de cinq ou six ans en train de fabriquer des clous dans des usines, des foules immenses errant à travers la campagne. C'était la révolution des Khmers rouges, une révolution hystérique. Au début de 1978, j'ai publié au Seuil *Survive le peuple cambodgien*, un réquisitoire qu'un homme doté d'un minimum d'honnêteté ne pouvait pas ne pas écrire.

J'y disais, ce n'était que trop clair, que, du fait de cet « auto-génocide », la survie même du peuple cambodgien était en question, et m'interrogeais sur le par-

Les sanglots de la liberté

cours de ces hommes que j'avais rencontrés, pour certains, dans l'entourage de Sihanouk – Kieu Samphan, par exemple, qui ne m'avait jamais été sympathique, mais qui était un homme intelligent, avec qui on pouvait parler, un tiers-mondiste de gauche, sur la ligne d'un Ben Barka. Il y en avait d'autres, comme Hou Youn et Hu Nim, dont je me sentais beaucoup plus proche et dont j'ai appris plus tard qu'ils avaient été parmi les premiers liquidés par les tueurs de Pol Pot. L'un est mort dans l'épouvantable centre de torture de Tuol-Seng, dans la périphérie de Phnom Penh. L'autre a été assassiné plus tard. Mais l'un des plus horribles de ces individus, Ieng Sary, que j'avais connu dans l'entourage de Sihanouk à Pékin, plastronne toujours...

B.G. : Y a-t-il beaucoup de journalistes qui ont su échapper au scepticisme qui a été le vôtre ?

J.L. : Oui. Une semaine après la prise du pouvoir par les Khmers rouges, *France-Soir*, par exemple, a publié un article très violent mais qui ne m'avait pas paru faire autorité. J'avais conscience qu'il se passait là-bas des choses qu'il aurait fallu aller voir. Mais aucun des visas nécessaires ne m'était accordé...

B.G. : Les presses américaine et britannique ont-elles été plus rapides que vous ?

J.L. : Oui. Ma suffisance m'a fait commettre, de loin, une grave faute professionnelle. Je ne peux ni ne veux la nier. Si les nazis ne considéraient pas les juifs comme des Allemands et par là les vouaient au néant, ces Khmers rouges, eux, ne considéraient comme cambodgiens ni les riches, ni les bourgeois, ni les modernes, tenus pour tels s'ils portaient des lunettes ! Ces révolutionnaires tenaient le modernisme et l'Occident pour intrinsèquement pervers. Le mot « ancien » était bon, le mot « nouveau » mauvais. Ce qui est assez original dans l'histoire des révolutions, et qui inspire peut-être les « islamistes »…

Cette histoire reste rigoureusement incompréhensible, surtout pour un individu qui a été témoin d'autres révolutions, contre les ci-devant… Imaginons un parti se levant pour dire que, depuis Charlemagne ou à partir de la dernière cathédrale, il n'y eut que corruption, anglicisation, américanisation, bolchevisation. Le régime mis en place par les Khmers rouges est sans doute le régime le plus fondamentalement réactionnaire que l'histoire ait connu.

B.G. : Dans ce retard que vous avez pris, qu'est-ce qui a compté le plus ? Une connivence avec des hommes qui s'étaient révoltés contre un régime imposé par les Américains ?

J.L. : C'est la première hypothèse à retenir. Quand je les avais croisés auprès de Sihanouk, ils ne m'avaient pas paru très différents des intellectuels que j'avais rencontrés à Alger, au Caire, à Brazzaville ou à Mexico. Les voir se transformer soudain en nazis… Pour moi, c'était inconcevable.

B.G. : Deuxième hypothèse : le sentiment que ce Cambodge que vous connaissiez ne pouvait pas être le berceau de cette abomination ? Une présomption à la fois intellectuelle et professionnelle ?

Les sanglots de la liberté

J.L. : Excellente formulation ! J'ai gardé un silence à la fois épouvanté, sceptique et supérieur : le silence de celui qui croit qu'il sait, lui, et que le Cambodge n'est pas porteur d'horreurs hitlériennes ou même chinoises. Le visage de Sihanouk interférait...

L'asiatologue français par excellence, Paul Mus, mon maître en ce domaine, m'avait pourtant dit un jour : « Mon cher, vous parlez de la bonhomie des Cambodgiens mais un peuple qui a construit Angkor est forcément violent. A l'époque où ils l'ont fait, il fallait avoir en soi une grande violence pour édifier des choses d'une telle ampleur. » Ses propos me sont revenus bien trop tard.

B.G. : De la présomption et de l'anti-impérialisme, qu'est-ce qui a été le plus déterminant ?

J.L. : L'arrogance intellectuelle de celui qui croit savoir. Par expérience...

VII

La poussière du Mur

Jean LACOUTURE : Eprouvez-vous autant de désillusions devant ce qu'est devenu l'ancien monde communiste ?

Bernard GUETTA : La réalité n'est jamais celle qu'on avait rêvée. Sous le communisme, la liberté était aussi belle que la République l'avait été sous l'Empire ou les indépendances sous le colonialisme. Peut-être mes désillusions sont-elles même encore plus grandes que les vôtres car ma génération – « Soyez réaliste : demandez l'impossible... » – a tout cru possible.

J'avais rêvé d'un continent européen organisé autour d'un Marché commun, d'une part, des anciennes Républiques soviétiques et d'une Union politique, de l'autre, des pays d'Europe centrale et occidentale. J'avais cru possible – et c'était souhaitable – que la seconde aide le premier à reconstruire son économie et enraciner une démocratie, comme les Etats-Unis l'avaient fait pour nous, après guerre, avec le Plan Marshall. Je voyais l'organisation de cette convergence européenne permettre, un jour, l'affirmation de notre continent en modèle mondial de coopération politique et de justice sociale...

Pendant que je vous le dis, une petite voix intérieure me murmure d'ailleurs qu'il y aurait là tant de logique que cela finira bien par se faire, un jour, plus tard, mais le fait est qu'on n'y est pas et n'en prend pas, non plus, le chemin. Alors?

Eh bien le constat est simple. Les évolutions politiques de certains des pays d'Europe centrale peuvent être attristantes, voire déplaisantes, mais tous sont, aujourd'hui, des démocraties. Leurs Constitutions, leurs institutions, leurs élections sont démocratiques. Ils sont membres de l'Union européenne. Leurs économies s'épanouissent. Pour eux, le bilan du post-communisme est plus que globalement positif mais dans l'ancienne URSS, Pays baltes exceptés, l'espoir n'aura duré que ce que durent les roses – le temps de ce bref matin des années Gorbatchev ou, plus précisément, de la seconde moitié de la Perestroïka...

J.L. : Quelle est la meilleure traduction du mot?

B.G. : «Reconstruction», d'où les sens induits de «rénovation» ou de «re-conception» – toutes choses qui ne s'entreprennent que lorsque le délabrement est si profond que la ruine menace. C'était le cas en 1985, lorsque Gorbatchev arrive au pouvoir car, après la dénonciation des crimes de Staline par Khrouchtchev, l'appareil soviétique avait eu si peur que le dégel n'emporte tout le système qu'il avait inventé, et organisé, le surplace absolu.

La poussière du Mur

L'URSS n'était pas retournée aux temps staliniens. Elle n'avait pas renoué avec la terreur de masse. Elle n'en était pas revenue non plus au stakhanovisme et aux grands travaux pharaoniques mais elle avait très vite abandonné, aussi, les ambitions de réforme économique esquissées après le XXe Congrès.

Elle avait, pour cela, son laboratoire, la Hongrie de Kadar, mais il n'était pas question que ce genre d'innovations déborde des frontières de ce pays à part. Gorbatchev parlera de la « stagnation » brejnévienne, mot doublement bien choisi car, depuis, l'éviction de Khrouchtchev, plus rien n'avait bougé, ni économiquement ni politiquement. Au sommet, un gâteux mourant succédait à l'autre. En bas, partout, le retard technologique s'accentuait aussi vite que se développaient la corruption et l'impéritie générale. Sous le vernis de la grande puissance nucléaire, tout l'édifice soviétique était vermoulu et Gorbatchev avait donc conçu de « reconstruire » l'URSS à la manière hongroise – décentralisation de la décision industrielle et développement de la petite entreprise de services, familiale et privée.

Une anecdote, pour comprendre le mur auquel il s'est immédiatement heurté. A la sortie de Moscou, Guy Sitbon, alors correspondant de *L'Observateur,* aperçoit une grand-mère assise, au bord d'une route, devant un seau de pommes. Il a faim, descend de voiture : « Donnez m'en cinq, lui demande-t-il. — Ah non ! Je ne vends que le seau — Je vous paie les cinq au prix du seau. — Jamais ! Vous prenez le tout ou rien. » Sitbon a argumenté, plaidé, lui a fait valoir qu'elle pouvait gagner beaucoup plus d'argent en vendant par petites quantités. Il a fini par lui donner un cours d'économie mais rien n'y a fait. Le travail était de vendre le seau entier. La grand-mère s'en est tenue aux ordres, se moquant du reste et craignant bien trop d'être accusée de « spéculation » pour se lancer dans le commerce de détail.

Du haut en bas de la hiérarchie, tout l'appareil économique était fait de gens aussi peu entreprenants. Personne n'avait cru à l'avenir des réformes économiques de Gorbatchev. Personne ne se risquait à les appliquer par crainte d'avoir à rendre des comptes lorsqu'elles auraient immanquablement échoué et l'appareil politique freinait, de surcroît, si bien que l'attentisme général s'en trouvait conforté. Pire que tout, les « coopératives », les petites entreprises privées, sont vite devenues un instrument de blanchiment de l'argent du crime et de la corruption. Leurs services étaient souvent excellents mais leur réputation morale épouvantable, et non sans raisons.

Bref, ça partait si mal que Gorbatchev décide de se lancer dans une révolution culturelle, la Glasnost – en français, la publicité au sens de publicité des débats – dont l'ambition était de faire naître et enhardir une élite réformatrice en créant une liberté de la presse. L'expression était inconnue à Moscou mais c'est sur la « société civile » – en l'occurrence, l'intelligentsia des grandes villes – qu'il entreprend de s'appuyer.

C'était le sens profond du coup de fil à Sakharov, celui qui avait vaincu mon scepticisme washingtonien, et ça marche. N'en croyant pas leur bonheur, plusieurs des directeurs de journaux se mettent au service de ce projet, ouvrent les dossiers, ceux de l'histoire puis ceux de l'état réel du pays. La peur tombe et je vous ai dit à quelle vitesse. En quelques mois, l'atmosphère du

La poussière du Mur

pays change du tout au tout. Une bataille ouverte oppose bientôt journaux réformateurs et journaux conservateurs dans des polémiques qui reflètent, épousent et amplifient celles du Bureau politique.

Gorbatchev a bel et bien suscité dans le pays un parti de la réforme mais ce parti qu'il a voulu et qui ne serait pas apparu sans lui, il ne le contrôle pas. Né de la disparition de la peur, c'est un parti sans cadres, sans filiation politique, sans autre idéologie qu'une aspiration au changement et, plus ce parti se renforce, plus les tensions s'avivent au sommet de l'appareil qui, lui-même, se divise.

Gorbatchev en est très vite contesté au sein du Bureau politique, de l'instance suprême qui est l'unique source de son pouvoir et, plus sa fragilité est visible, plus ce parti de la réforme qui ne cesse plus de s'étendre se radicalise et se détourne de lui.

J.L. : Se détourne de lui ? Pourquoi ?

B.G. : Parce que ces réformateurs qu'il a encouragés à s'affirmer craignent qu'il ne soit mis à l'écart et que tout ne redevienne comme avant. Ils veulent se renforcer avant qu'il ne soit trop tard. Ils veulent pousser Gorbatchev à aller toujours plus loin et, naturellement, plus croissent l'audace et l'ébullition de cette mouvance si totalement dépourvue de structures, plus Gorbatchev est isolé au sein d'un Bureau politique qui n'ose pas encore le limoger mais s'oppose à lui heure par heure, à chaque minute.

Théoriquement tout-puissant, il court en fait au-dessus de l'abîme, dans le vide, et ne se survit que dans le mouvement, ouvrant portes et fenêtres et tentant de créer l'irréversible. D'une phrase que j'emploierai souvent dans mes papiers, dans mes conversations, aussi, avec les responsables occidentaux de passage à Moscou, « Plus il gagne, plus il perd » : plus il transforme le pays, plus le pouvoir lui échappe.

L'iceberg nationaliste

J.L. : Il ne s'en rend pas compte ?

B.G. : Oh que si ! Bien sûr que si ! Il s'en rend même tellement compte que Gratchev conclut invariablement chacune de nos rencontres au Comité central par la même phrase : « Le destin des réformateurs est d'être emporté par leurs réformes. » Gorbatchev savait qu'il serait, au bout du compte, balayé par le processus qu'il enclenchait. En démocrate, il l'acceptait mais ce qu'il n'avait pas su voir c'est à quel point les choses iraient vite et ne lui donneraient pas le temps de consolider une évolution qu'il avait souhaitée progressive, une pierre après l'autre pour que le mur tienne.
Il n'était pas seulement réformateur.
Il était aussi réformiste, hostile à l'idée même de révolution car il savait que, si la Russie refaisait Octobre à l'envers, il lui faudrait des décennies pour digérer ce nouveau choc et retrouver une stabilité. C'était sa hantise mais, dès l'hiver 88-89, la mouvance réformatrice bascule dans l'exaltation révolutionnaire. Consciemment ou inconsciemment, suivant les moments et les hommes, elle fait tout pour que le régime s'écroule mais sans jamais savoir où elle va,

La poussière du Mur

sans objectifs clairs, sans la moindre réflexion tactique et, encore moins, stratégique.

Pour moi, le contraste avec la révolution « autolimitée » de la Pologne est alors saisissant. J'ai de la sympathie pour beaucoup des hommes de ce parti de la réforme qui est devenu celui de la révolution. J'entretiens d'étroites relations avec eux mais les regarde, en fait, comme des analphabètes politiques, comme des boutefeux irresponsables qui vont provoquer un séisme et, bientôt, un choc en retour sur la violence duquel j'essaie de les alerter.

Je le leur dis sans cesse. Je m'obstine à tenter de les convaincre mais je ne faisais là rien d'autre que le personnage de Sempé, M. Lambert, lorsqu'il hurle du rivage : « Couché ! » aux vagues déchaînées. C'était totalement vain, ridicule, mais j'avais un tel pressentiment, et une telle crainte, du retour de bâton qu'incarnera Vladimir Poutine dix ans plus tard que j'essayais malgré tout, en bon petit soldat de la modération militante.

L'emballement révolutionnaire sera le premier récif sur lequel s'abîmera Gorbatchev mais ce n'était qu'un petit caillou à côté du réveil nationaliste de chacune des Républiques de l'Union, Russie comprise – de l'iceberg qui l'enverra au fond.

Arménie d'abord, Pays baltes et Géorgie ensuite, toutes ou presque se mettent bientôt en mouvement avec une double aspiration, démocratique et nationale. Rares sont celles qui prononcent d'emblée le mot d'« indépendance ». Comme les pays colonisés, comme les vôtres, elles parlent, d'abord, d'« autonomie » mais on sent bien que ce n'est que prudence, tout particulièrement dans les Pays baltes, et ce second bouillonnement met Gorbatchev dans une situation impossible.

Il sait, d'un côté, que les aspirations démocratiques des Républiques l'aident à imposer l'évolution démocratique de l'ensemble de l'URSS. Il le voit d'autant mieux qu'il s'appuie, dans les Républiques périphériques, sur ceux des dirigeants communistes qui sont le plus en faveur des réformes et qui deviennent ses alliés au sein de la direction soviétique.

Il ne peut ignorer, d'un autre côté, que la dynamique de cette revendication d'autonomie porte en elle l'éclatement de l'URSS et que les plus intelligents des dirigeants des Républiques, ses alliés, seront inéluctablement amenés à jouer la carte de l'indépendance s'ils veulent garder le pouvoir.

Pour lui, le dilemme est redoutable. Gorbatchev ne veut pas être l'homme qui aura présidé à la fin de l'Union, au délitement d'un Empire russe édifié par l'absolutisme tsariste et cimenté par le communisme. Autant il pense qu'il ne peut plus, ne doit plus, maintenir la mainmise soviétique sur l'Europe centrale, autant il voit, dans l'éclatement de l'URSS elle-même, un recul historique de la Russie, une source d'interminables conflits et un handicap pour tous les pays constituant l'Union car des siècles d'histoire commune ont inextricablement lié leurs économies.

Pour lui, l'Ukraine, c'est la Russie comme la Bourgogne est devenue la France. Il y eut une Bourgogne et une Ukraine indépendantes mais elles sont la France et la Russie. Gorbatchev refuse l'éclatement soviétique de tout son être mais il ne peut, en même temps, que jouer avec l'ébullition démocratique des Républiques, comme il le fait avec la mouvance radi-

La poussière du Mur

cale, car il n'est pas envisageable, pour lui, d'y mettre terme en s'appuyant sur les conservateurs pour revenir en arrière.

Et puis c'est un optimiste, un homme qui croit aux mots et à la raison, au volontarisme et à la persuasion – un homme, par parenthèses, que je *lisais* si bien, comme de l'intérieur, que je pouvais prévoir ses mouvements à l'avance tant ils m'apparaissaient logiques et tant je me reconnaissais, aussi, dans la radicale modération de sa démarche...

J.L. : Vous l'avez souvent vu ?

B.G. : A Moscou, non, jamais. Je ne l'ai rencontré qu'après sa chute, à Paris, mais nous sommes devenus amis et nous voyons régulièrement, souvent avec Adam Michnik. On croit peu à l'humanité des hommes politiques. Je ferai, donc, sourire mais c'est un homme bon, quelqu'un de fondamentalement bon qui a été habité par la mission qui lui est revenue et qu'il s'était assigné – sauver la Russie de la faillite communiste, chercher et trouver les moyens de l'en sortir en lui épargnant une nouvelle secousse révolutionnaire. Il avait ces deux lignes d'horizon et, pour le reste, avançait comme il pouvait, s'adaptant au terrain, mais décidé à avancer, quoi qu'il arrive, car convaincu que le salut de son pays était dans le mouvement et sa décadence dans le *statu quo*.

« Le communisme n'est pas réformable », disaient les soviétologues. En un sens ils avaient raison puisque cette tentative de le réformer accouchait d'une révolution mais tout ce débat relevait du sexe des anges. Le soviétisme était bel et bien réformable puisque le

Secrétaire général du Parti avait entrepris de le réformer et ne reculait pas sur cette route. C'était cela l'événement, comme la réalité était, en Pologne, « l'autolimitation » de Solidarité et non pas l'anticommunisme des Polonais.

Quand les conservateurs ont voulu démettre Gorbatchev, à l'été 1991, pendant ses vacances, ils étaient persuadés qu'il signerait la lettre de démission qu'ils lui tendaient mais il a refusé. Il était cerné dans une villa, avec toute sa famille, sa femme, sa fille, ses petits-enfants. Sa femme était si sûre qu'ils seraient tous massacrés sur place qu'elle a eu un choc nerveux, très grave, dont elle ne s'est jamais remise, mais il a refusé de signer, mettant au défi les putschistes d'entrer dans l'illégalité.

Ils n'ont pas osé le faire. Ils se sont saoulés de désarroi – oui, saoulés – avant de renoncer à leur coup d'Etat mais, entre-temps, à Moscou, Boris Eltsine avait appelé à la résistance. C'est lui que la Russie et le monde ont vu debout sur un char et, ce jour-là, Gorbatchev était fini. Il avait empêché le retour en arrière de la Russie mais Eltsine allait l'éliminer et jeter le pays dans une fuite en avant...

Pas plus loin que la bouteille d'après

J.L. : C'est ce jour-là que vous avez su Gorbatchev perdu ?

B.G. : Non. Cela ne m'est pas immédiatement apparu. J'avais quitté Moscou depuis une dizaine de

La poussière du Mur

mois. J'étais à Paris, devenu directeur de *L'Expansion*. Je m'apprêtais à commencer, quelques jours plus tard, ma nouvelle vie d'homme de radio. France Inter m'avait réveillé, vers cinq heures du matin, pour m'annoncer la nouvelle du putsch et me demander de les rejoindre immédiatement, à chaud.

J'avais le numéro de la datcha de Gratchev. J'appelle. Ça sonne. Le téléphone n'était pas coupé. André décroche : « Vous n'êtes pas arrêté ? — Pas que je sache. — Il y a des arrestations dans votre entourage ? — Pas que je sache non plus. » Il était d'un calme absolu. « Maintenant, tout dépendra de lui », m'avait-il dit et, quand j'arrive au micro, j'explique longuement, en direct, que ce putsch sans coupure des téléphones et sans arrestations fait bien improvisé et qu'il n'est aucunement certain qu'il réussisse.

Dans ces journées-là, c'est ce qui m'avait frappé. J'avais vu l'amateurisme et l'affaiblissement des conservateurs, pas la page se tourner sur Gorbatchev. Je le voyais devoir composer avec Eltsine. Je n'aimais pas cela car je méprisais l'ivrognerie, les limites intellectuelles et la démagogie de cet homme que Gorbatchev avait fait venir à Moscou, lorsqu'il avait voulu s'adjoindre, comme patron de la capitale, un secrétaire régional bénéficiant d'une réputation d'honnêteté.

A l'époque, Eltsine était effectivement honnête mais n'était qu'un petit apparatchik. Il avait cru bien faire en dirigeant personnellement de spectaculaires opérations coup de poing contre la corruption dans les circuits de distribution alimentaire. Il en était devenu très populaire mais il s'était si bien activé, avec une ardeur de justicier, que le Bureau politique avait exigé qu'on

Le monde est mon métier

le démette avant que ses enquêtes ne remontent trop haut.

Gorbatchev avait tenté de lui faire comprendre que la Perestroïka avait de plus larges ambitions qu'une opération mains propres, qu'on ne pouvait pas, d'un coup, renverser la table, qu'il fallait ménager des étapes... Eltsine s'était obstiné et, quand Gorbatchev s'était résolu à le sacrifier pour éviter une crise au sommet, cette humiliation l'avait plongé dans une longue période de dépression éthylique dont il n'était sorti que pour se découvrir un destin.

Dans le bouillonnement qui avait saisi le pays, il était devenu la victime de l'appareil, l'homme qui pouvait constituer une alternative à Gorbatchev car il était, lui, populaire et avait osé, disait-on, s'attaquer de front aux conservateurs. Il avait pris, de fait, la tête de la mouvance réformatrice, séduisant l'intelligentsia par son radicalisme et si bien porté par son image de Zorro qu'il s'était fait élire Président de la Fédération de Russie à la faveur des élections organisées par Gorbatchev au début de 1989.

Il ne voyait pas plus loin que la bouteille suivante mais je n'imaginais pas encore jusqu'où le mènerait son désir de revanche. Sitôt après l'échec du putsch, il use de ses pouvoirs de Président russe pour dissoudre le Parti communiste, sur un coup de dés, privant l'URSS de tout appareil administratif. Il crée une situation d'anarchie, au sens propre du terme. Ce n'est plus que le pouvoir est affaibli. C'est qu'il n'existe déjà plus. Un vide s'est créé que Gorbatchev tente désespérément de combler, sans plus aucun levier de commande, en négociant avec les Républiques une

La poussière du Mur

transformation de l'URSS en un pendant de la Communauté européenne.
L'idée paraît prendre. Un accord est sur le point d'être signé. L'évolutionnisme, malgré tout, allait l'emporter mais Eltsine annonce, avec les Présidents de l'Ukraine et de la Biélorussie, que leurs trois pays sortent de l'URSS à laquelle ils portent ainsi le coup de grâce, tirant le tapis sous les pieds de Gorbatchev et rayant d'un trait de plume des siècles d'histoire russe.
Ça s'est fait dans un relais de chasse, en décembre 1991. Le Biélorusse et l'Ukrainien, des apparatchiks de la plus commune espèce, très conservateurs en fait, voulaient sauver leur siège en se posant soudain en artisans de l'indépendance nationale. Eltsine voulait s'asseoir, au Kremlin, dans le fauteuil de Gorbatchev.
C'est lui qui l'avertit, au milieu de la nuit, par un coup de fil aviné. Gorbatchev n'est plus rien. L'état-major lui propose de le soutenir pour empêcher que l'URSS ne disparaisse. Les militaires le pressent de prendre leur tête mais il ne veut pas devenir dictateur, ne croit pas qu'une guerre civile résoudrait quoi que ce soit et se retire, après un superbe discours par lequel il dit aux Russes qu'il leur lègue le plus précieux des biens : la démocratie qu'il leur revient, maintenant, de défendre.

J.L. : Vous avez alors eu l'impression, vous personnellement, de perdre une bataille ?

B.G. : Oh que oui ! Je m'y étais trop engagé pour que son issue ne m'atteigne pas. Je la savais perdue depuis le début de l'automne. J'avais voulu espérer, mais sans y croire, que la transformation de l'URSS en marché commun pourrait se faire mais mes pires craintes se réalisent, toutes et immédiatement.

Dans les Républiques, les satrapes communistes restent en place, devenus chefs d'Etats désormais indépendants. Ils ont sauvé leur dictature, sauf dans les Pays baltes où la démocratisation a vraiment eu lieu et qui voguent immédiatement vers l'Europe. En Russie même, sur les conseils d'économistes libéraux – d'hommes tout droit sortis des instituts de recherche de l'ancien régime où ils rêvaient, en secret, d'une révolution conservatrice à la Thatcher – Eltsine décrète la privatisation de l'économie, d'un coup, comme les bolcheviks avaient décrété sa collectivisation.

Le FMI et la Banque mondiale s'enthousiasment. Les crédits occidentaux qui avaient été refusés à Gorbatchev affluent comme un torrent impétueux. Ils disparaîtront vite, dans tous les paradis fiscaux de la terre, sur les comptes numérotés de ce que les Russes appelleront vite « la famille », l'entourage et les collaborateurs d'Eltsine, mais le pire n'est pas là.

Le pire est qu'il n'y avait bien sûr pas de capitaux privés en Russie et que tous les joyaux de la richesse nationale vont donc tomber, en quelques mois, dans les poches d'une mafia. J'ai écrit que c'était « le plus grand hold-up de l'histoire » et je ne crois pas qu'il y en eut jamais de plus éhonté. Secrètement, les gens au pouvoir partagent tout ce qui peut avoir une valeur en Russie, ressources naturelles ou industrie, avec de nouveaux propriétaires qu'ils désignent arbitrairement, en fonction de leurs intérêts.

Ces hommes se révéleront, parfois, de vrais capitaines d'industrie mais, libéralisés, les prix s'envolent. Les « Nouveaux Russes », les nouveaux riches, étalent

La poussière du Mur

un luxe effarant, créent des empires, banques, industries, gaz et pétrole. Les plus agiles des jeunes urbains y trouvent des emplois bien payés mais l'immense majorité de la population tombe dans une misère sans nom tandis que les retraités viennent mendier aux portes des boîtes à la mode.

Ce n'est pas qu'il ne fallait pas privatiser.

Il le fallait indiscutablement car c'était le seul moyen de recréer une économie. Il y avait de longs mois que les conseillers économiques de Gorbatchev y travaillaient mais ils avaient envisagé, eux, de commencer par créer une concurrence entre les entreprises d'Etat, de laisser les meilleures s'auto-racheter, et certainement pas d'ôter au pays la propriété de ses ressources naturelles dont seule la gestion aurait été progressivement dénationalisée.

Le scandale que constituaient ces privatisations sauvages était tellement inouï que des députés protestent mais, pour toute réponse, Eltsine fait donner l'assaut au Parlement, celui-là même qui était sorti des élections dont il avait tiré son propre pouvoir. C'est le triomphe de la loi de la jungle et, en quelques années, les Russes seront totalement dégoûtés de cette « démocratie » et de cette « économie de marché » que l'Occident applaudit.

Par notre approbation, nous avons largement contribué à ce que les Russes pensent que le marché, c'est le vol, et la démocratie, l'abaissement de leur pays. Nous avons tant fait pour les en convaincre que c'est l'Occident qui a largement ouvert la voie à ces jeunes générations de l'ancien KGB qui mettront Eltsine à la retraite quand la « famille » sera trop éclaboussée par les affaires. Grâce à la « thérapie de choc » la Russie n'aspirait alors plus qu'à un Poutine, pas exactement le rêve que j'avais fait.

J'ai vécu cela, oui, comme une défaite personnelle que j'ai mis une bonne décennie à digérer. Je ne me suis pas assis pour pleurer. J'ai découvert la radio. J'ai travaillé, sous la direction d'Eugenio Scalfari, au lancement d'un nouveau quotidien français piloté par les équipes du *País* et de *la Repubblica*. Ce projet n'a pas abouti mais il m'a énormément appris. J'ai dirigé la rédaction de *L'Observateur*. J'ai fait plein de choses que j'ai aimées mais suis longtemps resté en deuil d'une démocratisation de la Russie à laquelle j'avais cru et qui aurait donné au monde un autre visage que celui qu'il prend.

Le tête-à-queue américain

J.L. : Je reviens en arrière. Comment les Russes avaient-ils ressenti cette fin de l'Union soviétique ? Comme un désastre ? Comme un abaissement de la puissance russe...

B.G. : Sur le coup, peu de gens avaient réalisé que c'était la fin de l'Empire, que la Russie perdait son berceau ukrainien et sa Côte d'azur géorgienne. Gorbatchev s'en va : peu de regrets pour cet homme qu'on n'avait jamais vraiment compris, trop intellectuel, trop sobre, et auquel beaucoup ne pardonnaient pas d'avoir dévoilé les faiblesses de l'URSS car on n'aime jamais les porteurs de mauvaises nouvelles.

Ce type qui était arrivé pour dire que tout était à refaire, qu'il fallait sortir des cuisines et prendre des

La poussière du Mur

risques et qui partait après que sa « reconstruction » eut fait éclater l'Empire... Très bien ! Il n'était que temps qu'il s'en aille et cède la place à Eltsine, un vrai mec, un chef, autoritaire et parfaitement lisible. Le communisme est enterré et personne, c'est le moins qu'on puisse dire, ne va le pleurer...

J.L. : ... La grande carcasse est brisée...

B.G. : ... Voilà. C'est ce qu'on voit et l'on est également ravi d'être débarrassé de l'Asie centrale, de ces métèques avec lesquels on n'a rien à voir, de musulmans qu'on n'aime guère et qui n'étaient, dit-on, qu'un boulet pour le budget. On croit qu'on va se retrouver entre blancs chrétiens. C'est ce que prônait un Soljenitsyne et, sur le coup, personne ou presque ne réalise que l'Ukraine et la Géorgie s'éloignent et que la Russie vient de se réduire à des frontières qu'elle ne connaissait plus depuis longtemps.

On ne le comprendra que plus tard, privatisations aidant. C'est là que se nouera le drame tchétchène car la Tchétchénie fait partie de la Fédération de Russie et que les Russes ne voudront plus – trop, c'est trop – céder un seul centimètre carré du territoire national. C'est sur ce refus que Poutine se fera élire. Sa guerre de Tchétchénie fut absolument populaire. Elle a semblé légitime aux Russes et toutes les tentatives de reprendre pied en Ukraine ou même en Géorgie sont également approuvées par la majorité des Russes.

J.L. : Une dernière question sur la Russie : les Occidentaux, les Américains en particulier, ont-ils joué un rôle dans cette désunion soviétique ?

B.G. : Oui, mais pas celui qu'on pourrait croire. Tout un temps, les Américains vont observer ce délitement sans ravissement aucun. Ils vont même tenter de freiner la montée de l'indépendantisme ukrainien parce qu'ils savent qu'il y a deux Ukraine – une Ukraine orientale, orthodoxe et russophone et une Ukraine occidentale et « uniate », unie au Vatican. Ils sont conscients que l'indépendance pourrait les mettre face à face, en plein cœur de l'Europe, et se demandent, surtout, qui va prendre le contrôle des armes nucléaires soviétiques stockées dans cette République.

Les Américains seront longtemps d'une extrême prudence mais ils finiront par voir que, de toute manière, le train est parti, qu'il ne servirait à rien de se coucher sur les rails, qu'il n'y a plus qu'à jouer Eltsine et qu'ils peuvent à la fois faire de lui leur marionnette et en profiter pour se débarrasser de la Russie...

J.L. : ... S'en débarrasser ?

B.G. : Faire en sorte qu'elle ne puisse plus jamais redevenir une grande puissance, malgré son niveau culturel, ses richesses naturelles et son arsenal nucléaire. Très vite, les Etats-Unis n'auront plus qu'une idée : cantonner la Russie à ses frontières, la cerner de pays membres de l'OTAN et prendre pied, pour cela, en Ukraine, en Géorgie et en Asie centrale. C'est encore plus vrai maintenant que le Kremlin entend redonner une indépendance diplomatique à la Russie mais cela date, en fait, des dernières années d'Eltsine.

Le drame est que cette politique d'encerclement

La poussière du Mur

américaine se trouve maintenant partiellement justifiée par ses propres conséquences, par le retour de la Russie à une certaine agressivité, voire à une agressivité certaine sur la scène internationale, dans son ancien Empire, surtout.

J.L. : Et l'Europe, quel a été son rôle ?

B.G. : L'Europe tente, aujourd'hui, de trouver un équilibre avec la Russie de la régression autoritaire mais, durant toutes les années Eltsine, elle a été hors jeu à Moscou où seuls comptaient les Américains. A l'époque, l'Europe était, de toute manière, totalement occupée par l'intégration à l'Union des anciennes démocraties populaires – pas une mince affaire car elles aspiraient toutes, Pologne en tête, à y entrer séance tenante.

Cela relevait, pour elles, de la compensation historique – de l'indemnité de Guerre froide. Elles considéraient cela comme un dû, l'exigeaient, ne comprenaient guère que des conditions leur soient posées et des délais opposés mais, maintenant que c'est fait, ce qui me frappe le plus, en Europe centrale, est le sort des anciens dissidents polonais.

Michnik, Modzelewski, Geremek, Mazowiecki, tous ces hommes d'exception qu'il faudrait pouvoir tous citer et qui avaient conçu la sortie du communisme, sont aujourd'hui marginalisés. Politiquement parlant, ils ne comptent plus guère...

J.L. : ... Peut-on trouver entre eux une convergence idéologique ? Y a-t-il quelque chose de commun, par exemple, entre Geremek et Kuron ?

Le monde est mon métier

B.G. : Peu de chose mais l'un et l'autre venaient du communisme. Lorsque Kuron était moniteur dans les mouvements de jeunesse du Parti, il expliquait aux petits pionniers dont il avait la charge, Adam Michnik entre autres : « Un communiste est un homme qui lutte pour la justice sociale, pour la liberté et l'égalité : pour le socialisme. A cause de ses convictions, il passe des années en prison mais, dès qu'il est libéré, il reprend son activité révolutionnaire. »

Pendant quelque vingt ans, Geremek a été un intellectuel communiste. Le père de Modzelewski avait été le premier ministre des Affaires étrangères de la Pologne populaire. Sa mère était issue d'une famille de révolutionnaires russes. C'était une vieille dame, polyglotte et traductrice de profession, avec laquelle j'ai vécu une heure qui en dit long sur ce milieu.

Deux mois après l'état de guerre, j'apprends qu'elle avait enfin reçu l'autorisation d'aller voir son fils en détention. Karol adorait les gitanes. J'en achète une cartouche dans un magasin pour étrangers, en devises, et sonne chez sa mère : « J'ai appris que vous alliez voir Karol ? — Oui... » me répond-elle d'un air las avant de se jeter dans une interminable conférence sur les subtilités du théâtre de Tchekhov et les difficultés à le traduire.

Je me demandais si elle avait perdu la tête, finis par toussoter : «... Voilà : je vous ai apporté ces gitanes, pour Karol. Vous pourrez les lui donner... — Non, me répond-elle. Reprenez vos cigarettes ! — Mais ce n'est pas pour vous... C'est pour votre fils. Ça lui fera plaisir... — Non, non : reprenez vos cigarettes ! — C'est des gitanes, celles qu'il préfère ! — Non, non, Ber-

La poussière du Mur

nard : je ne les lui porterai pas. Reprenez vos cigarettes ! » A l'extérieur, la nuit était tombée sans qu'elle s'en aperçoive. La pièce était plongée dans l'obscurité. Je n'avais pas osé le lui faire remarquer. Nous étions dans le noir, silencieux, quand, soudain, elle s'écrie : « Toute ma vie, j'ai porté des cigarettes en prison !... A mon père, à mon frère, à mon oncle, à mes cousins, à mon premier mari... Ils étaient tous communistes, anarchistes, trotskistes, je ne sais plus... Et voilà que ça recommence, comme toute ma vie : les prisons, les cigarettes... Non, Bernard : je ne porterai pas vos cigarettes. Reprenez-les ! Reprenez vos cigarettes... »

Thérapie de choc

Je suis reparti avec, les fumant nerveusement et me disant que l'extraordinaire était que tous ces dissidents venus du communisme avaient fait exactement, pour le détruire, ce que Kuron appelait à faire pour le construire.

Quant à l'autre grand courant de la dissidence, Mazowiecki en tête, il venait du catholicisme social, d'une intelligentsia chrétienne façonnée – comme *Le Monde*, Jean, exactement la même filiation – par le personnalisme d'Emmanuel Mounier. D'autres encore venaient du socialisme qui, contrairement au communisme, avait été très influent dans la Pologne d'avant guerre mais tous ces hommes s'étaient rejoints, et fondus, dans une gauche démocrate et sociale qu'on aurait appelé, en France, la « deuxième gauche ».

Le monde est mon métier

J.L. : Trouvait-on, parmi eux, des traces de l'ancien Bund, du parti juif de gauche non sioniste si influent avant guerre ? Y a-t-il, à l'intérieur de ce mouvement, une certaine réalité juive ?

B.G. : Il y avait plus de juifs dans l'opposition que dans l'ensemble de la population polonaise mais ils n'y constituaient ni une majorité ni, surtout, un courant en tant que tel. Je me souviens très bien de l'étonnement de Geremek lorsque je lui avais dit que je me considérais comme juif : « Ça ne veut rien dire, m'avait-il objecté, vous êtes français. » Lui, le rescapé du ghetto, n'admettait pas que cette identité historique puisse compter à mes yeux.

J.L. : Le judaïsme n'était pas central dans leur comportement ?

B.G. : Non seulement ils étaient tous athées mais l'idée même d'une identité juive, fût-elle culturelle, leur semblait relever de cet antisémitisme qui les avait marqués au fer rouge. Entre la Shoah et la campagne « antisioniste » de 1968, il ne pouvait pas en être autrement mais ils étaient, sur ce point, sartriens : on n'est juif que dans le regard de l'autre.
Quoi qu'il en soit, ces héros de l'histoire polonaise, ceux-là mêmes qui avaient suscité la multitude de petits torrents si clairs et si purs qui allaient faire le grand fleuve de Solidarité et, finalement, emporter le communisme, ces hommes-là, comme Gorbatchev d'ailleurs, ont été balayés par le séisme qu'ils avaient déclenché.
Ils ne pèsent pas plus en Pologne que n'auront

La poussière du Mur

durablement pesé, en France, les héros de la Résistance car, après avoir remporté les premières élections libres, ils n'ont pas eu d'autre choix que d'assumer la reconstruction de l'économie polonaise, donc son coût social.

En 1989, les caisses de la Pologne sont vides. L'endettement extérieur est colossal. On ne trouve à peu près rien dans les magasins d'alimentation où l'on se bat pour trois bouts de fromage racorni. Des mesures drastiques s'imposent et Tadeusz Mazowiecki, premier Premier ministre de la démocratie polonaise, fait appel à un brillant économiste, Leszek Balcerowicz, qui le convainc de recourir à la première des « thérapies de choc », pratiquées dans l'ancien Bloc de l'Est.

Contrairement à la Russie, la Pologne pouvait se le permettre car elle avait, elle, gardé une culture économique, qu'elle savait ce qu'était le marché et que l'essentiel de l'agriculture était resté privé. Du jour au lendemain, dans l'enthousiasme général, le pays passe d'une économie presque entièrement dirigée à une économie presque totalement libre. C'est un magnifique succès. L'économie polonaise redémarre. Jusqu'aujourd'hui, ses taux de croissance sont impressionnants. Les capitaux étrangers affluent. La jeune génération se lance dans l'entreprise et tisse un réseau de PME.

L'audace paie mais ceux qui ne peuvent pas suivre le mouvement, qu'ils soient trop âgés, retraités, n'aient pas la culture ou le tempérament nécessaires ou travaillent dans des branches industrielles irrémédiablement condamnées – tous ceux-là, des millions de personnes, vont devenir des laissés-pour-compte, plus pauvres que jamais et sans vrais filets de sécurité.

Le monde est mon métier

Ce n'est pas la Russie, sa mafia, ses « oligarques » et son hold-up sur la propriété nationale. Cela n'a rien de comparable mais il y a deux Pologne, la jeune Pologne urbaine qui profite de la liberté, innove, s'enrichit et enrichit le pays, et l'autre, celle des régions de la vieille industrie, textile ou sidérurgique, qui plonge dans le chômage de masse.

Les chantiers eux-mêmes, ce chantier Lénine d'où tout était parti, sont en faillite. Le malaise est si grand, le mécontentement social si profond, que les « libéraux », les anciens dissidents, s'écroulent dans les sondages et que l'inimaginable se produit. La Pologne anticommuniste rappelle au pouvoir, par la démocratie, les anciens communistes, rebaptisés sociaux-démocrates.

Ce n'est pas l'ancien Parti. Ce fut l'ancien Parti mais il a maintenant été repris en main par d'anciens cadres des Jeunesses communistes, une génération qui, dès les années 80, était libérale et pro-américaine mais, néanmoins, communiste car il fallait bien vivre. Ces hommes obtiennent une majorité des suffrages parce que l'électorat populaire, ces mêmes cols bleus qui s'étaient dressés contre le communisme, espère qu'ils introduiront un peu de protection dans ce capitalisme sauvage.

C'était ne pas voir l'époque ni ce qu'était ces hommes. Les « post-communistes », comme on dit, poursuivent la même politique... en y ajoutant une corruption phénoménale car les réseaux de l'ancien régime se recréent aussitôt, au profit d'intérêts privés.

Après avoir rejeté les anciens dissidents pour des raisons sociales, les Polonais vont vomir les anciens

La poussière du Mur

communistes pour les mêmes raisons. Post-communistes ou « post-dissidents », la gauche est disqualifiée en Pologne et la voie s'ouvre à une résurrection d'une droite...

J.L. : ... majoritairement catholique...

B.G. : ... Tout le monde est catholique en Pologne. Ça ne peut pas y être un critère. Non. On assiste à la résurrection d'une droite polonaise, extraordinairement nationaliste, très peu libérale et plutôt étatiste – en mots du moins –, d'une droite qui a horreur de tout ce qui est la gauche, démocrate ou pas, et que l'évolution des mœurs horrifie encore plus. Avec le nationalisme, c'est là qu'est sa marque de fabrique : une absolue condamnation de l'avortement, considéré comme un crime contre Dieu, la famille et la nation, une réprobation du divorce et une terreur de l'homosexualité regardée comme une dépravation étrangère dont il faut protéger la jeunesse polonaise.

Les frères Kaczynski, les jumeaux puisque c'est d'eux qu'il s'agit, sont eux-mêmes d'anciens opposants, d'un courant nationaliste et marginal de la dissidence, mais d'authentiques dissidents, courageux et pas de la dernière heure. Si réactionnaires soient-ils, ils sont démocrates – autoritaires, manipulateurs mais certainement pas fascistes. Ce qu'ils incarnent n'est, en fait, qu'une quête de repères connus – famille, nation, religion – dans un monde en total bouleversement mais les alliés avec lesquels ils ont finalement rompu sont, eux, franchement abominables...

Le monde est mon métier

« *Bienvenue en Europe !* »

J.L. : Et dans cette abomination est impliqué l'antisémitisme ?

B.G. : Chez les jumeaux, non, pas du tout. A leur droite, oui, clairement, un antisémitisme d'avant guerre qui ne porte pas à conséquence dans la Pologne d'aujourd'hui mais qui est simplement ahurissant. Le plus triste est que cette résurgence d'une droite nationaliste et réactionnaire n'a rien de spécifiquement polonais. Faible ou forte, on la retrouve dans toute l'Europe centrale car, sous la pression conjuguée de la Banque mondiale, du FMI, des critères d'adhésion européens et de la nécessité de reconstituer un marché, ces pays ont tous connu une brutale rupture économique et sociale qui a ravagé leurs échiquiers politiques désormais à reconstruire.

J.L. : L'Europe leur tend la main. Ils y entrent... Un Polonais d'assez haut rang à qui je disais vers cette époque : « Bienvenue en Europe ! » m'a répondu : « Oui, c'est un moindre mal... » J'en ai été blessé. Y a-t-il, chez les Polonais, une sorte d'aigreur, ou de méfiance fondamentale, à l'égard de l'Europe ?

B.G. : Je vous dirai, d'abord, que votre Polonais a probablement été blessé par votre « Bienvenue en Europe ! » car il se considère, et à juste titre, comme tout aussi européen que vous. Tout cela est très sensible. Chacun peut facilement blesser l'autre mais vous avez raison. A des degrés divers selon les pays, il y a un

La poussière du Mur

peu de ce que vous venez de dire dans toute l'Europe centrale, pas seulement en Pologne.

Il y a un ressentiment social à l'égard de l'Union en raison du coût social de la libéralisation économique. Il y a une crainte d'un supranationalisme qui rappelle trop le bloc soviétique à des nations qui viennent de s'en libérer. Tous ces pays sont, enfin, passionnément ou très américanophiles car ils conservent une peur fondamentale de la Russie et ne croient pas que l'Europe seule soit capable de les en défendre. Or le moins qu'on puise dire est que le Kremlin n'arrange pas les choses quand il organise le blocus commercial de la Géorgie ou le blocus numérique de l'Estonie, pays membre de l'Union.

J'oubliais une chose, pourtant fondamentale. Si heureux et fiers qu'ils soient d'être membres de l'Union européenne, ces pays sont de petite taille et craignent toujours de se faire imposer des décisions par la grande France et la grande Allemagne – surtout la Pologne qui ne supporte pas, car elle n'est précisément pas petite du tout, qu'on puisse la traiter en quantité négligeable.

J.L. : Il est vrai que la formule de Chirac...

B.G. : Eh oui... Quand le Président français parle publiquement de ces pays en disant : « Ils ont perdu une occasion de se taire » parce qu'ils avaient exprimé un autre avis que le sien sur l'Irak, il n'est pas seulement grossier. Il a raison sur le fond mais il est aussi méprisant que maladroit.

J.L. : Il n'y a pas d'espoir d'un retour des Geremek et des Mazowiecki au gouvernement ?

B.G. : La Pologne est une démocratie. Il n'y aurait rien d'invraisemblable à ce que des personnalités comme Tadeusz ou Bronek figurent un jour dans une coalition qui aurait envoyé les jumeaux au tapis. Ça, c'est possible mais le retour des dissidents comme force politique... Non. Je n'y crois pas. Il y aura des alternances, peut-être même proches. Cette droite n'est pas éternelle mais, si la gauche occidentale n'est pas en grande forme, celle des anciens pays communistes est en réanimation, victime à la fois du communisme et des transitions libérales.

Si j'en reviens, maintenant, au bilan global, la catastrophe à craindre s'est bel et bien produite en Russie et la dissidence polonaise a été politiquement broyée par sa victoire.

Je n'en danse pas de joie mais j'ai probablement eu tort de croire qu'il pourrait en être autrement. J'ai longtemps pensé que la dialectique du souhaitable et du possible – le pessimisme de la raison et l'optimisme de la volonté – pouvait vaincre tous les obstacles en mettant aux commandes l'intelligence d'une situation mais j'adhère moins, aujourd'hui, à cette idée si soixante-huitarde qui fut si forte chez moi.

Je déteste le dire. Je hais d'avoir à le reconnaître. Cela parvient, parfois, à ébranler ma foi en notre métier mais il y a, sans doute, un cours des choses qu'on peut infléchir mais pas totalement modifier, ou pour un instant seulement. Au début des années 90, j'ai souvent pressé Adam et Bronek, Jacek aussi, de ne pas prendre la libéralisation de l'économie sur leurs

La poussière du Mur

épaules, de ne pas se suicider politiquement en tuant la possibilité de reformer une gauche en Pologne.

Jacek n'était pas loin de se rendre à mes arguments mais, au fond, que pouvaient-ils faire d'autre ? Refuser le pouvoir, alors qu'ils venaient de mettre à bas le communisme et que les électeurs leur accordaient si massivement leur confiance ? On ne se défile pas devant l'histoire. Ça n'aurait pas été compris.

Laisser à d'autres le soin de remettre l'économie sur pieds et attendre le jour où l'on pourrait passer à des politiques de redistribution ? C'eût été idéal mais personne d'autre que les dissidents n'aurait pu convaincre le pays d'accepter la thérapie de choc et personne d'autre ne pouvait, d'ailleurs, s'en charger – ni les communistes, bien sûr, ni la droite, à l'époque trop faible et qui n'aurait pas été forcément partante. Alors ?

Alors, ils l'ont fait. La gauche en a pris un rude coup. Ils en sont politiquement morts mais la Pologne a redémarré. Elle a conquis son droit à la banalité, un droit pas bien exaltant mais, après tout, fondamental. Elle est dans l'Union et, un jour, une gauche renaîtra en Europe centrale, en Pologne et ailleurs.

J.L. : Quant à Gorbatchev...

B.G. : Si l'Occident ne l'avait pas soutenu qu'en mots, s'il lui avait accordé les crédits qu'il a littéralement mendiés devant le G 7 quelques mois avant sa chute, si l'intelligentsia russe avait eu plus de clairvoyance politique, il aurait pu se maintenir plus longtemps et éviter qu'un choc régressif ne suive le choc révolutionnaire.

Cela s'est joué à peu de chose, d'où cette fureur que

j'en ressens jusqu'aujourd'hui, la même que la vôtre à propos des occasions perdues de la décolonisation. La transition économique aurait alors été tout aussi dure mais pas aussi scandaleuse qu'elle l'a été. Les idées mêmes de marché et de démocratie n'en auraient pas été discréditées. C'eût été mieux, infiniment mieux... mais avec des « si » on mettrait le Kremlin en bouteille et, si ce n'est pas ainsi que cela s'est passé, sans doute était-ce que le défi était trop grand – infiniment plus qu'en Europe centrale.

J.L. : Allez-vous jusqu'à vous demander s'il n'y avait pas, dans le système ancien, des vertus... ?

B.G. : Non, certainement pas ! Personne ne pourrait dire qu'il valait mieux vivre dans la Pologne populaire que dans la Pologne démocratique, sous la domination soviétique que dans l'Union européenne, dans des pays qui renaissent que dans des pays qui se mouraient. La liberté était plus belle sous le communisme, le rêve que la réalité, mais même cette nouvelle génération du KGB qui a pris les commandes en Russie ne saurait faire regretter Staline, si glaçante qu'elle soit. Un Poutine ne fait pas même regretter Brejnev car l'autoritarisme n'est pas le totalitarisme, même ramolli.

La Russie s'est remise en mouvement. Je n'aime pas y retourner, pas plus que vous au Vietnam, mais regretter le communisme au motif que les fruits n'ont pas passé la promesse des fleurs ? Allons ! Pourquoi pas regretter la guerre au motif que l'après-guerre fut le temps de la Guerre froide ?

VIII

Le paysage après la bataille

Bernard GUETTA : La grande différence entre ce début de siècle et l'après-guerre est qu'il n'y a plus aujourd'hui, vrais ou faux, de repères. Ceux de la Guerre froide étaient artificiels et profondément illusoires car liés à une période historiquement brève, celle de l'affrontement entre les systèmes capitaliste et communiste. Les repères de ce temps-là cachaient des réalités nouvelles et anciennes, l'émergence de nouveaux pays et la permanence de vieilles fractures, mais ils balisaient le paysage international, façonnaient nos perceptions et, bizarrement, rassuraient dans la mesure où nous avions le tort d'y croire et pensions vivre dans un monde connu que nous pouvions appréhender avec des références claires, donnant à chacun ses définitions du bien et du mal. Aujourd'hui, tout est changé...

Jean LACOUTURE : ... Je vous arrête là. Quels étaient ces points de repère autour des années 80 ? La décolonisation était achevée, le communisme moribond...

Le monde est mon métier

B.G. : ... Vous allez vite ! On venait seulement de tourner la page coloniale. Les pays décolonisés étaient encore auréolés d'un combat légitime. La mauvaise conscience interdisait toujours de les critiquer et le communisme n'a été perçu comme moribond qu'à la fin des années 80, pas à leur début.

J.L. : Lorsque François Mitterrand, homme intelligent mais en rien prophète, reçoit le chancelier Schmidt à Latché en 1982, il lui dit que le Mur de Berlin sera tombé dans dix ans. Jacques Attali a publié les notes qu'Hubert Védrine avait prises à l'époque. Mitterrand considérait que l'affaire serait assez rapidement réglée. L'alliance qu'il passe avec les communistes est fondée sur l'idée qu'ils ne représenteraient bientôt plus un danger.

B.G. : Sans doute a-t-il eu cette fulgurance mais, neuf ans plus tard, quand les conservateurs soviétiques tentent de renverser Gorbatchev, Mitterrand en conclut, dans l'heure, que l'URSS revient à ses chaînes, exactement de la même manière que tant de gens étaient convaincus, en décembre 1981, que Jaruzelski normaliserait la Pologne. Il ne pense pas une seconde que la sortie du communisme est irréversible et ce n'est pas, non plus, le regard des sociétés d'alors, pas plus des classes politiques que des journaux ou de leurs lecteurs.

Les croyances de l'après-guerre ne se sont écroulées que dans la décennie suivante et nous avons vécu, jusque-là, dans un cadre conceptuel fondamentale-

Le paysage après la bataille

ment binaire, profondément manichéen et dessiné par quelques idées dominantes.

Enracinée dans le XIXe, la première était qu'un « parti du mouvement » s'opposait à un « parti de l'ordre » – un parti du progrès et de la modernité (les gauches) à un parti du *statu quo* (les droites).

La deuxième était que l'égoïsme était à droite et le cœur à gauche et elle était si ancrée que Giscard avait pu prendre Mitterrand par surprise et le déstabiliser en lui lançant, lors de leur débat de 1974, son célèbre : « Vous n'avez pas le monopole du cœur ».

La troisième était que le communisme était éternel. C'était, à la fois, la conviction de ses militants pour lesquels il était un aboutissement de l'histoire et un dogme des droites, réaffirmé au début même de la décennie par le reaganisme qui avait théorisé la différence entre un totalitarisme communiste dont on ne revenait pas et les dictatures classiques, militaires ou policières, qui auraient eu l'avantage de n'être que passagères, avec ticket de retour à la démocratie.

Il y avait, en un mot, l'idée que des camps partageaient le monde dans un indépassable horizon, la gauche généreuse contre la droite cupide, le communisme figé contre la liberté des démocraties occidentales. Il y avait une profonde contradiction dans ce système binaire puisque le communisme était assimilé au camp du mouvement car supposé de gauche. Cette contradiction a marqué l'époque. Elle fut même un moteur chez ceux qui ont tant voulu, comme moi, dénoncer l'usurpation de valeurs dont bénéficiait le soviétisme mais cette époque était lisible.

Elle l'était d'autant plus que la conviction dominait que l'Occident continuerait à primer dans le monde, comme il le faisait depuis la Renaissance, et qu'un consensus, enfin, semblait unir la terre entière autour de l'idéal de protection sociale.

Le bloc soviétique et les communistes s'en réclamaient. Les gauches démocrates en avaient fait leur marque de fabrique. La démocratie chrétienne l'avait adopté sous le nom d'« économie sociale de marché ». Il s'était imposé, aux Etats-Unis, depuis Roosevelt et le New Deal des années 30. Les pays décolonisés ne rejetaient certainement pas cette part du logiciel occidental.

C'était un idéal universel, d'autant moins contesté que l'argent s'y était rallié, par nécessité politique, pour contrer la menace soviétique en démontrant que le capitalisme pouvait assurer – et ce fut le cas – plus de bien-être et de justice sociale que le communisme. Ce n'est pas par hasard que la protection sociale s'est tout particulièrement épanouie en Europe occidentale, aux frontières du bloc soviétique et là où était né le mouvement ouvrier.

L'Etat-providence – les statistiques sont là – a ainsi son apogée américain sous Richard Nixon, la droite du Parti républicain, et française sous Valéry Giscard d'Estaing, un libéral, ni socialisant ni gaulliste...

J.L. : ... un orléaniste de centre droit...

B.G. : ... qui était supposé marquer la première rupture de l'après-guerre entre la droite française et le gaullisme, cette droite dirigiste, keynésienne et un pied à gauche dans le domaine social.

Dans le siècle présent, ouvert dès la dernière décennie du xxe, ce n'est plus Keynes qui domine.

Le paysage après la bataille

Les idées de redistribution par l'impôt, d'Etat arbitre et garant du progrès social, d'essor économique fondé sur l'augmentation des salaires et l'affirmation des classes moyennes sont, partout, battues en brèche. La culture dominante, non pas celle que tous auraient déjà acceptée sur tous les continents mais celle qui mène le monde et devient aussi évidente et reçue que le keynésianisme hier, c'est la culture libérale.

C'est celle de la « main invisible du marché », l'idée que « l'Etat n'est pas la solution mais le problème », que « trop d'impôt tue l'impôt » en freinant la croissance et que le marché, pour peu qu'il soit « libéré » des régulations et des entraves étatiques, peut régler tous nos problèmes économiques au mieux du bonheur universel, exactement comme le dirigisme d'après guerre – capitaliste, socialiste ou communiste – était censé le faire. Une idéologie dominante a succédé à l'autre. Même dans les grands partis de gauche européens, l'idée de la nécessité de l'impôt comme instrument de redistribution sociale est, aujourd'hui, contestée, pratiquement abandonnée...

J.L. : ... Sauf en France, jusqu'à récemment...

B.G. : Même en France, ce n'est pas si récent. Sous le gouvernement Jospin déjà, Laurent Fabius, tirait fierté de vouloir réduire la pression fiscale. L'élection de Nicolas Sarkozy a eu pour premier effet, immédiat, dès l'été, de radicalement diminuer les impôts sur la fortune et les successions sans que cela fasse grand scandale. Il est maintenant admis que l'impôt serait une mauvaise chose alors que l'après-guerre considérait qu'il en était une bonne – individuellement désagréable, bien sûr, mais moralement, socialement et économiquement souhaitable car il permettait de redistribuer les richesses et de développer la croissance en augmentant le pouvoir d'achat grâce aux budgets sociaux.

Il y a désormais un total renversement entre la vérité d'après guerre selon laquelle l'Etat devait assurer de plus en plus de protection sociale et celle d'aujourd'hui qui dit que les charges et les protections nuisent à la compétitivité des entreprises, favorisent le chômage, creusent les déficits, favorisent l'inflation et enferment les pauvres dans la pauvreté en les privant de la possibilité de sortir, disent les libéraux, du « piège de l'assistanat ».

La défaite du Travail

Semée, aux Etats-Unis, dans les années 80, sous Reagan, cette idée-là s'est maintenant imposée jusqu'en Europe, dernier bastion mondial de l'Etat-providence où elle ne cesse si bien de progresser que rares sont les hommes politiques, même en période électorale, qui proposent encore d'y étendre les filets du « Welfare ». Les classes politiques européennes ne promettent pas ouvertement de les défaire mais elles le font, un coup de ciseaux après l'autre, car il est vrai que de solides réalités les y poussent.

Le rapport de forces, d'abord, n'est plus le même entre le Capital et le Travail. Les militants de gauche ont du mal à l'admettre, leurs partis n'aiment pas

Le paysage après la bataille

le reconnaître, mais c'est un fait. Ni la peur du communisme ni le plein emploi qu'avait assuré la reconstruction ne sont plus là pour imposer à l'argent les compromis sur lesquels il veut, au contraire, revenir.

Dans la bataille sociale, le Travail n'a plus les atouts, historiquement exceptionnels, dont il avait bénéficié durant les Trente Glorieuses. Face à un Capital qui est, lui, toujours plus à même d'imposer ses conditions, il ne cesse plus de céder les positions qu'il avait conquises après guerre. Les droits et les protections du Travail régressent constamment tandis qu'on en revient, dans le domaine idéologique, aux siècles dans lesquels on considérait que la fortune rétribuait l'esprit d'entreprise ; qu'elle était juste ; qu'il était normal qu'elle se transmette intacte des parents aux enfants et que, plus les riches étaient riches, mieux c'était pour chacun puisqu'ils pouvaient alors investir, entreprendre et créer de l'emploi.

Entre le Capital et le Travail, une parenthèse s'est refermée et tout a tendu à accélérer ce mouvement car les bouleversements technologiques actuels n'ont pas seulement mis fin aux grandes concentrations ouvrières qui facilitaient l'organisation et les luttes syndicales. Ils ont aussi imposé aux entreprises une plus grande réactivité face au changement et rendu les charges et les protections plus difficiles à supporter pour de «jeunes pousses» innovantes que pour les solides industries d'hier, installées sur leur marché et portées par une croissance forte.

Le formidable essor des moyens de communication a, parallèlement, permis l'unification du marché mondial – ce qu'on appelle la mondialisation – en donnant la possibilité aux pays émergents à la fois d'exporter des produits à très bas coût de revient vers le monde développé et d'attirer, chez eux, les chaînes de production occidentales. Les délocalisations ne tiennent pas qu'à une volonté, si certaine soit-elle, d'augmenter les taux de profit en tirant avantage de salaires dix fois moindres et libres de charges. Elles s'imposent souvent à des entreprises qui, sans elles, ne pourraient pas faire face à des conditions de concurrence totalement nouvelles.

Et puis, enfin, fondamental et dernier coup porté à la protection sociale, elle s'est considérablement renchérie en raison des progrès de la médecine et de l'allongement de la durée de la vie. On vit beaucoup plus vieux que dans les années 50. De coûteux traitements permettent de survivre plus longtemps à des maladies qui emportaient, hier, beaucoup plus vite. Le déficit des caisses sociales, retraite et couverture médicale, n'est plus maîtrisable – sauf à indéfiniment augmenter les charges sociales au moment même où la concurrence des pays émergents conduit, au contraire, à les baisser.

Non seulement le consensus social d'après guerre a volé en éclats mais les gauches ont perdu, là, leur programme et leurs possibilités d'action, leur raison d'être, car elles ne peuvent ni proposer l'élargissement des systèmes de protection ni se risquer à dire qu'il faudrait, par exemple, reculer de dix ans l'âge de la retraite et moduler les remboursements médicaux en fonction des revenus. Rien de tout cela n'est dicible, formulable, énonçable par les partis de gauche dont les électorats...

Le paysage après la bataille

J.L. : ... Michel Rocard a publié dans *Le Monde*, il y a quelque trois ans, un article disant cela avec un courage qui m'avait beaucoup impressionné.

B.G. : Et qui l'en a approuvé ? Où sont les bataillons, où sont, seulement, les avant-gardes de la gauche qui aient applaudi ce courage de dire l'évidence et souhaité poursuivre le débat qu'il ouvrait ?
Il a fallu que le Parti socialiste touche terre pour qu'il se décide à l'entrouvrir, du bout des lèvres. En Grande-Bretagne, Tony Blair n'avait pu se faire élire et ébaucher une reprise de l'investissement public dans ses toutes dernières années de pouvoir que parce que la brutalité de Margaret Thatcher avait préalablement forcé le Parti travailliste – le Parti du Travail – à admettre les réalités d'aujourd'hui.
Le cas Blair est singulier mais, outre qu'il n'est pas exemplaire, voyez le sort politique d'un Rocard en France. Observez que, dans tous les grands pays occidentaux, les gauches – le Parti démocrate américain comme les différents courants de la social-démocratie européenne – n'arrivent pas à dépasser la gigantesque contradiction à laquelle elles se heurtent. Ou bien elles disent des vérités douloureuses, se déchirent et continuent à divorcer de leurs électorats ou bien elles continuent à mouliner le même discours que celui qu'elles tenaient dans l'après-guerre, mentent, trompent et déçoivent leurs électeurs, et finissent, au bout du compte, par reculer plus encore.
Au cours de la dernière campagne présidentielle, Ségolène Royal s'est constamment heurtée à cette contradiction qu'elle a finalement reconnue, défaite consommée, en avouant qu'elle avait été obligée de

mentir sur les 35 heures et l'augmentation du Smic. Devant des syndicalistes, outrés que leur entreprise licencie malgré ses bénéfices, Lionel Jospin s'était cru, lui, assez incontestable pour répondre que « l'Etat ne pouvait pas tout » – qu'il ne pouvait, en fait, *plus* tout – et cela avait donné Le Pen au second tour.

Les gauches se réinventeront. Elles retrouveront un souffle. Avant même d'y parvenir, elles remporteront des victoires électorales face à des droites qui auront lassé mais, sur le fond, elles traversent une crise d'identité durable car, mentant ou parlant vrai, elles ne savent plus que proposer pour contrer le retour à la toute-puissance de l'argent et instaurer un nouvel équilibre entre le Capital et le Travail. Tous les échiquiers politiques en sont bouleversés car l'un de leurs deux pôles traditionnels vient à manquer...

J.L. : ... On voit même s'éroder le bastion scandinave, le paradis de la protection sociale.

B.G. : Confrontées aux mêmes problèmes que l'ensemble des gauches, les social-démocraties scandinaves ont eu la possibilité de s'y attaquer plus tôt car la force de leurs liens avec les syndicats leur a permis de tenir un langage de vérité. Ce sont elles qui ont inventé la « flexisécurité », ce mélange de plus grande flexibilité donnée aux entreprises et de renforcement parallèle des filets de sécurité. Il y a, là, des idées à reprendre pour toutes les gauches. Certaines droites s'en emparent d'ailleurs mais attention !

Ce n'est pas la panacée. Non seulement la culture et les rapports de forces politiques de la Scandinavie ne sont pas exportables mais nous ne sommes pas au bout

Le paysage après la bataille

des bouleversements auxquels nos sociétés auront à faire face. Nous n'en sommes qu'à leur début car nous sortons déjà de la première phase de la mondialisation – celle dans laquelle nous n'avons cru faire face qu'à une nouvelle répartition du travail. La Chine ou l'Inde nous inondaient de t-shirts et de produits de l'industrie de main-d'œuvre. Elles nous taillaient des croupières mais leur enrichissement nous était bénéfique, pensions-nous, puisqu'elles contribuaient ainsi à développer nos industries de pointe en se fournissant, chez nous, en haute technologie.

C'était vrai. Ce l'est encore mais la Chine, l'Inde, bientôt le Brésil comme, hier, la Corée du Sud, commencent à fabriquer des avions, des trains à grande vitesse, des ordinateurs, des téléphones mobiles et des satellites... Les pays émergents ont mille problèmes politiques et sociaux devant eux. Leur croissance ne sera pas éternellement linéaire mais ils rattrapent leur retard technologique, surtout l'Inde, et seront vite des concurrents à part entière, y compris dans les domaines les plus pointus.

La narration afghane

Le rapport de forces n'a, autrement dit, pas seulement changé, au sein des pays occidentaux, entre le Capital et le Travail. Il est en train de changer aussi, et bien plus spectaculairement, entre l'Occident et des pays émergents qui menacent sa primauté.

Après l'effondrement communiste, lorsqu'on a réalisé l'incroyable sottise qu'il y avait eu à croire que le

soviétisme serait éternel alors qu'il aura duré cinq fois moins longtemps que l'Empire romain, on est brièvement passé à une autre bêtise. On a voulu croire, aux Etats-Unis, que cet effondrement marquait la fin de l'histoire et que s'ouvrait un âge d'or dans lequel les valeurs occidentales, démocratie et économie de marché, allaient si bien s'étendre que le monde entier deviendrait occidental, comme l'Europe s'était projetée en Amérique et réincarnée dans les Etats-Unis.
George Bush, le premier du nom...

J.L. : ... Le bon...

B.G. : ... a voulu croire à un « nouvel ordre international » fondé sur une concertation mondiale organisée par Washington mais le 11 Septembre a fait voler cette illusion en éclats, aussi radicalement que la chute du Mur le soviétisme.
C'est ce jour-là qu'a disparu notre dernier repère. La mondialisation avait brisé le consensus de la protection sociale et brouillé nos frontières politiques. Ces avions fichés dans les tours jumelles, Wall Street frappé en plein cœur, les châteaux de sable qu'étaient devenus, en un instant, ces fiers symboles du capitalisme américain ont soudain hurlé que la primauté occidentale, cette réalité pluriséculaire, n'était pas seulement défiée par la croissance économique des pays émergents.
Aux défis, pour l'instant pacifiques, de l'Asie s'ajoute celui, politique et violent, du monde arabo-musulman. La primauté occidentale est, en réalité, défiée de tous côtés car que se passe-t-il dans l'islam pour qu'il soit aussi travaillé par l'islamisme ?
L'islam veut tout simplement exister, rien de plus

Le paysage après la bataille

mais rien de moins. Il voit la renaissance de l'Asie et la puissance de l'Occident. Il se souvient de ce qu'il a été lorsque sa civilisation était si brillante et veut sortir de sa longue décadence. Après s'être débarrassé de l'Empire ottoman puis des Empires européens, du premier avec l'aide des seconds et des seconds grâce à leur affaiblissement, après avoir essayé ce que vous appeliez, dans nos précédents échanges, le tiers-mondisme, une forme de socialisme importé d'Occident...

J.L. : ... Je parlais plutôt de quelque chose qui se situe entre socialisme et populisme...

B.G. : ... Vous êtes l'expert mais, après avoir vu que cet étatisme social ne les avait pas aidés à décoller et qu'il était, désormais, partout battu en brèche, ces pays cherchent leur renaissance dans un retour à leur identité religieuse, la leur et celle qui permettrait, pensent les islamistes, de s'unir face à l'Occident et de s'affirmer dans le grand djihad – la guerre contre les infidèles. Nous sommes là devant un défi qui tétanise l'Occident car il ne comprend ni ses ressorts, ni son fanatisme, ni sa violence...

J.L. : ... Sans compter son absence de projet perceptible...

B.G. : Je ne dirais pas cela. Le projet des islamistes les plus violents, disons d'Al Qaïda, est certainement chimérique mais il y en a un, né en Afghanistan. Ces hommes considèrent qu'ils ont battu dans les montagnes afghanes la pire des deux superpuissances de la Guerre froide – la pire car elle était athée – et qu'ils vont maintenant battre l'autre, les Etats-Unis et leurs alliés européens, l'Occident, et restaurer ainsi la puissance de l'islam.

Pour eux, c'est parce que des musulmans du monde entier ont conflué en Afghanistan pour s'opposer à l'Armée rouge, c'est parce que l'islam s'est uni dans une guerre sainte contre une puissance infidèle qui s'était attaquée à un pays musulman, que non seulement l'URSS a perdu cette guerre mais qu'elle s'est écroulée en dix ans.

Il y a une lecture islamiste de l'histoire contemporaine et cette narration, comme on dit, est extrêmement répandue dans le monde arabo-musulman. C'est elle qui porte l'islamisme car, si l'unité musulmane, dit-elle, a pu abattre l'Empire soviétique, pourquoi ne pourrai-elle pas avoir raison de l'Empire américain ?

C'est, en réalité, absurde. C'est oublier un peu vite que ces brigades internationales de l'islam n'ont pu vaincre en Afghanistan que grâce aux armes américaines, à l'argent saoudien et au soutien logistique des services secrets pakistanais mais, absurde ou pas, au début des années 90, les hommes qui se sont lancés à l'assaut des régimes musulmans considérés comme vendus à l'Occident étaient bel et bien passés par l'Afghanistan. Dans l'Algérie de cette époque, on les appelait souvent les « Afghans ». Il s'est formé, dans cette guerre, une légende et une « base » (le sens du mot Al Qaïda en arabe) et les hommes qui ont pris, depuis, la relève des premiers réseaux djihadistes s'inscrivent dans ce sillon.

J.L. : A partir de cette « base », l'affaire afghane pouvait, en effet, donner une telle impulsion à une ambi-

Le paysage après la bataille

tion qui a pu trouver là son premier élan. L'argument est fort.

B.G. : Mettons-nous un instant à la place d'un de ces jeunes musulmans qui se joignent aux réseaux terroristes. Généralement diplômés et connaissant l'Occident, soit parce qu'ils viennent de milieux aisés soit parce qu'ils y ont fait leurs études, ils constatent que leur avenir est de vivre dans des pays en retard, les leurs, au troisième rang du monde, derrière l'Occident et l'Asie, ou de renoncer à leur identité pour s'intégrer à des pays occidentaux qui, disons-le, ne raffolent pas d'eux.

Ils refusent l'un comme l'autre, se jettent dans la bataille entamée dans les montagnes afghanes, et les attentats dans lesquels ils se sacrifient sont loin d'être aveugles. Le 11 Septembre a bel et bien glacé les Etats-Unis d'effroi. Il leur a faire perdre la tête au point d'aller se fourvoyer en Irak et il a galvanisé, surtout, l'islam en lui montrant que l'Amérique n'était pas invincible.

Un témoin direct m'a raconté comment la nouvelle que les tours s'écroulaient a soulevé d'enthousiasme un déjeuner du Rotary dans un grand pays musulman pro-occidental. Immensément fortunés, en relations d'affaires avec les Etats-Unis où ils envoient étudier leurs enfants, ces hommes ont applaudi, ovationné ce « grand début » – début, bien sûr, d'une revanche historique. Il faut bien admettre que les objectifs du 11 Septembre ont été atteints et que les volontaires ont afflué dans les rangs de la « base ».

Quand ils frappent en Europe, les djihadistes visent à la fois à l'intimider, à peser sur ses politiques arabes, à l'éloigner des Etats-Unis comme l'URSS en avait si longtemps rêvé et à créer un antagonisme – c'est le pire – entre les populations européennes et les musulmans de l'Union afin d'y faire de nouvelles recrues.

Ce n'est pas non plus absurde. Il y a là une logique de l'autre, pour ne pas dire une raison de l'autre, que nous pouvons d'autant moins sous-estimer que cette narration afghane, que les phantasmes nés en Afghanistan, ont été considérablement renforcés par la manière dont George Bush est allé empêtrer l'Amérique en Irak...

J.L. : ...« Empêtrer » est faible !

B.G. : L'embourber ? La paralyser ? Vous avez raison. Aucun mot n'est trop fort car l'Amérique a durablement perdu, en Irak, sa crédibilité et son pouvoir d'intimidation en y suscitant un chaos qui prouve, aux yeux des islamistes mais pas seulement aux leurs, que l'Occident ne peut plus tout, même incarné par sa première puissance.

Or c'est un fait. Il ne s'agit plus, là, d'un mythe ou d'une narration. L'Occident ne peut plus tout aujourd'hui parce qu'il a de nouveaux concurrents économiques qui sont de grandes puissances en devenir, qu'il n'a plus le monopole du progrès technologique et plus, non plus, ce rempart que lui assurait la Guerre froide en cimentant autour de lui les pays qui n'étaient pas dominés ou fortement influencés par l'URSS. L'Occident a perdu tous ces atouts en moins de trois décennies et l'avantage qu'il conserve n'est plus que relatif. Désormais, chaque erreur se paiera cher.

Le paysage après la bataille

Khrouchtchev en bateau

J.L. : Vous parlez de l'Occident mais où situez-vous la Russie dans ce tableau ? On peut se demander si le pouvoir russe est plus près de Washington et Paris que de Pékin et New Delhi, voire de Téhéran.

B.G. : La question est débattue en Russie même. On y a vu ressurgir le grand débat qui l'a toujours divisée entre occidentalistes et panslavistes ou, plutôt, avocats d'une singularité russe. Sous Gorbatchev, le choix était clair. Quand il parlait de construire la « maison commune européenne », on était bien au-delà du « découplage », de l'ambition soviétique de neutraliser l'Europe en la séparant de l'Amérique.

Les gorbatchéviens avaient, eux, en tête de reconstruire la Russie en l'adossant à l'Europe et d'organiser une stabilité continentale dans un dialogue entre les deux pôles du Vieux Monde. Il y avait là une vraie vision du devenir russe – l'ancrage occidental – et l'Union européenne souhaite aujourd'hui recréer les bases d'un tel rapprochement dans un grand *deal* sur le gaz et le pétrole, exactement de la même manière, par parenthèses, qu'elle s'était elle-même unie dans la Communauté du charbon et de l'acier.

Peut-être y parviendra-t-on. L'intérêt de l'Europe est d'y travailler mais le tropisme américain d'Eltsine est passé par là, faisant beaucoup de dégâts en Russie. En même temps qu'il jetait son pays dans une caricature d'économie de marché, Eltsine a purement et simplement aligné sa diplomatie sur celle des Etats-Unis, ignorant l'Europe qui lui semblait bien vieillotte et faible et rêvant d'arrimer son pays à l'Amérique dans ce qui ressemblait fort à une double alliance de revers, par-dessus l'Europe et la Chine, si ce n'est contre elles.

Pour les Américains il y aurait eu là un moyen de limiter les ambitions de l'Union européenne et de tenir la Chine en respect, de s'assurer, également, un accès privilégié aux gisements de pétrole russe. Cette architecture a beaucoup intéressé Washington mais elle s'est écroulée avec Eltsine et non seulement la Russie ne veut plus aujourd'hui d'arrimage américain mais l'idée de maison commune européenne ne la fait plus guère vibrer.

Elle cherche à être elle-même, à retrouver une fierté et sa voix propre, et c'est pour cela qu'elle avait, d'emblée, adopté Vladimir Poutine.

Jeune, sobre et tout en muscles, ancien agent du KGB en Allemagne et judoka, il a été, pour les Russes, l'homme providentiel, celui qui saurait déjouer les complots de l'étranger, incarner un nouveau départ, mettre les oligarques au pas et vaincre tous les défis par son habileté de ceinture noire. Il a été immédiatement populaire car il portait, ainsi, la promesse d'un coup d'arrêt, attendu, espéré, exigé par la population, à l'abaissement national qui avait suivi l'éclatement soviétique.

Son slogan, « la dictature de la loi », disait bien qu'il était le gendarme venu remettre de l'ordre dans le pays et le remettre en ordre de bataille, non pas du tout organiser le retour au communisme mais recréer un pouvoir russe, sur la scène intérieure comme sur la scène internationale.

Le paysage après la bataille

Fort d'un assentiment national, il s'était donc attelé à ses trois priorités. Premièrement, écraser la Tchétchénie afin de décourager tout autre rébellion menaçant l'intégrité de la Fédération de Russie. Deuxièmement, redonner à l'Etat russe la maîtrise de ses industries stratégiques et de ses ressources naturelles, non pas en les re-nationalisant mais en en confiant le contrôle à la jeune génération de l'ancien KGB, à son clan qui s'enrichit au passage. Et, troisièmement, sortir la Russie de son suivisme diplomatique vis-à-vis des Etats-Unis avec la volonté d'en refaire une puissance majeure.

C'est là qu'on retrouve la tentation d'une troisième voie entre l'Occident et les autres mondes, Chine, Iran ou monde arabe. La Russie d'après Eltsine joue de ces pays. Elle prend ses distances avec les Etats-Unis et même l'Europe mais elle le fait dans une contradiction existentielle, sans jamais aller jusqu'à une totale rupture, car les Russes ont en même temps, un profond sentiment d'appartenance au monde chrétien. Les Russes et leurs dirigeants se vivent comme des Occidentaux et le sont...

J.L. : ... Cela ne date pas d'hier. Pendant son séjour à Paris, en 1964, au cours d'une étrange promenade en bateau sur je ne sais quel petit lac de la région parisienne, Khrouchtchev s'était tout d'un coup penché sur de Gaulle pour lui prendre la main et lui dire : « De toute façon, nous sommes blancs, vous et nous ! »

B.G. : C'est fondamental ! Les Russes le pensent si profondément que le racisme est certainement plus élevé et violent chez eux que dans les pays d'Europe occidentale. Ils détestent non seulement l'islamisme auquel ils se sont heurtés en Afghanistan puis en Tchétchénie mais les Arabes et les musulmans en général qui leur font simplement peur car ils croient, eux aussi, à la narration afghane. Leur diplomatie transcende ce racisme par raison d'Etat mais, au bout du compte, « at the end of the day », il la surdétermine bel et bien.

J.L. : Pouchkine, le poète national de la Russie, avait pourtant du sang africain.

B.G. : Alexandre Dumas aussi et, outre qu'africain n'est pas arabe, l'exception confirme la règle. Souvenez-vous de la violence tripale avec laquelle Poutine avait répondu à Laurent Zecchini, le journaliste du *Monde* qui l'avait interpellé sur la violence de la répression en Tchétchénie : « Si vous voulez vous faire circoncire, je vous en prie ! »...

J.L. : ... c'était abject !

B.G. : Et le message subliminal était : « Ne voyez-vous pas, petit droit-de-l'hommiste bêlant, que nous sommes, en Tchétchénie, sur une ligne de l'affrontement entre islam et chrétienté ? » La Russie ne cultive des liens avec le monde arabo-musulman et n'en retisse avec la Chine et l'Inde que pour être traitée d'égal à égal par l'Europe et les Etats-Unis, que pour devenir membre à part entière du camp occidental en lui faisant comprendre qu'il ne peut pas se passer d'elle. C'est une partie subtile et contradictoire, que l'Occident aurait tout intérêt à savoir piloter.

Le paysage après la bataille

J.L. : On ne se bat plus sur les mêmes lignes de front ni pour les mêmes causes. Mais d'où dater ce basculement du débat mondial ? A partir de quand passe-t-on de la scène de la Guerre froide aux conflits où nous sommes ? A partir de la chute du Mur de Berlin ou n'est-ce pas antérieur ? Dans la mesure où, journalistes, nous nous prétendons vaguement historiens, n'y a-t-il pas ici une question à laquelle nous devrions répondre ?

B.G. : Oui, mais un changement de période d'une telle ampleur, et longtemps si souterrain, est difficile à dater. En pareil cas, l'Histoire retient une date qui peut apparaître plus symbolique qu'une autre mais c'est toujours un choix. Pourquoi date-t-on la Révolution française de la prise de la Bastille ? Ce pourrait être bien d'autres dates : l'échec de Turgot, d'une réforme conduite par la monarchie et qui l'aurait pérennisée...

J.L. : ... Ou le 10 août, l'incarcération de Louis XVI. A partir du moment où l'on porte la main sur la personne sacrée du roi, il y a vraiment révolution.

B.G. : Toujours est-il que l'Histoire a retenu la date du 14 juillet 1789 car il y avait là une image d'Epinal : le peuple marchant contre le symbole de l'arbitraire qu'il détruit pierre à pierre. Magnifique ! On fait tomber les murs...

J.L. : ... pour libérer trois ou quatre bonshommes qui étaient là presque par hasard.

Le monde est mon métier

B.G. : Oui, mais la Bastille, c'était la lettre de cachet et, pour cette nouvelle rupture, les historiens choisiront évidemment, c'est déjà fait, novembre 1989, la chute du Mur de Berlin, un autre symbole...

J.L. : ... encore une histoire de pierres qui tombent et de foule en liesse mais ce choix n'est-il pas plus imagé que profond ? Dans quelle mesure ces deux « 89 » ont-ils la même sonorité ?

Mars et Vénus

B.G. : Dans l'ordre du symbole, ils sont tout aussi forts l'un que l'autre mais il aurait, sans doute, été plus juste de remonter à la signature des Accords de Gdansk – au jour où le bloc soviétique s'est incliné devant une révolte ouvrière dont l'onde de choc l'a anéanti – ou bien de choisir le moment où le drapeau soviétique a été ramené sur le Kremlin, en décembre 1991, avant que n'y soit hissé celui de la Fédération de Russie. C'est à ce moment-là que s'achève vraiment la Guerre froide car, l'Union soviétique disparue, il n'y a plus d'affrontement Est-Ouest mais on pourrait aussi proposer une troisième date, beaucoup plus récente : le début de la guerre d'Irak.

C'est celle que j'aurais retenue pour ma part. C'est là que se referme vraiment le demi-siècle ouvert par la victoire contre le nazisme car le système de concertation et de sécurité internationale qui avait alors été édifié est soudain mis en cause par les Etats-Unis.

Les Américains disqualifient l'ONU et s'en affran-

Le paysage après la bataille

chissent en lançant cette guerre, sans le mandat du Conseil de sécurité qui leur aurait été refusé s'il y avait eu vote. Les Etats-Unis disent alors que l'Onu n'est plus qu'une foutaise, que ce Parlement du monde, sa charte et ses règles, l'égalité en voix des plus grands et des plus petits pays et l'obligation de tout négocier en permanence, sont désormais obsolètes. Avec le 11 Septembre, disent les Etats-Unis, nous sommes entrés dans une nouvelle guerre...

J.L. : C'est la fameuse comparaison entre Mars et Vénus. Nous, Américains, sommes Mars et vous êtes Vénus, vous l'Europe.

B.G. : Exactement : nous sommes le dieu de la guerre, disent alors les Etats-Unis. Nous en décidons, disent-ils, en seuls juges de sa nécessité, de son moment et de sa conduite car ils tirent une conclusion fausse d'un constat juste.

Avec des règles de fonctionnement datant de l'immédiat après-guerre, l'Onu n'est effectivement plus adaptée au monde contemporain car les puissances qui la pilotent, les cinq membres permanents du Conseil de sécurité, ne sont plus capables d'imposer quelque ordre que ce soit à elles seules et le seront de moins en moins.

Les nouvelles puissances devraient avoir autant voix au chapitre que les vainqueurs de la Seconde Guerre mondiale. La multiplication du nombre des Etats demanderait que les votes tiennent compte de leur taille. Il n'est guère discutable que l'architecture de la concertation internationale soit à revoir mais, avec l'Irak, les Etats-Unis ont, eux, conclu non seulement qu'ils ne pouvaient ni gagner ni mener la «guerre contre le terrorisme» en respectant le carcan onusien, qu'ils avaient à défendre nationalement leur sécurité nationale, mais aussi, surtout, qu'ils pouvaient prendre seuls en charge la stabilité internationale.

L'ancien système de sécurité ne fonctionne plus mais, en croyant qu'ils pourraient en prendre la relève à eux seuls, les Etats-Unis ont essuyé l'échec que l'on sait et nous sommes entrés dans le vide actuel – la fin d'un équilibre qu'un autre n'a pas encore remplacé.

C'est depuis cet échec qu'on commence à percevoir à quel point la diplomatie française avait eu raison de parler de la «multipolarité du monde». La mode n'est pas à dire du bien de Jacques Chirac ni de Dominique de Villepin mais ils avaient raison, totalement raison sur ce point, car ils n'exprimaient pas là un souhait, l'ambition de relativiser la puissance américaine, mais constatait une réalité. Le monde est multipolaire. Il l'est devenu. C'est un fait et il s'agit maintenant de le réorganiser en intégrant cette réalité, en repensant sa stabilité et son organisation à partir de ce constat de base.

Or que marque cette multipolarité ? Rien d'autre que la fin de la suprématie occidentale : le début d'une nouvelle histoire.

J.L. : En ignorant les avertissements de l'Europe «vénusienne» sur l'Irak et en tournant, par là, le dos à l'Onu, la puissance américaine a-t-elle cassé le concept d'Occident ? Dès lors qu'ils disaient vouloir régler, à eux seuls, leurs affaires et celles du monde, les Etats-Unis ont dissocié l'Occident alors que s'opère cette montée foudroyante des grands Etats, des

Le paysage après la bataille

grandes puissances, des grandes forces de créativité et de rayonnement de l'Orient asiatique. Il y a là quelque chose de profondément suicidaire, pour tout l'Occident qui n'était peut-être pas très fort en dehors des Américains mais dont l'unité pouvait encore faire illusion sur les Chinois, les Indiens ou les Iraniens. Dans la mesure où les Etats-Unis s'isolent et isolent par là le reste de l'Occident, ils affaiblissent considérablement la puissance qui était née à la Renaissance et dont est née la démocratie moderne.

B.G. : Je le crains aussi. C'est l'immense danger auquel nous faisons face. Les Américains avaient cru que le renversement de Saddam Hussein allait leur permettre de créer, au cœur du monde arabe, une vitrine démocratique qui susciterait une « contagion de la liberté » dans tout le Proche-Orient. Contre l'islam radical, ils ont voulu réitérer par cette opération militaire ce qu'ils avaient réussi contre le soviétisme en Europe grâce au pouvoir d'attraction de la prospérité démocratique.

L'idée n'était pas stupide, loin de là. Ce pari aurait même pu être gagné si les Américains s'étaient souvenus que l'Irak est une création récente et fragile des Empires européens, s'ils avaient immédiatement proposé à ses trois communautés, chiite, sunnite et kurde, un nouveau contrat national agréé par les puissances régionales et s'ils avaient engagé assez d'argent et de troupes sur une assez longue durée pour être crédibles.

Non seulement ils n'ont jamais rien fait de tout cela et n'y ont pas même songé, non seulement leur aventure était donc condamnée d'avance, mais ils ont ensuite fait toutes les erreurs imaginables et, même, inimaginables. Au lieu d'assurer les besoins économiques les plus élémentaires par un pilotage étatique, le seul outil disponible, ils ont cassé tous les instruments de contrôle et de direction au nom des vertus du marché et de sa main invisible.

Pire encore, au lieu de s'appuyer sur les militaires et les cadres irakiens, ils les ont envoyés dans les maquis en les licenciant au motif qu'ils avaient été membres du parti baasiste alors que cela ne signifiait rien de plus que la carte du Parti dans les pays communistes.

Prévisible et prévu, ce fut le triomphe de l'aberration et cette catastrophe peut avoir deux effets totalement opposés : durablement dissocier l'Occident ou bien resserrer ses rangs, puisque le mal est fait et qu'il impose, maintenant, de faire front.

J.L. : Un changement de majorité à Washington pourrait faire espérer cette réorientation de la stratégie américaine.

B.G. : Les Démocrates le souhaitent car ce serait conforme à leur culture. L'opinion américaine y aspire car ce serait le bon sens. Depuis la fin de l'année 2005, l'équipe Bush elle-même tente de recoller les morceaux avec l'Europe et en revient même à la concertation du Conseil de sécurité mais, d'un autre côté, le chaos peut devenir tel que chacun cède à la tentation du sauve-qui-peut.

Les Américains peuvent se dire qu'il leur est, après tout, loisible de se retirer du monde, à l'abri de leurs deux océans. En attendant des jours meilleurs, ils pourraient se souvenir que leur continent est une île

Le paysage après la bataille

et se consacrer à son unification économique tandis que les Européens auraient à défendre leurs intérêts et leur sécurité, avec des politiques propres, car ils ne peuvent pas, eux, s'abstraire du monde puisqu'ils ont une continuité territoriale avec la majeure partie du monde arabo-musulman.

Pour l'Europe, la difficulté serait alors qu'elle a pris un grand retard dans son unification politique et qu'il n'est pas du tout certain que ces nouveaux défis lui feraient passer une nouvelle vitesse.

Tout est ouvert, donc incertain. C'est l'Europe qui est la moins bien placée dans cette incertitude mais il y a peu de points d'interrogation, en revanche, sur le fait que les nouveaux acteurs de la scène internationale poursuivront leur montée en puissance pendant qu'il en apparaîtra d'autres encore, moins puissants que la Chine ou l'Inde, mais de poids.

« L'opacité du terrorisme »

J.L. : Passons un instant de la synthèse à l'actualité chaude. Hier encore, en ce printemps 2007, un attentat a fait quelque vingt-cinq morts et plus de cent blessés à Alger. Nous sommes deux journalistes, l'un à la retraite, l'autre en activité. Je réagis, moi, en me disant que les Américains ont décidément eu tort de considérer le terrorisme moderne comme un élément de guerre classique, comme si Ben Laden s'était substitué à un Hitler, un Guillaume II ou un Napoléon. Je pense que cette composante majeure de l'histoire contemporaine est d'une autre nature, qu'elle ne relève pas des armées et de leurs généraux mais de la coopération des polices et que le problème, bien au-delà de la question iranienne, est désormais de savoir si le terrorisme peut devenir nucléaire dans les années qui viennent. Sans doute ne sommes-nous pas en désaccord là-dessus mais vous qui venez de consacrer votre chronique d'Inter à cet attentat d'Alger, que vous disiez-vous en l'écrivant ? Que vouliez-vous faire entendre et dans quelle mesure votre perception du monde tel qu'il est – ce tableau où je viens de faire irruption – vous aide-t-elle, à chaud, dans votre travail quotidien d'éditorialiste ?

B.G. : C'est la question à dix millions de dollars... Je me la pose à peu près chaque soir mais essayons... Quand j'ai vu tomber la nouvelle et que le bilan s'alourdissait d'heure en heure, j'ai été frappé de retrouver là tout ce dont nous parlons depuis le début de ces entretiens et, en particulier, ce que vous avez appelé « l'infertilité de l'indépendance ».

Un attentat comme celui-ci est, d'abord, une conséquence du ressentiment des Algériens vis-à-vis d'un pouvoir issu de la lutte d'indépendance nationale mais qui n'a pas su, ou pas voulu, les faire profiter des immenses richesses de leur pays...

J.L. : ... Non... En disant que ce pouvoir « n'a pas voulu », vous faites un procès d'intention à Ben Bella, à Boumediene et à leurs successeurs. Ils n'ont pas assez veillé à lutter contre la corruption, pas suffisamment assuré la répartition des richesses mais, si peu démocrates qu'ils aient été, on peut leur faire crédit de leurs intentions.

Le paysage après la bataille

B.G. : Disons alors qu'ils se sont, au moins, trompés en croyant que des politiques d'inspiration étatiste, voire soviétique, permettraient un développement fondé sur la justice sociale et la répartition des richesses et que les Algériens ont des raisons de leur en vouloir...

J.L. : ... Oui, des raisons...

B.G. : ... Dans la mesure où ces hommes ont mis en place, comme dans tant d'autres pays décolonisés, un régime de parti unique et que, derrière ce parti, l'armée décidait seule, il y a eu accaparement du pouvoir, absence de contre-pouvoirs et de tout débat démocratique et c'est ainsi que la corruption et l'impéritie sont devenues constitutives de l'Algérie et de la majeure partie du monde post-colonial. Un parti unique ne peut pas contrôler de grandes richesses nationales sans que son appareil ne finisse par les détourner à son profit...

J.L. : ... Dit comme cela, nous nous rejoignons. J'ai écrit des dizaines de pages contre le parti unique mais ce que je n'ai jamais suffisamment visé, c'est le parti camouflé, non pas les hommes que l'on voyait au premier plan mais ceux qui étaient derrière – qui avaient d'abord été mis derrière pour être plus efficaces dans la lutte de libération nationale mais qui le sont restés du temps de l'indépendance. Ce n'est plus le parti unique, c'est le parti masqué, ce qui est bien pire encore car, sous ce masque, tout peut se dérouler, n'importe quelle combine, financière, policière ou autre.

Le monde est mon métier

B.G. : Cette colère des populations musulmanes contre leurs régimes est, donc, la première chose à rappeler devant un attentat de ce genre et le terrorisme islamiste en général. La deuxième est l'ambition de renaître après des siècles de déclin. La troisième est cette idée que l'islam pourrait vaincre les Etats-Unis comme il aurait vaincu l'URSS, leur infliger, du moins, de tels coups qu'ils seraient amenés à se replier des pays musulmans en y offrant au mouvement islamiste une victoire qui préluderait à son triomphe mondial.

En un mot comme en cent, il faudrait commencer par rappeler, en deux minutes et quarante secondes – moins de trois mille signes... – tout ce dont nous faisons un livre. La première phrase n'est pas facile à trouver. Il faut simplifier et forcer le trait, choisir un angle qui est, par définition, réducteur mais bon... On fait avec. Chaque profession sait contourner ses difficultés mais, hier soir, et ce n'était pas la première fois, je me suis demandé ce que pouvait aujourd'hui le journalisme, ce qu'il pouvait encore apporter dans une telle période de rupture.

Je ne reviens pas sur ce dont nous avions parlé d'emblée – sur le fait que nous ne puissions plus, aujourd'hui, recourir à des références culturelles communes, à un langue véhiculaire qui facilitait tellement, jusqu'à la chute du Mur, le travail du journaliste, reporter, éditorialiste ou...

J.L. : ... J'y reviens, moi, car le problème n'est pas seulement que le lecteur, ou l'auditeur, auquel s'adresse le journaliste soit devenu politiquement insaisissable, que son attente et ses questions sur ce que

Le paysage après la bataille

nous cherchons (et quelquefois trouvons) ne soient plus là pour nous guider dans notre quête et notre expression et que ce dialogue implicite soit aujourd'hui en voie de dilution alors qu'il est tellement indispensable.

Plus grave encore, le problème est que l'objet même de notre travail – celui ou ceux dont nous sommes supposés décrire les actes – voire les intentions, est également devenu indéchiffrable.

Dans la décolonisation, nous parlions avec des faiseurs d'histoire. On pouvait se tromper. Cela m'est arrivé mais l'histoire idéologisée et politisée que nous avons vécue était déchiffrable alors que le terrorisme moderne ne l'est pas. Il est au cœur du débat politique mais en quoi cela est-il matière à journalisme ? Je ne crois pas beaucoup à l'apport d'une interview d'un Ben Laden, si tant est qu'il soit encore vivant, ou de tel ou tel de ses lieutenants...

Quels que soient ses prétextes ou ses ambitions, nous sommes, au surplus, devant le crime et qu'est-ce qui est *dicible* de cela ? Il nous est arrivé, à moi notamment, de dire qu'on ne peut pas tout dire mais, face à l'opacité des personnages centraux de ce terrorisme qui est par excellence le sujet sur lequel toute information n'est pas bonne à communiquer, nous nous trouvons dans une perspective de mise à mort du journalisme. Si son objet n'est ni compréhensible ni transmissible, son avenir est bien médiocre ! Pour moi ce n'est pas grave, pour vous ça l'est davantage.

B.G. : Oui et non... Je vous suis sur le fait qu'il serait étrange de vouloir faire un scoop en annonçant que la police s'apprête à démanteler demain matin un réseau djihadiste de Marseille ou de Londres. Toute information n'est pas bonne à communiquer en matière de terrorisme. C'est un problème mais je ne vous suis en revanche pas quand vous parlez de « l'opacité » des acteurs du terrorisme.

Non seulement leurs attentats sont effroyablement rationnels mais, de même que personne n'est totalement déchiffrable, personne n'est totalement indéchiffrable et ce n'est pas au biographe que je l'apprendrai...

J.L. : ... Je l'ai appris à mes dépens.

« *Quelle migraine !* »

B.G. : Quelle que soit la difficulté de les énoncer, le kamikaze qui va se faire exploser dans une foule pour la décimer a des motivations. Elles sont solides – folles, illusoires, détestables mais évidemment solides puisqu'on ne se sacrifie pas sans raisons. Notre rôle est d'analyser ces motivations, de tenter de les décrypter, non pas du tout pour leur trouver des circonstances atténuantes ce qui est le rôle de l'avocat, pas le nôtre, mais pour que nos lecteurs, nos sociétés, nos pays soient mieux à même de relever ce défi.

Vous disiez que le terrorisme est affaire de coopération policière plus que d'opérations militaires. Nous en sommes d'accord mais la police ne suffit pas car les réseaux djihadistes se multiplient aujourd'hui par génération spontanée. On ne défera le terrorisme islamiste qu'en comprenant suffisamment ses ressorts

Le paysage après la bataille

– la raison de l'autre – pour pouvoir les détendre avant qu'ils ne nous sautent au visage avec l'attentat nucléaire ou biologique dont vous évoquiez la perspective.

Si vous ne comprenez rien à un adversaire, vous ne pouvez ni le combattre ni le battre. Si vous ne percevez pas ses raisons, vous ne pourrez pas déjouer ses calculs. Si vous ne voyez pas que toutes ses raisons ne sont pas infondées, vous ne saurez jamais limiter les sympathies qu'il suscite. Si vous le réduisez à un monstre et lui déniez toute part d'humanité, vous devenez vous-même monstrueux – ce qui est son premier objectif car il fera, alors, plus d'émules encore.

Parce qu'il ne faut pas laisser les terroristes entraîner l'islam et la chrétienté dans une guerre de religion, dans le choc des civilisations auquel ils travaillent, il faut marteler devant chaque attentat non seulement que tous les musulmans ne sont pas des islamistes mais que tous les islamistes ne sont pas des terroristes ; que le mélange de la religion et de la politique est toujours détestable mais qu'on peut vouloir retrouver une identité religieuse sans être obligatoirement un mangeur d'hommes fanatique et que les islamistes turcs, par exemple, ont rompu avec la violence. L'islamisme turc n'est plus violent...

J.L. : ... Vous croyez pouvoir l'affirmer? Vous excluez qu'il y ait en son sein des franges violentes, peut-être minoritaires aujourd'hui mais qui pourraient grandir et se développer?

B.G. : Rien n'est exclu. Il y a, oui, c'est malheureusement vrai, des islamistes turcs qui sont restés violents et tuent mais il s'est passé, en Turquie, une chose fondamentale et que je crois irréversible. Face à un Etat solide qu'ils ne pouvaient ambitionner de mettre à bas par la violence, les islamistes ont renoncé à la voie des armes. Ils ont choisi celle des urnes, remporté les élections parce qu'ils ne faisaient ainsi plus peur aux électeurs, que les partis traditionnels s'étaient disqualifiés et que les laissés-pour-compte avaient besoin d'un projet, d'une identité et de défenseurs.

Ils sont arrivés au pouvoir pour toutes les raisons qui assurent le succès des islamistes dans tous les pays musulmans mais, face aux responsabilités gouvernementales et à la nécessité de se faire réélire, dans un pays dont les classes moyennes et l'armée ne les auraient pas laissés compromettre la laïcité et le boom économique, ces islamistes turcs ont composé avant de se révéler d'excellents gestionnaires, parfaitement pragmatiques.

Ils ne sont certainement pas ma tasse de thé mais sont devenus, ou sont en train de devenir, un parti conservateur plutôt classique, défenseur de l'ordre moral, des traditions et de la religion, étrangement proches de la droite polonaise mais certainement pas des talibans. Il s'avère, en Turquie, que l'islamisme peut être soluble dans la démocratie et peut-être assiste-t-on à une semblable évolution de l'islamisme marocain qui a lui aussi choisi, dans un Etat fort, la voie des urnes.

Le fait est, en tout cas, que ces « musulmans-démocrates » turcs puisque c'est ainsi qu'ils se définissent désormais par référence aux démocrates-chrétiens européens, ne sont pas sortis de l'Otan, n'ont pas même rompu les relations diplomatiques avec Israël, qu'ils les ont approfondies au contraire car les Turcs ne sont pas arabes et que la raison d'Etat a primé l'idéo-

Le paysage après la bataille

logie, qu'ils collaborent efficacement, enfin, avec tous les services secrets concernés par la lutte antiterroriste.

J'en viens souvent à me dire que l'islamisme est finalement très comparable au mouvement ouvrier des débuts, qu'on y retrouve la colère sociale, la violence, les utopies, toutes les potentialités de ce courant sociopolitique totalement neuf qui était apparu dans une autre fracture, celle de la Révolution industrielle, et qui a aussi bien enfanté le stalinisme que la social-démocratie scandinave.

Voilà tout ce qui peut assaillir un éditorialiste géopolitique au soir d'un attentat comme celui d'Alger – tout ce qu'il ne peut naturellement pas dire en une seule chronique mais qu'il voudrait faire entendre pour que la peur ne balaie pas l'intelligence des choses, la lucidité qui nous est tellement indispensable.

Il faut œuvrer, se dit-on, à ce que la Raison prévale mais qu'est-ce qu'une chronique dans une tempête de l'histoire ?

Rien, bien sûr : une petite poignée de mots, une bouteille à la mer que l'on jette parce qu'on veut pouvoir se regarder sans honte mais que valent ces mots contre la simple réalité du fait que d'autres attentats suivront et ont suivi celui du jour, que l'auditeur et l'électeur occidentaux le savent et se considèrent, à juste titre, menacés ?

Dans une situation comme celle-là, les subtilités du décryptage relèvent vite du latin de cuisine et il n'y a pas trop d'illusions à se faire sur nos capacités de passeurs, si clair et précis que vous vous efforciez d'être. Dans ces moments-là, on en vient souvent à se dire que la « logique de guerre » l'emporte et que, si stupide soit-elle, on n'y peut rien, qu'il est trop tard pour tenter d'éclairer d'autres chemins car, s'il y eut l'Irak après le 11 Septembre, que se passerait-il après un attentat nucléaire ?

Dans la couverture de la décolonisation ou de la fin du communisme, les choses étaient claires. L'indépendance nationale, la liberté – au-delà des différences d'analyse et des divergences d'intérêt, chacun pouvait comprendre cela.

Il n'y avait pas de vraies difficultés à faire voir et passer des aspirations aussi universelles mais comment trouver le langage, et le faire entendre, qui dise tout à la fois que le ressentiment arabe n'est pas infondé mais que l'humiliation historique ne saurait rien excuser ; que l'islamisme, oui, est un « fascisme vert » mais que cette définition ne mène qu'à se tromper de guerre ; que le terrorisme se nourrit de la corruption des régimes arabes mais que ces régimes constituent des remparts contre les barbus et qu'ils risqueraient d'être emportés par le courant qu'ils auraient libéré s'ils s'ouvraient trop vite à des réformes, au demeurant urgentes ?

Quelle migraine ! Le journalisme frôle, là, l'indicible. Comment disiez-vous ? Oui : « sa mise à mort ». Je finis par vous rejoindre après ce long détour mais, avant d'en venir à des vues moins sombres, une question à laquelle je ne sais pas répondre. Croyez-vous, Jean, à la pérennité d'Israël ?

La nouvelle alliance

J.L. : J'y crois peut-être un peu moins que je ne l'espère... Israël a des décennies devant lui, mais il a man-

Le paysage après la bataille

qué deux ou trois occasions de négociation, soit à travers le roi de Jordanie, soit à l'époque où Rabin et Pérès travaillaient ensemble. Il y a eu là des occasions perdues mais était-ce, alors, mûr du côté des Arabes ? Je n'en suis pas sûr du tout car je peux adresser aux dirigeants arabes des critiques dix fois plus vivres encore qu'aux dirigeants israéliens. Israël est armé pour durer mais est-ce une question de siècles ? Etant donné le recul occidental et le formidable déséquilibre, surtout, entre la natalité des deux communautés, au train où vont les choses, les enfants arabes ont des chances de peser plus lourd que les enfants juifs...

B.G. : Pour ma part, j'ai toujours considéré qu'il y avait quelque chose de fou dans cette idée d'aller créer un Etat juif, un pays de racines et de culture européennes, dans un monde arabe en réaffirmation contre l'Occident. Le devenir d'Israël suscitait en moi un tel scepticisme que j'ai longtemps évité de m'y rendre pour ne pas avoir connu un pays dont je craignais la disparition mais, aujourd'hui, j'en viens à me demander si je n'avais pas tort.
Très paradoxalement, la montée de l'islamisme est, peut-être, en train d'ancrer cet Etat dans une région qui le refusait. Au-delà même du destin d'Israël, peut-être est-ce dans le plus inextricable des conflits que l'on voit le mieux – tout est relatif... – que la course à l'abîme n'est pas forcément irrépressible, que le chaos présent pourrait aussi porter des réalignements créateurs.
Je voulais en venir à des vues moins sombres, eh bien les voici car, enfin, pourquoi l'Arabie Saoudite a-t-elle,

Le monde est mon métier

par deux fois, amené la Ligue arabe, l'ensemble des pays arabes, à proposer à Israël de le reconnaître en échange de la création d'un Etat palestinien dans les frontières de 1967 ?

Pourquoi tant des monarchies du Golfe entretiennent-elles d'ores et déjà des relations, officieuses mais si intenses, avec un pays qu'elles ne nommaient, autrefois, que « l'entité sioniste » ? Pourquoi une collaboration, cachée mais si active, s'est-elle instaurée entre les services secrets saoudien et israélien et pourquoi l'Egypte et la Jordanie ont-elles tant travaillé à déminer les rapports israélo-palestiniens ?

La réponse est claire : la peur – la peur de la subversion islamiste, de cette lame de fond qui menace tout autant Israël que les régimes arabes et qui a, du coup, totalement modifié la ligne de fracture. En vertu du principe qui fait de l'ennemi de mon ennemi mon ami, cette ligne n'est plus israélo-arabe. Elle passe, désormais, entre les Etats et les islamistes. Elle sépare, d'un côté, Israël et les régimes arabes, de l'autre les djihadistes, et la question n'est plus de savoir si ces régimes sont ou non prêts à reconnaître Israël.

Ils le sont car ils veulent priver la subversion du plus fertile de ses terreaux : la tragédie palestinienne. Ils ne veulent plus s'assurer une légitimité populaire en continuant à refuser Israël mais assurer leur survie en le reconnaissant. La situation s'est renversée et la question est, maintenant, de savoir si les Israéliens voudront ou non prendre le risque de signer la paix, de laisser donc s'affirmer à leurs frontières une Palestine souveraine alors même que les islamistes pourraient en prendre le contrôle et s'assurer, parallèlement, celui

Le paysage après la bataille

de toute la région après avoir mis à bas les régimes arabes.

Si l'on se met à la place des Israéliens, la réponse n'est pas évidente car ils sont placés, là, devant une alternative dont les deux termes sont aussi incertains. Ils pourraient, d'un côté, devenir partie prenante à la création d'un marché commun proche-oriental. Les échanges commerciaux et la coopération technologique entre Israël et le monde arabe pourraient enraciner la paix et détourner les jeunes générations musulmanes de l'islamisme en leur ouvrant un horizon de développement économique et social.

D'un côté, le vieux rêve de Shimon Pérès devient envisageable mais peut-être est-il trop tard pour arrêter une révolution en marche. De l'autre, à ne pas désarmer et ne rien céder devant le danger, à refuser les risques d'une ouverture dans un moment aussi imprévisible, les Israéliens pourraient se retrouver seuls face à une région soulevée par l'islamisme et dont les Etats-Unis se seraient prudemment éloignés.

Pour les Israéliens, le choix est aujourd'hui entre une stratégie du risque – une audace dont rien ne garantit les résultats – et une prudence infiniment plus rassurante dans l'immédiat mais probablement dévastatrice à terme. Il en va de même pour tout l'Occident...

J.L. : ... L'alternative peut sembler encore plus simple. Compte tenu de la formidable poussée démographique des Arabes sur cette rive est de la Méditerranée – et elle n'est pas moindre sur la rive sud – quel serait le rapport de forces entre les populations dans

Le monde est mon métier

deux ou trois décennies si les négociations de paix que nous espérons vous et moi n'aboutissent pas ?

B.G. : Oui, mais c'est précisément parce que les Israéliens perçoivent ce défi démographique qui, maintenant, les hante qu'ils sont de moins en moins nombreux à défendre l'idée d'un grand Israël s'étendant à la Cisjordanie. Il y a encore dix ans, seuls la gauche et les pacifistes expliquaient qu'Israël devait se retirer des Territoires occupés sous peine d'être condamné à une politique d'apartheid ou d'être submergé par la natalité palestinienne.

Cette réalité est aujourd'hui admise par la presque totalité de l'échiquier politique israélien. C'est pour cela qu'Ariel Sharon s'était résolu au retrait de Gaza et c'est une raison supplémentaire de croire que, dans la dramatisation de cette crise, les chemins de la paix pourraient se rouvrir.

Cela dit, la démographie du monde arabo-musulman n'est pas une donnée intangible. Le taux de natalité est en baisse dans l'ensemble du monde arabe. Au Maghreb, sous le quadruple effet de l'urbanisation, du développement des classes moyennes, des télévisions françaises et, surtout, du lien migratoire avec l'ancienne puissance coloniale, il tend à rejoindre celui de l'Europe. Au Machrek, le nombre d'enfants par famille a notablement décru et même chez les Palestiniens, peuple en lutte mais au niveau d'éducation élevé, on est presque tombé à trois enfants depuis la seconde Intifada. Cette évolution s'accélérerait évidemment s'il y avait un règlement de paix.

Plus rien, pas même la famille musulmane, n'est comme hier. Tout change, absolument tout. Nous

Le paysage après la bataille

sommes devant une page blanche que nous écrirons par notre intelligence ou notre cécité, notre audace ou notre couardise.

J.L. : J'aime vous l'entendre dire, mais l'alternative vaut-elle pour l'Iran, ce pays dont la « schizophrénie » vous passionne et qui est au cœur du débat?

B.G. : Oui car, devant le problème iranien, nous avons aussi le choix. Nous pouvons nous laisser guider par la peur et nous résigner, alors, à deux dangers, une opération militaire ou l'accession de ce régime à l'arme atomique.
La nucléarisation de cette théocratie ne serait pas moins inquiétante que l'incendie régional que pourraient provoquer des bombardements américains mais on pourrait essayer, aussi, de sortir de cette alternative en tentant un grand compromis avec ce pays qui n'est pas monolithique mais en mouvement et contradictoire.
L'histoire de l'Iran contemporain n'est que celle de toutes les révolutions. Ce pays s'est affirmé dans une double révolte nationale contre la sauvagerie policière et la brutalité modernisatrice du régime impérial.
Les plus cultivés ne voulaient plus de cette dictature. Les moins évolués s'insurgeaient contre sa marche forcée vers l'occidentalisation. Cette révolution fut, à ses débuts, une insurrection nationale, ralliant tout le pays, des communistes aux mollahs en passant par tout l'éventail politique et social. Elle fut un acte refondateur mais, de même que la Révolution de février avait été confisquée par les bolcheviks, cette révolution nationale l'a été par les mollahs.

Noyant toute opposition dans le sang, ils ont instauré une dictature religieuse, tout aussi habitée, à ses débuts, qu'Al Qaïda l'est aujourd'hui par l'idée que rien ne serait impossible à la vraie foi dès lors que le terrorisme et la subversion viendraient l'appuyer aux quatre coins du monde.

Ils ont partout frappé, soutenant à peu près tous les mouvements radicaux de la terre et pas seulement musulmans, puis ce régime a ressenti le besoin de s'assagir. Comme dans toutes les révolutions, il y eut un moment où le souffle premier s'est épuisé.

Ce pays aspirait à panser ses plaies, les jeunes à vivre, les commerçants à s'enrichir, les hommes du régime à sécuriser leur position et à grossir leurs comptes étrangers de l'argent de la corruption. Plus profondément encore, l'énorme effort d'éducation du régime avait créé une nouvelle génération de diplômés de l'Université, d'hommes et, surtout, de femmes qui voulaient ouvrir le pays au monde et profiter de ses richesses.

Le réveil de la Perse

Ce fut la triomphale élection d'un Président réformateur, Mohammad Khatami, porté au pouvoir par la démocratie que les institutions religieuses, le vrai pouvoir, laissent plus ou moins vivre sous leur contrôle.

On a vu là que l'islamisme n'était pas plus « sans retour » que le communisme, qu'il n'était immunisé ni contre les évolutions sociales ni contre l'effet des ans. On a frisé de vrais changements mais, quand les sommités du pouvoir religieux se sont senties menacées

Le paysage après la bataille

par ce désir de normalité, quand elles ont vu, surtout, que l'embourbement irakien des Etats-Unis donnait à l'Iran la possibilité d'étendre son influence dans la région, elles ont redonné un tour de vis et favorisé l'élection d'un radical illuminé, le tristement célèbre Ahmadinejad.

Ce régime est reparti dans une phase de radicalité mais avec un changement de taille. Cette radicalité est aujourd'hui beaucoup moins messianique que perse. A la faveur de la crise irakienne, c'est l'antique Perse qui cherche à renaître, celle qui avait dominé la région avant Mahomet et qui n'a toujours que mépris et ressentiment historique pour les Arabes...

J.L. : ... A propos de ce mépris, j'ai rencontré, il y a une trentaine d'années, un Premier ministre persan qui a été pendu quelque temps après. On venait d'annoncer dans les journaux iraniens que la flotte nationale se dotait à grands frais de nouveaux bâtiments assez importants. Je lui ai demandé : « Mais pourquoi ?
— Contre les Arabes, bien sûr ! » m'a-t-il répondu. Pour lui j'étais un ignorant, l'un de ces stupides Occidentaux qui pensent que tous les musulmans sont unis et semblables. Ce « contre les Arabes » m'en a beaucoup appris.

B.G. : Il n'a rien perdu de son actualité, bien au contraire. Subliminal ou parfaitement explicite, vous l'entendez aujourd'hui, à Téhéran, dans les allées du pouvoir comme au coin de la rue. Ce régime se réveille tous les matins en criant « A mort Israël ! », voue l'Amérique aux gémonies et exalte la solidarité musulmane mais son obsession est de prendre une revanche contre les Arabes – contre l'abaissement qu'ils avaient infligé à la Perse et contre l'affreuse guerre, si présente à tous les esprits, que Saddam Hussein avait imposée à l'Iran, avec le soutien de l'Occident et des pays arabes, Syrie exceptée.

A Téhéran, un groupe de jeunes Iraniens m'a récemment expliqué que trois peuples avaient des affinités naturelles au Proche-Orient : les Turcs, les Iraniens et les Israéliens. Pourquoi ? « Parce qu'ils sont les seuls de la région à ne pas être arabes », m'avaient-ils benoîtement répondu. Ce n'est pas seulement que les Iraniens méprisent les Arabes, ces « bédouins », ces « primitifs ». C'est aussi qu'ils en ont peur et voient aujourd'hui, dans l'embourbement américain, l'occasion à ne pas perdre de renverser le rapport de forces avec eux.

Ce qu'ils veulent, c'est que la première puissance mondiale, les Etats-Unis, les reconnaissent pour ce qu'ils sont déjà, la première puissance régionale. C'est pour cela qu'ils montrent leurs muscles en agitant les communautés chiites d'Irak et du Liban et leur entreprise nucléaire – lancée du temps du Chah – n'a qu'un but : obtenir que l'Iran devienne la pièce maîtresse d'un dispositif de sécurité régional négocié avec les Américains et garantissant, bien sûr, la pérennité du régime.

L'Iran fait peur à l'Occident et menace Israël de le « rayer de la carte » mais il pense en termes régionaux et non plus mondiaux tandis que sa population ne rêve que d'Amérique et éprouve une évidente fascination pour ces Israéliens qui tiennent les Arabes en respect. Les Iraniens ne rêvent pas de détruire l'Amérique, moins encore l'Europe et pas même Israël.

Le paysage après la bataille

Nous avons le choix. Ou bien la certitude de dangers plus grands encore ou bien la possibilité de travailler à l'émergence d'un nouveau Proche-Orient où l'Europe et Amérique auraient aidé à canaliser l'islamisme sunnite en trouvant un modus vivendi avec l'Iran, l'Etat chiite, et en s'engageant vraiment, garanties militaires et pressions politiques à l'appui, en faveur d'un règlement israélo-palestinien.

Quand la donne change, il ne faut pas considérer que tout serait perdu mais l'utiliser à créer de nouvelles stabilités, ouvrir de nouvelles dynamiques et recréer un ordre international qui, de toute manière, ne peut jamais nier les réalités du terrain.

Le régime iranien peut n'être pas sympathique – il ne l'est pas du tout – mais, en son sein même, de nombreux courants prônent l'ouverture et le réalisme. L'Iran est un véritable Etat, sa civilisation est ancienne, son niveau culturel élevé, sa jeunesse et sa société en pleine mutation sous les voiles de la théocratie. C'est un pays sur lequel on peut risquer un pari, avec lequel il ne serait pas impossible de définir un équilibre communautaire en Irak garantissant à la fois, en liaison avec l'Arabie Saoudite, les droits de la majorité chiite et ceux des minorités kurde et sunnite.

Dès l'hiver 2006, George Bush lui-même a semblé le comprendre. Progrès ou reculs, c'est sur cette voie qu'il faudrait persévérer, pour trois raisons.

La première est que, faute d'un grand *deal* avec Téhéran, l'Irak restera un terre d'affrontement entre les Iraniens et les Saoudiens, la Perse et les Arabes, le chiisme et le sunnisme, et que l'Arabie Saoudite, pour contrer l'Iran, continuera d'y soutenir la violence sunnite dans laquelle se développeront encore des réseaux terroristes qui s'étendront à d'autres pays.

La deuxième est que, réintégré dans l'économie et la concertation internationales, reconnu comme puissance régionale, l'Iran aurait de bonnes chances de s'ouvrir à des réformes qui aboutiraient, en fin de compte, à une évolution de son régime. Et la troisième est que l'Iran pourrait apparaître bien vite rassurant par rapport à ses deux voisins de l'est – l'Afghanistan où les talibans relèvent la tête et le Pakistan, surtout, Etat d'ores et déjà doté de l'arme atomique et miné par un islamisme aussi radical que puissant.

De même qu'il y a, gouvernement islamiste ou pas, une coopération militaire entre la Turquie et Israël, on peut imaginer une normalisation entre la République islamique d'Iran et Israël car les Iraniens n'ont pas oublié que ce pays les avait militairement soutenus contre les Arabes et qu'ils entretenaient des relations diplomatiques avec lui du temps du Chah.

On peut imaginer – ce serait souhaitable – qu'un jour pas si lointain le Proche-Orient trouve une stabilité reposant sur quatre piliers : premièrement, l'Iran ; deuxièmement, l'Arabie Saoudite et l'Egypte ; troisièmement, Israël et, quatrièmement, la Turquie. Encore faudrait-il accepter, pour cela, de voir que, dans un monde multipolaire, les Occidentaux doivent compter sur des alliances et non plus sur leur seule force, devenue relative.

J.L. : Dans quelle mesure ces deux ou trois exposés que vous venez de faire sont-ils directement liés, Bernard, à la pratique du journalisme ? Avez-vous conscience de gratter le sol, d'en tirer tout cela comme

Le paysage après la bataille

le mineur qu'est le journaliste, ou parlez-vous plus en intellectuel qu'en journaliste, fût-il éditorialiste ?

B.G. : Y a-t-il, là, une frontière, à respecter ou franchir ? L'intellectuel s'exprime par des livres et des tribunes, le journaliste par le reportage ou l'éditorial mais l'un et l'autre seraient également mauvais, totalement illégitimes, s'ils ne s'appuyaient pas sur les faits. De même qu'il y a bien des manières d'être correspondant, il y a différentes manières d'être éditorialiste... ou biographe.

J.L. : Si l'on parlait de mûrissement, ce serait prétentieux ?

B.G. : Chacun vieillit et prend de la bouteille, les journalistes comme les ébénistes ou les metteurs en scène. Bien sûr que l'on ne cesse d'apprendre, que l'on mûrit. Jusqu'en 1989, je ne connaissais à peu près rien de l'islamisme ou de la construction européenne. Ma connaissance de l'Iran ne remonte qu'à dix ans et j'ai attendu janvier 2006 pour mettre les pieds en Israël.

Pourquoi ai-je approfondi ces domaines, tellement éloignés de mes bases centre-européennes ? Pour la simple raison que notre métier, l'actualité, m'y portait.

Non, Jean, je ne me sens pas loin du journalisme mais l'éditorial est, évidemment, un genre bien spécifique, un complément tellement indispensable au reportage qu'il coexiste avec lui sur tous les grands sujets du jour, parfois, même, un fait divers. L'éditorial va plus loin que la relation des faits. Il essaie d'inscrire les faits du présent dans l'héritage du passé et dans une dynamique du futur. A l'aide du passé, il tente de projeter dans l'avenir.

Le tempérament, la culture, la formation de l'éditorialiste y comptent plus encore que ceux du reporter dans son reportage. Ils sont encore plus constitutifs de son papier mais, si grande que soit leur diversité, les éditorialistes sont, oui, absolument journalistes.

J.L. : Ce qui nous aura été commun, c'est de transférer l'éditorial dans le reportage, c'est de minimiser le fait brut pour passer très vite à ses conséquences et à la conclusion dont nous avons toujours été trop près l'un et l'autre. Trop vite, lorsqu'un lapin s'écarte d'un terrier, nous avons voulu y voir une signification, non pas comment ce lapin s'échappait mais ce que cela signifiait pour l'ensemble de la société lapine. Nous avons constamment cherché ce que la société à laquelle nous appartenons pouvait tirer des faits dont nous étions témoins. Il me semble que notre journalisme aura toujours trop fiévreusement tendu à la conclusion. Suis-je là trop sévère ? N'aurons-nous pas été, au fond, des éditorialistes de l'instant ?

« *Pour ne pas vous ménager, Bernard...* »

B.G. : Parce que nos scoops ce n'était pas des faits, des faits avérés ? Pourquoi ne dites-vous pas, comme un certain Lacouture, « historiens de l'immédiat » ?

J.L. : En énonçant cette formule, je pratiquais peut-être une autocritique.

Le paysage après la bataille

B.G. : Et pourquoi ? Elle s'imposerait à nous si nous nous étions beaucoup trompés mais regardez votre bataille, la décolonisation. Est-ce que vous vous êtes trompé en donnant très tôt à voir à vos lecteurs que les pays de l'Empire français avaient vocation à l'indépendance et que le plus vite et le plus pacifiquement cela se ferait, le mieux ce serait ? L'autre jour, vous confessiez une erreur, une erreur de neuf mois, sur la sauvagerie des Khmers rouges mais, dès que vous vous êtes convaincu de sa réalité, vous avez fait tout ce que vous deviez faire. Neuf mois, ce n'est pas si long pour une erreur. D'autres se sont trompés des décennies durant sur d'aussi graves sujets.

J.L. : Neuf mois, quand on se prétend historien de l'instant, c'est beaucoup !

B.G. : C'est trop, mais est-ce beaucoup ? Pas vraiment et, pour ma part, me suis-je trompé – je vous l'ai déjà demandé – en accordant tant d'importance aux dissidents, en disant que Jaruzelski ne normaliserait pas la Pologne ou que l'évolutionnisme de Gorbatchev était de loin préférable à « l'Octobre à l'envers » d'Eltsine ? On pourrait nous fustiger si, dans notre hâte, bien réelle, à tirer des conclusions prospectives des événements que nous avons couverts, nous avions vu de travers mais il se trouve que ce n'est pas le cas.

Nous pouvons dire, demain, d'énormes bêtises. Personne n'est immunisé contre ce danger mais le fait est que, jusqu'à présent, nous n'en avons pas trop dit.

Le monde est mon métier

J.L. : Le mot « trop » mériterait beaucoup d'analyses… Vous savez ce que je pense de certaines de mes erreurs, mais en ce qui vous concerne, pour ne pas vous ménager, je dirais que vous avez peut-être péché par une certaine naïveté à l'égard du développement et de l'avenir de l'Europe. Mes erreurs sont plus graves et plus dommageables pour les personnes, mais est-ce que vous n'avez pas idéalisé l'Europe ? N'avez-vous pas cru y voir une solution idéale à l'ensemble des problèmes du monde ?

B.G. : C'est ce que me disent assez régulièrement Hubert Védrine et mon ami Henri Weber, député européen et « tête pensante » de Laurent Fabius. Régis Debray ne me l'envoie pas dire non plus. C'est ce que me disait aussi Emmanuel Todd avant que l'aventure irakienne ne le rende, lui-même, très européen. Au moment du passage à l'euro, quand il n'était pas encore devenu la plume et l'intellectuel organique de Nicolas Sarkozy, Henri Guaino me serinait également cette chanson mais non ! Trois fois non !

Je ne vois pas en l'Europe une assurance de bonheur universel mais je sais que l'unification politique de nos pays est une ardente nécessité car, sans elle, le modèle social de solidarité sera pour longtemps balayé de la surface du globe, même les plus grandes des puissances européennes ne pèseront plus face aux Etats-Unis, l'Inde ou la Chine et nous serons condamnés à nous helvétiser, à devenir des non-êtres politiques, dépendant des armes et de la diplomatie américaines pour leur sécurité.

Est-ce souhaitable ? Je ne le crois pas.

Les Européens ont besoin de l'Union pour exister.

Le paysage après la bataille

Les valeurs démocratiques ont besoin d'elle car on fait moins d'erreurs dans un dialogue entre partenaires égaux que dans la solitude d'une superpuissance unique qui confond ses intérêts et le bien du monde. Ce siècle se porterait mieux, ou infiniment moins mal, avec une puissance politique européenne que sans elle mais le problème est que l'Europe ne se fera pas d'elle-même, par magie, comme l'enfant conçu est destiné à naître après son temps de gestation.

L'Europe est une difficile ambition, toujours plus difficile à mesure que son unité progresse, que s'étendent ses rangs, sa monnaie et ses politiques communes, car la peur du neuf et le regret de l'ancien tendent, alors, à primer le désir d'aller de l'avant, quelles que soient sa profondeur et sa réalité.

L'Europe ne peut naître que d'une volonté politique et il faut, pour la forger, des partis et des syndicats européens, une gauche et une droite européennes, une vie politique européenne – donc, une presse et des éditorialistes s'inscrivant d'ores et déjà, et c'est ce que je fais, dans cette ambition.

Je ne crois pas que l'Europe soit une panacée. Je crois – ce qui n'est pas la même chose – que rien n'est plus important que son unification et c'est cette conviction qui me porte à dire ce que je pense, parce que je le pense.

Virtuellement, l'Europe existe déjà et il suffit de prendre l'avion pour s'en rendre compte. Entre une ville d'un autre continent et n'importe quelle ville européenne, c'est deux mondes. Entre deux villes d'Europe, c'est le même monde – des différences nationales, bien sûr, mais la même civilisation, la même rue, le même substrat culturel et, souvent, la même monnaie déjà. Je le vois, je l'écris.

Dans les différents pays de l'Union, les cultures et les courants politiques en lice sont fondamentalement semblables. Partout, on y retrouve les filiations social-démocrates et démocrates-chrétiennes, l'empreinte des Lumières et du christianisme, le rayonnement de la Révolution française, les cicatrices des deux totalitarismes – une histoire commune qui nous a façonnés en nous déchirant. Je le constate, je l'écris.

Cette histoire commune faciliterait grandement la constitution d'un échiquier politique européen mais il ne deviendra réalité que si les partis nationaux trouvent la volonté de constituer des partis paneuropéens – une gauche, une droite, une extrême gauche, une extrême droite et des Verts paneuropéens – qui se présentent en tant que tels aux élections européennes pour proposer à l'électorat de l'Union des choix politiques clairs pour l'Europe. Je le pense, je l'écris.

Largement ignoré aujourd'hui, ce Parlement de Strasbourg ne deviendra cependant un véritable enjeu politique qu'au jour où il pourra désigner un exécutif, responsable devant les élus de l'Union et d'un poids égal à celui des Etats membres. Cela s'appelle le fédéralisme qui seul pourrait assurer une transparence démocratique au fonctionnement de l'Union et enlever à ses citoyens le sentiment qu'elle n'est faite que pour les déposséder de leur droit à choisir une politique et désigner leurs gouvernants. Je m'en suis convaincu, je l'écris pour en convaincre...

Le paysage après la bataille

J.L. : ... Bernard, ne craignez-vous pas qu'à décréter le fédéralisme, on riquerait de tout casser ? Les nations ont des passés vivants...

B.G. : ... Qui parle de cela ? Non seulement ces passés sont totalement vivants, non seulement j'y suis beaucoup plus attaché que je vous ne semblez le croire, mais ce n'est que progressivement, bien sûr, qu'ils se transcenderont dans un avenir commun.
Il faut marcher vers le fédéralisme, pas le décréter. Il faut prendre ce cap mais y aller par étapes et, de ce point de vue, le projet de Constitution, publiquement négocié par des gouvernements et des Parlements procédant du suffrage universel, était le plus audacieux des compromis possibles.
Je le pensais, nous avons été beaucoup à le dire, mais la majorité des Français en a pensé tout autrement. Le peuple est souverain mais est-ce pour autant la preuve que les partisans du « oui » avaient tort ? Je ne le crois pas. Les majorités n'ont pas toujours raison même si la démocratie commande de s'incliner devant elles. Je l'ai également dit, le matin qui a suivi les résultats du vote, et un auditeur indigné – il n'était pas le seul – m'a cliqué un mail cinglant pour me dire, en substance : « Comment osez-vous encore, maintenant que le peuple a parlé ? »
« Mais quelle opinion auriez-vous de moi, lui avais-je répondu, si je me ralliais à la majorité du simple fait que le "oui" ne l'a pas emporté ? Devrais-je changer ma manière de voir parce qu'elle est minoritaire ? Au gré des résultats électoraux, la gauche devrait-elle devenir de droite et l'inverse ? »
Non. Un éditorialiste n'est pas une girouette, tournant au gré du vent. Ce n'est pas parce que le souhai-

table ne s'est pas déjà imposé qu'il ne le serait plus. L'honnêteté d'un journaliste est de dire ce qu'il croit et de croire ce qu'il dit et, si j'ai mené, faits et arguments à l'appui, une si véhémente bataille pour le « oui », bataille que je revendique et dont je suis fier...

J.L. : ... et que j'aurais aimé mener à vos côtés...

B.G. : ... ce n'est certainement pas parce que je croyais que le « oui » passerait. Mon premier papier sur cette campagne référendaire, c'était sur France Inter, se terminait, au contraire, par : « La France (ou les Français, je ne sais plus) s'apprête à commettre une terrible erreur ». Je voyais le « non » monter et c'est pour cette raison que je me suis autant engagé – tout autant que contre l'aventure irakienne mais en me mettant beaucoup plus en danger. Sur l'Europe, l'auditoire était partagé alors qu'il ne l'était pas sur l'Irak et une direction n'aime pas – c'est normal – que sa chaîne suscite la polémique.

Je me suis souvent demandé, ce printemps-là, si je serais encore à l'antenne en septembre mais pourquoi y être si ce n'est pour dire ce que l'on croit important ? Si ce n'est, en l'occurrence, pour éclairer un débat si capital mais aussi brouillé par sa confusion, hier comme aujourd'hui ?

Les eurofrileux

Aucune des deux Frances qui s'opposent, là, n'est en effet cohérente. Chacun des camps en présence

Le paysage après la bataille

regroupe, au contraire, des adversaires politiques aux motivations si radicalement différentes que l'on ne sait jamais, dans les échanges d'arguments, à quelle objection il faut répondre.

La France europhobe ou eurosceptique – disons eurofrileuse – l'est à la fois parce qu'elle refuse la libéralisation économique, le bouleversement des équilibres sociaux définis pendant les Trente Glorieuses, et parce qu'elle veut se mettre à l'abri des vagues migratoires que la suppression des frontières européennes et l'éventuelle adhésion turque à l'Union lui paraissent amplifier.

Il y a, chez les eurofrileux, une motivation de gauche et une motivation de droite. Les deux se superposent dans une volonté de bunkériser la France pour y arrêter le temps. Elles se mêlent souvent, en un mot, dans un désir de protection, mais Philippe de Villiers n'est pas la CGT, la défense du clocher n'est pas celle du Travail.

Il y a deux refus de l'Europe mais il y a, également, deux europhilies qui ne sont pas moins contradictoires. Les europhiles de gauche, ceux qui appelaient au « oui », considèrent que seule une Europe aux institutions politiques fortes serait à même de recréer une puissance publique – un Etat arbitre capable de défendre le modèle social européen en opposant le poids d'un continent à celui de l'argent.

Aspirant, au contraire, au démantèlement de ce modèle, les europhiles de droite – les libéraux et non pas les gaullistes – voient dans l'intégration européenne et la supranationalité des décisions politiques le seul moyen d'imposer aux Français cette déréglementation dont ils ne veulent manifestement pas.

Jacques Delors n'est pas Laurence Parisot. Le Parti socialiste n'est pas le Medef mais la gauche noniste a si bien été portée par la profondeur des refus suscités par le projet constitutionnel que la gauche européenne n'a pas su faire entendre que la résistance à la vague libérale et au monopole politique des Etats-Unis passait par l'unification européenne.

Elle n'y parvient toujours pas car, à la gauche de la gauche, l'idée est ancrée qu'une démocratie européenne, un Etat européen, verrait forcément triompher le libéralisme et l'alignement sur Washington. Cette gauche-là se tient étrangement le même raisonnement que les libéraux alors, pourtant, qu'un Etat démocratique est gouverné par une majorité électorale et que l'addition des courants démocrates-chrétiens et sociaux-démocrates laisse peu de place, en Europe, à une majorité libérale.

C'est si vrai que le seul pays d'Europe où les libéraux soient clairement majoritaires, la Grande-Bretagne, est à la pointe du refus de la supranationalité mais la confusion est telle qu'on ne le voit pas. Cet aveuglement et la division de la gauche, en France comme ailleurs, sont en train de favoriser l'Europe marché que prônent les Britanniques.

Pour le coup, ce ne serait pas le paradis mais les eurofrileux nous y mènent. C'est tout ce que je dis, non pas avec la naïveté mais avec la vigueur que commande cet enjeu.

J.L. : Vous avez curieusement fait l'économie des rapports franco-allemands, de cet axe sur lequel tout s'est bâti et qui vient à manquer. On ne retrouve plus la créativité des couples qu'avaient constitués de Gaulle et Adenauer, Giscard et Schmidt, Mitterrand et Kohl. La capitale allemande est passée de Bonn à

Le paysage après la bataille

Berlin, transfert qui n'est pas seulement géographique. Un grand écart franco-allemand a succédé aux embrassades. Personne n'est coupable mais il y a là un élément historique fondamental.

B.G. : L'histoire est coupable car, en unifiant l'Allemagne, elle a fondamentalement modifié l'équilibre du couple franco-allemand qui ne parvient pas à redéfinir son contrat de mariage ou, plutôt, son pacs. Il unissait, hier, une puissance économique relative qui était militairement et politiquement forte, la France, à un nain politique et militaire, l'Allemagne, qui était une superpuissance économique.

Non seulement ce couple est aujourd'hui devenu plus égalitaire mais l'Allemagne y est plus égale que la France dans la mesure où elle est toujours plus riche mais désormais plus peuplée, libérée du poids de la honte nazie et géographiquement située au cœur de l'Union. La relation franco-allemande...

J.L. : ... est devenue germano-française...

B.G. : Exactement et il y a un second changement, encore plus important. Jusqu'au début des années 90, la solidité du couple franco-allemand était une condition non pas seulement nécessaire mais pratiquement suffisante de la marche de l'Europe. Si la France et l'Allemagne étaient d'accord, les autres pays suivaient mais ce n'est plus le cas aujourd'hui. Nous ne sommes plus six, ni douze ni quinze mais vingt-sept et bientôt plus. Avec la multiplication du nombre des petits pays au sein de l'Union, une allergie s'est développée à la toute-puissance du couple franco-allemand.

Le monde est mon métier

Nous en avons déjà parlé à propos de la Pologne. L'unité franco-allemande est désormais à manier avec précaution, même et surtout quand elle est entière, car elle inquiète et hérisse beaucoup des capitales européennes qui ne veulent pas se faire dicter les lois de l'Union, donc les leurs, par la « FrançAllemagne ».

J.L. : Oserait-on dire que la relative dissociation franco-allemande sauve l'Europe ? Que, reforgé, l'axe tel qu'il était la tuerait ?

B.G. : La convergence franco-allemande reste une condition nécessaire à l'élan européen mais, sous peine de devenir contre-productive, elle doit absolument s'appuyer, au plus vite, sur d'autres connivences. La France et l'Allemagne doivent faire de la place à d'autres dans la locomotive européenne. Si elles n'y parviennent pas, ça ne marchera pas.

J.L. : Vous parlez au futur, mais c'est déjà du présent.

B.G. : Ce n'est pas un présent irréversible. Il n'est pas même inéluctablement long mais le problème, oui, pèse déjà lourd sur l'avenir du processus européen. Alors quoi ?
On constate que ça ne va pas fort ? On se croise les bras ?
Que faut-il faire ? S'installer dans la prophétie de l'échec, d'autant plus sûre qu'elle serait autoréalisatrice, ou tenter de partir d'une situation neuve pour trouver des solutions nouvelles, comme il faudrait le faire au Proche-Orient ?

Le paysage après la bataille

Il y a, aujourd'hui, deux Europes en une, celle qui aspire à l'affirmation d'une union politique et celle qui n'en veut pas. Le problème est compliqué du fait que la frontière passe souvent à l'intérieur de mêmes pays mais, l'un dans l'autre, il y a les pays fondateurs, d'un côté, et les membres les plus récents de l'autre. Pour l'heure, ces deux Europes ne sont guère conciliables mais la conclusion à en tirer n'est pas qu'il faudrait en revenir à l'Europe des nations.

On est allé trop loin, trop vite, dit-on partout. Il faut une « pause », dit-on jusque dans les rangs des plus chauds partisans de l'intégration politique tandis que la Grande-Bretagne et la Pologne surfent sur cette vague de désarroi pour imposer un clair virage vers l'Europe-marché.

Cela, ce serait la fin de l'Europe, sa simple réduction à une zone de libre-échange dans laquelle les intérêts propres des nations, leurs traditions historiques et leur géographie mèneraient vite au complet délitement. C'est le danger qui plane mais rien n'empêche ceux des pays membres qui refusent de renoncer à de plus hautes ambitions – qui en voient la nécessité – de se rapprocher, de coordonner leurs politiques : d'aller plus loin, plus vite, à quelques-uns.

Cela s'est fait sur la monnaie. Cela pourrait se faire en bien d'autres domaines, sur les politiques économiques, la diplomatie, des politiques de recherche ou d'éducation, une gestion commune du patrimoine artistique ou la création d'un service civil commun.

Rien n'empêche de constituer une avant-garde au sein de l'Union, une préfiguration à quelques-uns, peut-être une douzaine de pays, peut-être les pays de l'euro, de ce qu'elle devrait être, un jour, dans sa totalité. Certains ne voudraient jamais suivre ? Peut-être. Certains resteront, sans doute, au bord de la route mais où serait le drame ?

Au sein d'un grand marché, nous aurions alors une union politique, toujours ouverte à ceux qui voudraient la rejoindre à leur rythme, et les élargissements à venir, à la Turquie notamment, en seraient facilités car ils susciteraient, alors, beaucoup moins de craintes.

Il ne faut pas arrêter la progression de l'Union et fermer ses portes. Il faut partir du réel pour aller de l'avant mais cela ne se fera pas sans la constitution de courants d'opinion puis de partis paneuropéens qui ne pourront eux-mêmes se cristalliser qu'autour de journaux d'opinion – qu'à partir de ces intellectuels collectifs que sont les journaux-partis.

Vive le parti pris !

L'Espagne et l'Italie en ont suscité, *El País* et *la Repubblica*, quand l'une a dû relever le défi de la sortie du franquisme et l'autre, celui de l'omnipotence de deux partis également à bout de souffle, la Démocratie chrétienne et le PCI.

En France, la Libération et la décolonisation avaient fait *Le Monde, Combat, France-Observateur, L'Express,* des titres qui par leur impact direct et leur essaimage intellectuel ont largement façonné les élites françaises d'après guerre, modifié les perceptions du moment – permis et accompagné d'indispensables renouveaux économiques, politiques et culturels.

Les hommes qui ont fait ces journaux, Beuve-Méry,

Le paysage après la bataille

Jean Daniel, Claude Bourdet, Gilles Martinet, Jean-Jacques Servan-Schreiber, des hommes pour lesquels nous avons ou aurions pu travailler, étaient des journalistes dont nous partagions *grosso modo* les options et qui avaient la même vision que nous de notre métier : rapporter et décrypter, mais aussi proposer et défendre des idées qui, à tort ou à raison, leur paraissaient justes et porteuses d'avenir...

J.L. : ... Le droit d'intervenir.

B.G. : Oui, le droit d'intervention sur le cours de l'histoire. C'est l'un des rôles de la presse dont la liberté n'a pas été conquise pour qu'on ne s'en serve pas, ou seulement avec parcimonie, naviguant avec une affable neutralité entre les postulats d'une époque.

Quand on ne les appelle pas des « supports » – ceux de la publicité – on appelle aujourd'hui les journaux des « médias », mot que nous a renvoyé l'Amérique mais qui renvoie encore si fort à sa racine latine. Non !

La presse n'est pas « au milieu ». Elle n'est pas le juste milieu mais celle qui pousse et qui tire sur des pentes ardues. Elle est la vigie qui guette la tempête et la terre, devine les récifs sous l'eau dormante, indique les voies possibles car son métier est d'observer du grand mât quand d'autres, sur le pont, font avancer le navire. Ce glissement sémantique, de « presse » à « médias », ne doit malheureusement rien au hasard.

La presse est de plus en plus dirigée par des hommes d'argent qui ne pensent pas à son droit d'intervention, à son devoir d'alerte, mais d'abord, uniquement, à sa rentabilité. Or, dans la presse, la rentabilité tue la rentabilité.

Le monde est mon métier

Elle est, bien sûr, la garantie de la liberté. Il faut payer des salaires et des enquêtes. Sans elle, pas de survie mais, à force de vouloir arrondir les angles, ménager tout le monde et, avant tout les annonceurs, nous perdons des lecteurs qui ne trouvent plus assez de stimulation intellectuelle dans nos colonnes et se disent que n'importe quel gratuit, papier ou internet, fait aussi bien l'affaire.

La plus grande chaîne de télévision française a longtemps été aux mains d'un homme qui disait publiquement et sans gêne – cela relevait pour lui de l'évidence – que son métier était d'assouplir les esprits afin de les rendre plus réceptifs aux messages publicitaires. On n'en est pas là dans la presse écrite, pas à la radio non plus, mais il y avait une logique dans les propos de cet homme et elle pourrait, un jour, s'imposer si nous ne savons pas, nous les journalistes, réinventer la presse en redonnant aux journaux un visage et des angles.

J.L. : Ce qui me paraît absolument saisissant, à moi qui ai connu, il y a quelques décennies, des presses ayant une réelle influence sur les décisions politiques, c'est le fait que les gouvernements de deux grandes démocraties, la Grande-Bretagne et les Etats-Unis, aient pu poursuivre une politique proche-orientale, notamment en Irak, que le meilleur de leur presse condamnait, avec moins d'éclat qu'au temps de la guerre d'Indochine, mais condamnait fermement. Il y avait autrefois un réel dialogue entre le pouvoir et la presse.

Quatrième pouvoir ou non, c'était une « conscience » qu'un gouvernement ne pouvait pas ignorer mais on a, aujourd'hui, l'impression que les articles

Le paysage après la bataille

que l'on lit à Londres et New York n'ont à peu près pas de retombée sur la pratique gouvernementale. Je découvre cela avec une tristesse insondable. Il fut un temps où, dans la démocratie britannique, un Blair n'aurait pas pu survivre quatre ans au désastre irakien. Il me semble que la presse n'est plus aujourd'hui en mesure de remplir son rôle.

Non seulement elle subit, à l'intérieur, les atteintes que vous décrivez, mais sa projection me paraît très inférieure à ce qu'elle a été. La presse écrit, s'exprime, proteste intelligemment mais se heurte au mur d'indifférence du pouvoir. Entre elle et lui, il y a un véritable divorce. Elle peut bien aboyer, hurler, protester, critiquer, il reste sourd à ses cris, enfermé dans une citadelle.

B.G. : Vous parlez de divorce mais, peut-être, s'agit-il d'une fusion. Si divorce il y a, c'est entre, d'une part, la conception que nous avons, vous, tant d'autres et moi-même, du rôle de la presse et, de l'autre, une fusion de fait entre des groupes médiatiques de plus en plus puissants et les pouvoirs politiques en place.

Pour défendre ses espaces publicitaires et son extension géographique, le groupe Murdoch était tout prêt à pactiser avec la dictature chinoise dont le libéralisme économique ne peut, de surcroît, que lui complaire. Son soutien à Bush a été effarant de partialité. Il est notoire qu'il avait passé un pacte de non-agression avec Tony Blair car il ne voulait pas d'ennuis avec un Premier ministre qui fut longtemps si populaire et dont les politiques ne le heurtaient au demeurant pas.

Nationaux et, surtout, internationaux, les grands groupes de presse, ces mangeurs de titres et d'indépendance, défendent à la fois leurs intérêts financiers et des idées qui sont pas exactement novatrices, encore moins contestataires. Ce n'est pas d'eux que le renouvellement peut venir mais cette situation n'est pas nouvelle.

En France, entre les deux guerres, l'argent contrôlait déjà la majeure partie de la presse et ce qui menace aujourd'hui les journaux n'est qu'un retour à des périodes somme toute classiques qui, là comme ailleurs, refermeraient la parenthèse de l'après-guerre.

La presse n'est pas indifférente à l'évolution des rapports de forces mais cela doit doit-il nous incliner à un total pessimisme ?

Non, pas plus que la situation du monde. Il m'arrive de penser que j'aurai de moins en moins ma place dans la presse d'aujourd'hui mais n'est-ce pas la même crainte qui avait poussé de jeunes journalistes à créer les journaux d'après guerre ?

L'espérance et la mélancolie

D'une manière ou l'autre, ce devoir de recréation s'imposera à nous. Face à l'argent et au pouvoir politique, les équipes du *Monde* et des *Echos* viennent de montrer beaucoup de détermination dans la défense de leur indépendance.

Il n'y a pas foule au portillon pour investir dans des journaux novateurs comme l'avaient fait Smadja ou Perdriel. Il n'y a plus de De Gaulle pour donner à un Beuve les imprimeries du *Temps*, mais Jean-François Kahn a fait le succès de *Marianne* avec des idées en guise d'argent. Le papier n'est pas mort. Il n'est qu'essoufflé

Le paysage après la bataille

et l'évolution technologique, en tout état de cause, permettra de créer des journaux sur internet avec de bien moindres capitaux que pour la presse classique.

Dans le bouillonnement, parfois inquiétant, pas forcément sympathique, auquel on assiste aujourd'hui sur la toile il y a les germes d'une recréation de la presse. Ça prendra du temps, mais ça viendra.

J.L. : Peut-être est-ce l'épouvante du conducteur de diligence qui voit arriver l'automobile mais, pour ma part, je suis complètement étranger à cet univers, qui d'une certaine façon m'effraie. A travers internet et les blogs, on voit monter des « médias » où le journalisme devient le métier de tout le monde, un journalisme spontané qui me semble bien être en voie de tuer le journalisme tel que nous l'avons exercé. En tout cas le risque est là. A force d'être le travail de tous, le journalisme n'est plus le travail de personne.

B.G. : Il y a de quoi être épouvanté car, sur internet, le dernier des ignorants, des crétins ou des malfaisants peut se décréter journaliste sans aucun titre à le faire. Sur la toile, aucun des garde-fous que la presse s'était donnés elle-même, avec ses règles de déontologie, la vérification systématique de l'information, l'interdiction d'entrer dans la vie privée des gens...

J.L. : ... le *off the record*...

B.G. : ... également – bref aucune règle n'existe sur internet et l'on peut donc y lancer n'importe quelle rumeur sans le moindre contrôle mais, d'un autre côté, cette presse qui se cherche, se forme, se développe, naît et meurt chaque jour sur la toile, n'est-elle pas celle des débuts de la Révolution française ?

A l'époque, dans l'explosion de la liberté, une multitude de quotidiens surgissait. Ils pouvaient n'être que des tracts, vivre une poignée de jours et disparaître. Déjà, la presse s'inventait...

J.L. : Ne confondez-vous pas les libelles et la presse ?

B.G. : Il me semble qu'il y avait, précisément, un mélange fusionnel et créateur, détestable et très riche, très comparable à ce que l'on voit aujourd'hui sur internet. Je ne désespère pas du tout que de ce bouillonnement naissent demain de vrais journalistes. Il s'en est déjà affirmé quelques-uns et, après tout, Lacouture, à dix-neuf ans, était-il un journaliste ou un quidam qui s'improvisait journaliste ? On ne naît pas journaliste. On le devient.

J.L. : Oui, mais le journalisme devient alors un métier. Il ne faudrait pas trop pousser l'idée que, parce qu'un homme a écrit vingt-cinq lignes intelligentes sur un sujet, il est journaliste. La profession existe. Il y a des guérisseurs et il y a des médecins. Je voudrais tout de même rappeler que nous avons fait nos classes, appris et que nos papiers passaient alors plusieurs filtres qui n'étaient pas superflus. Pratiquer ce métier avec un certain équilibre, un minimum de prudence dans l'équilibre des vérités, cela ne s'improvise pas et je serais attristé que l'idée que le journalisme pourrait être le métier de tous, c'est-à-dire de personne, émerge au terme de nos entretiens.

Le paysage après la bataille

B.G. : Je ne défends certainement pas cette idée, vous le savez, mais faites un peu plus confiance au bouillonnement d'internet ! Les lecteurs vont faire leur tri, les apprentis journalistes qui y font leurs classes vont apprendre leur métier comme l'ont appris tous les journalistes. Les meilleurs, les plus rigoureux, ceux qui auront dit le moins de bêtises et le plus de choses justes s'imposeront à leurs lecteurs. Les plus absurdes, les moins fiables, seront écartés par la baisse de fréquentation de leurs sites, par ce qui était, autrefois, le recul des ventes.

Nous ne divergeons pas sur le fait que le journalisme soit un métier. Nous divergeons, sans nous séparer, sur la foi que l'on peut mettre dans une nouvelle forme de presse qui s'affirme grâce à une technologie nouvelle et qui n'en est qu'au stade des radios libres du temps de leurs balbutiements.

Quelques vrais titres existent déjà aux Etats-Unis. Ça commence, ça s'ébauche, ça s'espère en Europe avec, par exemple, Rue89 en France. Un tri va se faire sur internet comme il s'était fait aux débuts de la presse imprimée qui a, elle aussi, connu ses erreurs et ses horreurs.

J.L. : Je voudrais cependant vous faire remarquer, au passage, que le père fondateur de la presse française, Théophraste Renaudot, dont le nom est glorifié par un prix littéraire, non content d'avoir inventé le journal, a plus ou moins créé la soupe populaire. Cet homme qui aurait pu être un Bel-Ami avant la lettre était un bienfaiteur de l'humanité. Notre métier, si souvent brocardé, y compris par nous-mêmes, a pour père fondateur en

Le monde est mon métier

France un homme qui a voulu à la fois répandre de l'information et de la soupe parmi les déshérités.

B.G. : On trouve aussi cette double ambition – donner à savoir et améliorer le sort des hommes – dans les générations qui veulent se servir d'internet pour créer une nouvelle presse. On ne veut pas à ce point devenir journaliste sans cette ambition. Je ne veux pas, je ne peux pas le croire.

J.L. : Bernard, je suis moins confiant que vous mais, sans doute, est-ce la question de génération qui réapparaît aux dernières lignes de ce livre...
La différence de nos parcours qui ont des points de départ si dissemblables, les trente ans d'écart qui nous séparent – tout cela réapparaît là après s'être estompé dans nos entretiens jusqu'à sembler disparaître, quasiment confondu par le parallélisme de nos responsabilités, de nos engagements et de l'importance des fractures dont nous avons rendu compte.
Je suis le vieux chagrin devant l'apparition de cette forme de communication qu'est internet, alors que vous n'êtes pas loin d'en épouser les perspectives et les chances. Il est encourageant que la vérité du temps apparaisse entre nous sur le devenir de la presse et que, là où il n'y a pour moi que mélancolie, il y ait pour vous espérance.

Paris, Roussillon
Printemps-été 2007.

Table

I. Une certaine confiture 9
« Le cul de plomb » – Le chercheur d'or – Une connivence perdue

II. Un journaliste par hasard............. 29
Double jeu – « Nos valeurs » – Amoureux – Ecrire, c'est crier – La Compagnie du Monde

III. Un berceau de papier 59
« On pédale et ça roule » – « Ghetto pour un homme seul » – « Du côté des opprimés » – Simone « ne savait pas » – 007

IV. La liberté de l'autre 89
Du côté des bikbachis *– La question israélienne – Avec un peu plus de patience... – Quelques rêveurs comme moi – Les abat-jour du* Monde *– On ne disait pas tout – De Gaulle – Au théâtre de l'ambigu – Mendésistes et mendésiens – Un journal-parti – « Plutôt loin que contre » – Le Salon de l'Horloge – La Ruche et le Plumeau*

V. La peau de l'ours 161
La baraque la plus gaie du camp – En deuil de la vie – Lénine en plâtre – La Realpolitik *de l'idéalisme – « Vous parlez d'un scoop ! » – Question d'écoutes – « Ils sont baisés, les cocos ! » – Les « péchés » du général – La Pologne désolidarisée – Maître chanteur – Go West, young man... – Reagan dans la brèche – La Grenade et la vérité – « On ne voit pas le Comité central » – « Les livres de grand-père » – Sans retour ?*

VI. Les sanglots de la liberté 257

Pas un « Retour d'URSS » – Faute d'outils – A tâtons – La « nord-malisation » – Honecker et l'Oncle Hô – Celui qui croit savoir

VII. La poussière du Mur 297

L'iceberg nationaliste – Pas plus loin que la bouteille d'après – Le tête-à-queue américain – Thérapie de choc – « Bienvenue en Europe ! »

VIII. Le paysage après la bataille 327

La défaite du Travail – La narration afghane – Khrouchtchev en bateau – Mars et Vénus – « L'opacité du terrorisme » – « Quelle migraine ! » – La nouvelle alliance – Le réveil de la Perse – « Pour ne pas vous ménager, Bernard... » – Les eurofrileux – Vive le parti pris ! – L'espérance et la mélancolie.

Achevé d'imprimer sur les presses de

BUSSIÈRE
GROUPE CPI
à Saint-Amand-Montrond (Cher)
en décembre 2007
pour le compte des Éditions Grasset,
61, rue des Saints-Pères, 75006 Paris.

Mise en pages : Bussière

N° d'édition : 15160. — N° d'impression : 074235/4.
Première édition, dépôt légal : octobre 2007.
Nouveau tirage, dépôt légal : décembre 2007.
Imprimé en France